Accounting
Ethics

會計倫理

Ronald F. Duska & Brenda Shay Duska 著

馬嘉應 譯

五南圖書出版公司 印行

序

本書原稿在2001年11月初，安隆事件成為美國報紙和電視等媒體的頭條新聞之時，即已寄至Blackwell出版公司。其中暴露出來與會計專業危機有關的大部分問題都已在本書中提及。因安隆破產而凸顯的問題並不算是新聞，這些問題已被人們談論多年，並在一本特別的書中專門論及，那本書的名字是《公司會計的真相》（*The Truth About Corporate Accounting*），作者為Abraham Briloff，在1980年由Harper and Row出版公司出版。Briloff博士此時獲得紐約市立大學柏魯克分校Emanuel Saxe傑出教授的榮譽。

Briloff對會計專業的批評，協助我們得以將問題聚焦於會計職業道德。本書受Briloff的啟發，詳細討論了會計專業面臨的重大道德困境，並在第十章標題中使用「會計專業之風險」這樣的字眼。此並非筆者首創，在安隆和Arthur Andersen事件的背景下，使用此一說法是最適合不過了。

在安隆醜聞被揭露之後，我們請求出版商給我們一些時間對原稿進行修改，以使其造成安隆破產的會計專業議題也補充到書中去。我們在書中增加了這一最新訊息，但遺憾的是這並非為最後的會計違法事件。在安隆醜聞之後，又接連發生了世界通訊的案件和沙氏法案（Sarbanes Oxley）等事件。

為了使本書儘量跟上時勢，並協助讀者釐清安隆破產和Arthur Andersen事務所在這一案件中所扮演的角色等事實，我們節選了《華爾街日報》電子報的訊息，增加了「安隆公司、Arthur Andersen事務所及美國金融市場之大事記」這一部分。「大事記」的起始時間是2001年10月，一直延續到2002年8月為止，該部分的全文均可從《華爾街日報》電子報的存檔中調出。安隆和Arthur Andersen事務所對於大部分會計倫理或會計職業道德來說，將是一個最有價值的研究案例。我們還增加了另外兩個較短的大事記年表，是關於「世界通訊破產」及「美國證券交易管理委員會對該公司不適當資本化

費用而起訴」的部分。雖然未來還有可能發生別的舞弊案件，但本書暫先僅止於此。我們希望未來的舞弊案件能變得較少、較輕微，而會計師事務所能從安隆和世界通訊破產事件中吸取足夠的教訓。

譯者序

　　社會的資本化，不但促進了經濟發展，也將社會推向前所未有的經濟榮景。然而隨著經濟的不斷發展，人心也開始有所轉變，人們間原本存在的互信互助，曾幾何時，也被貪婪自利所取代。世界通訊、安隆等弊案的爆發，雖然震驚了世界，造成眾多學者及實務界人士的反省及探討，但仍然無法有效抑止弊案的發生，力霸案即為一個最好的例子。有鑑於此，我們在不斷制訂新公報及新法令的同時，是否也該重新審視倫理道德的重要性？

　　本書將會計與倫理兩觀念合併探討，透過淺顯易懂的案例，讓讀者瞭解會計人員在各種不同的情況下，應如何適當解決所面臨的道德兩難問題。本書的前三章，先介紹倫理道德的基本觀念；而在第四章、第五章與第六章，則介紹了會計專業的規範；最後在本書的第七章、第八章與第九章，分別說明了查核人員、管理會計人員與稅務會計人員，在各種不同的情境下，可能會遭受哪些壓力與誘惑，而此時亦應考量哪些規範，以避免從事不法行為。

　　「一個人的價值，應該看他貢獻什麼，而不應當看他取得什麼。」這是愛因斯坦曾說過的一句話。現今已發生過的眾多弊案中，大多早有脈絡可循，只是欠缺有勇氣將其揭發出來的人。有些會計人員可能會為了保住工作，對於公司的某些錯誤睜一隻眼，閉一隻眼，但這種行為可能會讓公司更肆無忌憚的從事舞弊。譯者希望透過本書，可以讓會計專業人員更清楚瞭解其價值所在，保持應有之會計倫理道德，進而發揮對社會大眾應有之貢獻。

馬嘉應

目 錄

安隆公司、
Arthur Andersen事務所
及美國金融市場
之大事記

(摘錄自《華爾街日報》)

2001年10月份　　　（單位：美元）

10月16日：安隆公司一次計入約10.1億元的投資損失，降低長期投資的帳面價值。其中約有3,500萬是因安隆公司的財務長Andrew Fastow，所造成的投資損失。

- 由於若干交易及Mr. Fastow操作的投資工具所造成的投資損失，使得安隆公司的股東權益縮減12億。

10月19日：《華爾街日報》報導，與Fastow的合夥人為了與安隆公司有生意往來，在去年對安隆公司所推行的一項約耗費300萬的投資計畫共投入700萬的資金。

10月23日：儘管安隆公司宣稱能償還因出售投資工具所欠下33億的應付票據，但安隆公司的財務主管指出，公司不得不藉由發行更多的股票來填補投資失敗所引起的資金周轉不靈。

10月24日：安隆公司撤換Andrew Fastow，並任命一位原負責安隆工業市場部門的主管Jeffrey McMahon，接手財務長的職位。

10月25日：銀行對安隆公司的最高貸款金額頂多30億。因為安隆公司的負面形象，使得The Fitch rating agency認為安隆公司的財務開始走下坡，而另一家信用評等機構Standard & Poor's，將安隆公司的信用等級調降。一家非權威的信用評等機構也因為安隆公司負債數十億，給予較低的信用評等等級。

10月29日：Moody's Investors Service將安隆公司所發行的優先無擔保公司債調降一個等級，並加以後續追蹤，作為未來等級的升降依據。

10月31日：美國證券交易管理委員會正式對安隆公司的財務狀況展開調查。

2001年11月份　　　　（單位：美元）

11月01日：安隆公司宣稱已向J. P. Morgan及Citigroup兩大金融機構取得10億的貸款金額。

11月05日：安隆公司開始與一些私人企業及能源交易公司進行洽談，希望能爭取至少20億的資金來紓解公司的財務壓力。

11月08日：因為這些具合夥關係的安隆內部主管採用不當的會計處理，使得安隆公司自1997年開始短報預期收益，五年來共隱藏5.86億虧損，占預期收益的20%。

11月20日：安隆公司宣布，因為長期性信用危機、部分資產價值減損及業務量減少等，嚴重影響安隆公司第四季的預期收益。

11月28日：Standard & Poor's將安隆公司的信用評等等級降至「垃圾」等級。

- 因為安隆公司的線上能源交易系統關閉，使得能源交易市場陷入一片混亂。
- 安隆公司的倒閉嚴重影響由其所設立的共同基金。

11月30日：依《華爾街日報》報導，證券交易委員會正著手對安隆進行審計服務的Arthur Andersen事務所展開調查。

- 紐約及德州的聯邦檢察官聯手監督證券交易管理委員會對安隆的調查工作，以冀能偵查出安隆公司進行財務舞弊的手法。

2001年12月份　　　　（單位：美元）

12月02日：安隆公司向紐約破產法庭聲請破產保護，創下美國有史以來聲請破產公司中最大的企業。

12月03日：安隆公司引用破產法中的融資條款獲得15億元的貸款金額。另

外為延續岌岌可危的能源交易事業，進行一連串的協商活動。

12月04日：安隆公司與Dynegy公司的協商活動失敗，主要是協商過程中與Lehman Bros發生潛在衝突。

- 安隆公司宣告破產後，其複雜的財務操作、短報收益等舞弊手法漸漸浮上檯面。

12月05日：投資人像是禿鷹般爭先購買安隆的公司債券及銀行貸款，此種搶購特價品的舉動也讓安隆公司的債券價值有所回升。

- Dyney公司為重拾投資人對其財務狀況的信心，宣布過去一週所取得的10億短期借款與收購安隆失敗無關。

12月06日：安隆公司的破產訴訟宣告成立，由美國破產法庭的法官，Gonzalez，擔任主審。據稱，這位主審是位追根究柢的嚴厲法官。

12月09日：Citigroup及UBS完成正式接管安隆公司能源業務的程序，這也是這家能源巨擘踏向破產拍賣的第一步。

12月12日：安隆公司宣布為期一年的公司重組計畫，其中也包含管理階層的替換，以期突破重圍。

12月13日：由於Arthur Andersen事務所同時為安隆公司提供審計及非審計服務，使得事務所的獨立性受到嚴重的質疑。

12月14日：Moody's Investors Service將兩大能源供應商，Calpine及Dynegy，的信用評等等級調降。因安隆案的啟示，Moody's Investors Service強調高度財務槓桿及進入資本市場的低門檻所隱藏的高風險。

12月17日：在安隆公司瀕臨破產的艱難時期，安隆公司股票的交易量呈現火速成長，並帶動提高幾家線上能源交易企業的交易量。

12月18日：由於信用評等機構，之前對能源企業在加州製造混亂的能源市場及安隆公司的倒閉等，反應不夠敏銳，因此為嚴懲這些能源企業，大幅削減其債務評等。

12月20日：Citigroup即將完成收購安隆公司大部分能源業務的程序。

12月30日：安隆公司向負責審查的法官提出申請，希望能批准其出售價值幾十億的資產。

12月31日：因安隆公司持有價值20億的擔保債券，因此J. P. Morgan Chase

向法院要求撤銷9家保險公司的控訴，這也顯示了安隆的債權人間也存在著利益衝突。

- 因安隆公司的破產，使得各英國公司的信用評等等級連帶降低。

2002年1月份　　　　（單位：美元）

1月02日：依據一份安隆公司內部文件載明，公司的高階管理階層及董事們認為具爭議性的合夥關係是安隆企業近幾年來快速成長不可或缺的因素。

1月07日：為了挽回投資大眾對財務報表的信賴，五大會計師事務所請求證券交易管理委員會迅速建立一套財務報表內容指引，清楚載明企業年度報表應揭露事項。

1月10日：Arthur Andersen事務所表示，有部分審計人員銷毀大量有關安隆公司的查核文件。

- 2001年12月，Arthur Andersen事務所的執行長，Joseph Berardino，就因為某些未經證實的傳言出庭作證。
- 安隆公司及其債權人目前正就昔日最熱門的批發交易部門之資產進行協商，希望能夠賣個好價錢。

1月14日：一些世界級主要銀行及證券業者，因為曾經提供安隆公司複雜的融資工具使其財務報表失真，有誤導投資大眾之虞，目前正接受調查。

- 安隆執行長，Jeffrey Skilling，在去年8月中旬離職。他與安隆公司的競爭對手打賭，大量拋售AES Corp這家能源供應商的股票。
- 由於安隆案的爆發，加上Arthur Andersen事務所未提供適當的審計服務，使得會計師業的自律管理系統成為大眾目前最關切的議題。
- 就任一年Arthur Andersen事務所執行長的Joseph Berardino，已預期Arthur Andersen事務所的未來會比宣布倒閉還糟糕。
- 一名眾議院議員正設法尋求有關Arthur Andersen事務所的備忘錄。此備忘錄是載明Arthur Andersen事務所下令銷毀安隆公司電子及書面查核資料的相關紀錄。

1月15日：最近發現有名安隆公司員工在去年夏天曾對公司提出一封意見信。內容是就公司內部不當會計處理，對公司董事長提出警告，並建議應儘快展開公司內部調查。

- 安隆公司向聯邦調查委員會請求協助，希望能不讓公司倒閉。

1月16日：2001年8月，一名高階管理人員寫信舉發公司內部經營及會計處理的不當行為。此舉也顯示出安隆公司長久以來的內部衝突。

- 一家政商關係良好的律師事務所，建議安隆公司不必把公司員工的警告信函放在眼裡。

- Arthur Andersen事務所解僱一名合夥人。Arthur Andersen事務所宣稱，這名合夥人得知聯邦調查委員會正深入調查安隆公司的財務狀況後，下令銷毀有關安隆公司的查核文件。

- 紐約證券交易所暫停有關安隆公司股票的交易，並擬將安隆公司從股市行情版中撤除。

- 依調查人員發現，安隆公司禁止員工出售公司股票，使員工的退休儲蓄金血本無歸。

- Citigroup在10月份原預計將安隆公司的無擔保債券轉成有擔保債券，此舉引來一陣激烈撻伐。

1月18日：證券交易管理委員會表示，未對安隆公司過去三年以上的年報進行詳細的審核。

- 證券交易管理委員會的主席，Harvey Pitt，建議成立一個專門負責為會計師業實施懲戒及品質管制的機構。

- 安隆公司解僱長久以來為其提供審計服務的Arthur Andersen事務所。而Arthur Andersen事務所宣稱雙方的合作關係已在安隆公司宣布破產時結束。

- 由於Arthur Andersen事務所在安隆案中做了一個不良示範，使得Arthur Andersen事務所的合夥人們對自己的職業生涯憂心忡忡。

1月21日：有人對Arthur Andersen事務所及安隆公司之間撲朔迷離的合作關係表示強烈質疑。

- 依調查人員表示，安隆公司藉由複雜的財務操作手法，隱藏了數十億元

的虧損及負債。

- 紐約法律事務所，Weil、Gotshal和Manges，不僅是安隆公司的破產法律顧問，同時也受Arthur Andersen事務所聘僱。這兩家當事人將在未來的訴訟案件中成為彼此的頭號敵人。

- Accenture這家公司雖然宣稱與安隆公司沒有任何關係，但作為安隆案中的關鍵角色，將承擔法律訴訟的危機。

- 在1993年通過一項草案，使得安隆公司不必受到公用事業控股公司法的約束。由於適用此法有助於監控安隆公司的財務狀況，因此國會正深入調查當初證券交易管理委員會通過草案的真相。

1月23日：因銷毀安隆公司查核資料的Arthur Andersen事務所，透過律師向眾議院提出行使憲法人權法案第五條所載明的權利，以避免在聽證會上說出不利己的證詞。

- 安隆公司破產後，其複雜的會計處理及財務結構等問題也浮出檯面上。不少投資人表示General Electric、AIG、Williams、IBM及CoCa-Cola等公司的財務報表讓人眼花撩亂。

- 因為安隆案的爆發，比較過去所發生的會計舞弊案，此次更讓人不寒而慄。

- 美國會計監督管理委員會原是負責監督會計師業的「同業評鑑」制度，然而由於日前證券交易管理委員會的主席，Harvey Pitt，建議由另一機構取代會計監督管理委員會，為表示抗議，他們藉由投票制度自我解散。

- 位於德州的會計師協會分部，針對安隆案的會計實務中存有的「可能違法、誤述及不當行為」展開全面的調查，也使得其他州的分部群起仿效。

1月24日：在債權人自救委員會提出要求辭職的二十四小時內，安隆公司的總裁，Kenneth L. Lay，正式宣布離職。

- 負責查核安隆的Arthur Andersen事務所會計師，曾對安隆公司去年10月份發布的第三季收益發出警告訊息，有虛增能源交易，誤導投資大眾的企圖。

1月25日：根據最新消息指出，Arthur Andersen事務所的風險分析師於去年秋季即評定安隆公司的財務舞弊風險程度極高。

- 專門從事安隆公司資產負債表外融資的合夥企業目前正接受投資大眾審問。因為透過表外的合夥企業，可以在交易過程中將安隆公司的負債隱藏起來，以美化財務報表。

- 由於受到安隆公司倒閉的影響，許多投資大眾要求企業採取「避免利益衝突的原則」，防止會計師事務所對企業提供非審計服務。

- 由於會計制度不健全，除了加速安隆公司的衰敗之外，也使得美國證券交易管理委員會面臨會計師業監督制度改革的難題。因為證券交易管理委員會與會計師業一向過從甚密，國會擔心布希總統所提出的制度改革計畫會因而受阻。

- 那些立法者雖然不斷地指責抨擊會計舞弊行為，但他們也必須承擔部分的責任：以國會來說，雖然大家對會計舞弊行為感到不齒，但過去十年來國會議員總是對重大會計準則抱持相反的態度。

1月28日：位於德州甜園市（Sugar Land）的警方表示，正持續調查有關前安隆公司副總裁Clifford Baxter的死因。Mr. Baxter曾被委任參與有關出售公司資產的會議，以幫助公司走出逆境。

1月29日：安隆的破產事件使得原本欲解除金融管制的國會，轉而要求加強對金融業的管制規定。

- 去年8月，Harvey Pitt成為證券交易管理委員會的主席後，負責針對現今會計師業的自律管理撰寫評估報告的員工，在結論表示會計師業的自律管理存有嚴重瑕疵後，便停止撰寫這冗長的報告。

- Delta Air Line這家航空公司正舉棋不定地思考是否解除與Arthur Andersen事務所的合作關係，另聘僱會計師事務所負責審計服務。

1月30日：這場醞釀已久的會計風暴起始於安隆公司，除了波及到Arthur Andersen事務所，並在美國企業界蔓延開來，尤以公司股價受創最重。因會計問題而紛紛浮出檯面的企業，從銀行業到石油業無一倖免，一旦有任何不利的消息傳出，投資人就有如驚弓之鳥，爭先恐後的拋售公司股票。

- 因為Arthur Andersen事務所除了提供安隆公司的審計服務外，亦擔任

Global Crossing及其他通訊事業的審計工作。在安隆案爆發後，投資大眾亦對Global Crossing的財務報表抱持著高度質疑的態度。

- 安隆公司任命Stephen Cooper取代Kenneth Lay接管臨時執行長一職。Stephen Cooper是位於紐約Zolfo Cooper的總裁。

1月31日：身為安隆公司的臨時執行長，Stephen Cooper表示會以最快的速度幫助這家前能源巨擘的企業振作起來，突破破產困境。

- 原本在美國銀行專門負責接洽安隆公司的四名員工，在安隆案爆發後被解僱。

2002年2月份 （單位：美元）

2月01日：在一陣對安隆管理階層及Arthur Andersen事務所的撻伐之聲中，原負責安隆公司的審計小組正接受一連串民事、刑事調查及國會調查的轟炸。

- 去年10月，當安隆公司的財務狀況走下坡之時，Citigroup除了貸款予安隆外，更向客戶推銷安隆是值得投資的穩定公司。因此，安隆案爆發後有不少當初投資安隆公司的投資企業氣憤地經由法院提出控訴。

- 安隆之所以走到如此地步的種種原因，經調查後也逐漸明朗。在1997年11月5日，一場由安隆管理階層所舉行的會議中，由現在聲名狼藉的外部合夥人接管公司業務，使得安隆從一家誠實手法的公司變成詐騙集團。

- 日前，前安隆總裁的妻子，Linda P. Lay，接受媒體採訪時曾表示他們夫婦倆正面臨財務危機。然而，依據全美房地產協會的紀錄卻指出，他們名下的不動產並沒有變賣的紀錄。

2月04日：安隆王朝的盛衰如同七十年前中西部公用事業破產事件的翻版。

- 1993年Goldman Sachs發明了一種投資工具，對安隆公司及其他公司來說是一種裹著糖衣的毒藥，具有致命的吸引力。此投資工具可依照公司需求，設計成股票或是債券。對納稅人來說，就像是債券，所支付的利息可以從課稅所得中減除；對企業負債比率極為重視的股東及信用評等機構來說，它就如同股票一樣。

- Arthur Andersen事務所為挽回敗壞的名譽，對外宣稱已聘僱前聯邦調查委員會主席，Paul Volcker，帶領外部小組，指導Arthur Andersen事務所在審計實務方面實施根本性的改革。

2月05日：儘管Kenneth Lay已辭掉安隆公司的董事職位，但立法者將發出傳票強迫Kenneth Lay出席調查委員會，幫助偵查安隆公司破產真相。

- 依據可靠內部消息指出，安隆公司的董事會預計解僱兩名辦事不力的財務主管。

- 真正確定安隆公司的法律責任是來自於兩張記載於1997年12月30日的議事錄。這份議事錄清楚載明公司管理階層與目前受到爭議的外部合夥企業具有關係。

2月06日：依調查人員表示，在2000年安隆公司的主管們解僱了一名公司的法律顧問。原因是因為這些主管們不滿意這位法律顧問與一家和主管們有利益關係的企業進行協商的表現。

- 由於會計師業面臨前所未有的信用危機，從小投資者到大型事務所的管理者，甚至是國會議員，紛紛對會計師業表示嚴重的質疑，要求進行全面性的調查。

- 安隆案所引起的金融危機，一開始讓股價暴跌，而後造成債券市場的恐慌。

2月07日：數週以來，分析師預言「安隆效應」會使得投資人趨向更保守的投資行為，而黃金市場的活絡程度證實了這項揣測。若以安隆的影響力來跟911事件相比，可謂是有過之而無不及。

- 2000年10月，Jordan Mintz受僱擔任安隆公司全球財務部門的法律顧問，不到兩個月的時間，Jordan Mintz就對合夥經營的審核程序感到質疑。

- 荷蘭的稅收政策是將公民的一半收入繳納國庫，提供公民終身福利的國家。安隆公司居然藉由荷蘭所推行的租稅優惠政策，成立境外公司以獲得逃稅的空間。

- 前安隆執行長Kenneth Lay，對非營利組織所做的時間承諾正有縮減的打算，這些非營利組織甚至擔心他所做的財務承諾也會一併削減。

2月08日：一家由安隆的外部董事及大股東一同合夥成立的公司，間接投

資另一家於1997年成立的合夥企業,這種財務操作的手法最終導致安隆的衰敗。

- 一位安隆公司顧問向官方成立的無擔保債權人委員會提出建議。此建議的做法是立即起訴Arthur Andersen事務所、前安隆財務長Andrew Fastow及所有與安隆案有關的人,但此建議並未被採納。

2月11日:身為公司重組專家,同時也是安隆公司的執行長Mr. Cooper,認為他能從這場能源風暴中,拯救出一家規模小但較為穩定的公司。

2月12日:依據一份內部文件顯示,Mr. Lay在安隆審核與具爭議性的合夥企業的交易批准過程中扮演相當關鍵的角色。

- 專門調查安隆公司的執法人員已對安隆的高階主管提出刑事訴訟。甫卸任的前安隆公司執行長,Mr. Lay,表示將在星期二的聽證會上行使人權法案第五條的權利,拒絕回答不利於己的問題。

2月13日:安隆公司宣布預計有六名董事會成員辭職,其中四位曾就職於備受爭議的審計委員會。同時,安隆公司僱用已有長期合作關係的法律顧問Vinson和Elkins,擔任特別顧問,專門處理破產事宜。

- 之前1月份Mr. Lay受特別內部調查委員會調查時表示,為了隱瞞安隆公司真實的財務狀況,誤導投資大眾的次數至少有兩次以上。

2月14日:依據最新消息指出,Ms. Watkins曾在8月份對安隆公司的執行長提出警告,安隆公司未來有可能會引發會計舞弊醜聞,並建議他對外宣稱不知情、以重編盈餘的方式亡羊補牢,而執行長也採納了此建議。

- 安隆公司藉由籠絡重要政治人物,以擴展政治影響力來獲得利益,其觸角甚至延伸到國際會計準則委員會。

2月15日:在安隆董事相繼離開後,Raymond S. Troubh是目前唯一留下的董事。因此,本週初安隆公司透過董事會選舉,任命其領導重組委員會,專門負責監督公司整頓後的成果。

- 安隆公司的主管Sherron Watkins,向國會小組委員會透露,安隆公司的企業文化是傲慢及脅迫,因此公司的員工不敢揭發管理階層用以隱藏負債及獲利所成立的合夥企業。

2月19日:近幾年來,安隆公司幾乎不揭露任何有關外部合夥企業的資

訊。然而，安隆公司在1999年所出具的年度報表中，卻提到具爭議性及隱密性的外部合夥企業，這對前任高階管理人員來說，像是一顆隨時會爆發的炸彈。

- 在去年2月到10月之間，Mr. Lay出售給公司價值約7,010萬元的自家股票，使得安隆公司股價一夕之間暴跌，回頭卻要求公司員工要支持公司。

2月20日：安隆公司前任的高階管理人員皆參與演出一場在虛構的交易廳矇騙分析師的戲碼，安隆公司的員工將之戲稱為「諷刺劇」。有前任員工表示，在1998年，秘書及部分員工在一間閒置的交易廳扮演繁忙的能源交易員，這不過是大騙局中的一小部分。

- 對公司管理階層及董事拋售公司股票等行為，投資人的反應愈來愈敏銳，但往往無法得知出他們所使用的財務避險策略。但也有專家認為，針對個人投資損失所從事的避險交易愈來愈普遍。

- 去年8月的公司內部會議中，前任財務長，Andrew Fastow，在外部合夥企業的議題上固執己見，並宣稱那些跟他持相反意見的人不過是在嫉妒他的職位罷了。

2月21日：Arthur Andersen事務所開始著手一項艱難的任務，那就是與安隆公司的債權人、股東及員工等進行協商，以期能想出一個完美的解決方案。像是在一次與債權人委員會晤談的會議上提出價值約7億至8億的協定內容。

2月22日：紐約的聯邦儲蓄銀行正著手調查J. P. Morgan Chase從事安隆商品交易的會計處理。

2月25日：三十三個州為保障它們的權益，要求破產法庭凍結那些管理階層從公司獲取數以百萬的資金。

2月26日：安隆公司與Arthur Andersen事務所的合作關係長達十幾年，Arthur Andersen事務所將安隆視為新興業務中的主要客戶，同時對其提供審計及非審計服務。

2月27日：一家以安隆為背景所成立共同發展基金，由Mark Lay所操作，由於去年甫加入的投資者擔心此基金有違法操作的傾向，因而紛紛要求退出。

2月28日：面對國稅局的調查，安隆公司正計畫以政府所推行的暫時性赦免計畫以避免逃稅的懲罰。

● 美國會計準則委員會將提早實施更為嚴厲的會計準則，屆時企業必須將
關聯企業及潛在負債等納入公司的財務報告。

2002年3月份　　　　　（單位：美元）

3月01日：美國證券交易管理委員會正努力地促使所有安隆案的受害人，
能有共識地同意解決的方案內容，但以目前來說，很難做到。

● 一名聯邦法院的法官給予安隆債權人委員會極大的自由，允許其對
Arthur Andersen事務所銷毀安隆的查核資料一事進行追查，並決定是否
應由Arthur Andersen事務所的法律顧問來承擔審計人員銷毀文書的行
為。

3月04日：Arthur Andersen事務所因安隆案受到牽連，使其客戶紛紛出走。
日前Merck & Co.宣布解僱Arthur Andersen事務所，此舉讓事務所的窘境雪
上加霜。

● The Baptist Foundation of Arizona於1999年宣布破產，這也創下有史以
來非營利組織引用破產法的特例，使得投資人損失了近6億元。而Arthur
Andersen事務所願意以2.17億的金額來解決與The Baptist Foundation of
Arizona有關的訴訟案件。

● 幾家大型會計師事務所及其相關企業都宣布與Arthur Andersen事務所斷
絕往來，藉此反對立法機關提出有關的審計改革方案。

● 根據最新消息指出，多年來，安隆公司極力遊說政府延遲課徵海外收益
的計畫並未成功。安隆的海外收益中包含衍生性金融商品。

3月06日：幾週之後，美國證券交易管理委員會極力主張對企業的資訊揭
露政策進行改革，因此有關季報及年度報表的揭露規範會最先出爐。

3月07日：參議院的調查人員與安隆公司簽署一份協議書，目的是要公開
安隆公司的納稅申報書，但公開前安隆公司可以就原本漏稅的部分填補上去。

● Freddie Mac宣布不再僱用Arthur Andersen事務所繼續擔任審計服務的工
作，同時表示Arthur Andersen事務所的客戶群持續不斷的流失中。

3月08日：聯邦檢察官警告，Arthur Andersen事務所因銷毀安隆公司的查核文件，將以妨礙司法的罪名起訴之。

- Delta Air Lines宣布結束與Arthur Andersen事務所長達53年的合作關係，並另聘僱Deloitte & Touche事務所取代之。

3月11日：Arthur Andersen事務所只好孤注一擲地從兩方面來著手自救計畫：一方面是尋找另一家會計師事務所併購全部或是部分的業務，另一方面就是向負責起訴Arthur Andersen事務所的聯邦檢察官進行和解談判。

3月12日：FedEx宣布解僱Arthur Andersen事務所，對Arthur Andersen事務所又是另一重大打擊。

- 一連串的打擊促使Arthur Andersen事務所的改革須加快進行，Mr. Volcker緊急宣布用以整頓Arthur Andersen事務所的相關計畫。
- Arthur Andersen事務所以7.5億元來支付解決與安隆公司之間的訴訟糾紛，另外從保險公司所獲得的賠償金1.6億可用以支付賠償因查核安隆公司所引起的其他訴訟案件。
- Arthur Andersen事務所於2000年所出具的重大財務報告中介紹了這家公司的發展奮鬥史，而在這虛偽的報告書中難以發現有舞弊造假的跡象。

3月13日：Arthur Andersen事務所努力地在最後的時間內完成與法務部門的協商及解決所有刑事訴訟，最後仍宣告計畫失敗。

- 當檢察官表示將以妨礙司法的罪名起訴Arthur Andersen事務所，有兩名Arthur Andersen事務所的員工則辯稱他們是因為依照公司的指令才進行文件銷毀的動作。
- 去年，Boston Chicken的破產信託管理人在美國費城地區的法院向Arthur Andersen事務所提出控訴，因Arthur Andersen事務所幫助Boston Chicken隱瞞營運虧損的資訊，創造具有良好償債能力的假象，然而此訴訟案到目前為止還沒有結果。

3月14日：自從安隆風暴後，Arthur Andersen事務所努力地穩定客源、搶救聲譽，並試圖解決所有的訴訟案件，但沒有一樣是符合預期結果，反而問題愈來愈多。

- 自從檢察官起訴Arthur Andersen事務所後，Arthur Andersen事務所被併

購的希望愈來愈渺茫。

- 在Arthur Andersen事務所銷毀文件一事公開之前，素有正直、責任感之稱的查核人員，早已感受來自四面八方的壓力，外界要求查核人員應隨著環境的變遷而有所進步，而不是一味地維持固有的傳統。

- 貼上「出清特賣」標籤的Arthur Andersen事務所，對其競爭對手來說是個搶購特價資產的大好機會。但無論Arthur Andersen事務所的售價有多低，未來有可能會背負多少債務，其他會計師事務所早已想出要與Arthur Andersen事務所協商，以達成符合他們預期中的交易。

- 會計師業要求立法機關勿倉卒地進行制度改革，並對立法機關提出有關禁止查核人員同時提供審計及非審計服務、定期更換會計師等建議表示強烈反對。

3月15日：法務部以妨礙司法的罪名正式起訴Arthur Andersen事務所。對會計師事務所來說，這無疑是「死刑」，並在會計師業引起一陣激烈的討論。

- 在美國金融市場212年的歷史中，沒有任何一家會計師事務所能夠在起訴後還能繼續經營。Arthur Andersen事務所只有兩條路，不是改寫歷史就是重演歷史悲劇。

3月18日：約三年前，安隆公司負責風險管理的員工，對表外之合夥企業的不當會計處理，向管理階層提出警告。

3月19日：經過八天的激烈協商過程，Arthur Andersen事務所宣布與Deloitte & Touche事務所進行合併，希望能藉此避免破產。然而，有關防止破產一說，Deloitte & Touche事務所表示由於法律風險過大，未納入協商的討論範圍。

- 上星期才改名的Wyeth公司也宣布解僱Arthur Andersen事務所，包含SaraLee集團在內，共有七家以上的客戶離開。

- 由於美國地區分部皆受到Arthur Andersen事務所起訴的影響，使得全球合夥人都相當擔心並憂慮下一步要何去何從。

- KPMG事務所在一份聯合聲明中表示，將購買Arthur Andersen事務所在美國以外的分部。

- Arthur Andersen事務所在亞洲地區的十三家分部已被KPMG併購。

- 由於Arthur Andersen事務所被聯邦政府起訴，因此紐澤西州的檢察官，David Samson，要求大西洋城的賭場業停止與Arthur Andersen事務所的業務往來。

3月20日：美國證券交易管理委員會宣布計畫對五大會計師事務所完成外部審查，並在3月31日現有審計監察委員會解散後，持續對會計師業進行確切的控管。

- 要求改革會計師業的呼聲日益強烈。一個由專業財務主管所組成團體組織，發揮它的影響力，全力支持審計業務的改革。

- 因試圖將違法的業務售出，使得Arthur Andersen Worldwide的前途堪慮。而另一方面，Arthur Andersen事務所的美國分部裁減一半的開支，將省下來的資金作為與事務所員工、股東及無擔保債權人協議的籌碼。

- Arthur Andersen事務所在亞洲地區的業務已被KPMG所收購，這也表示Arthur Andersen事務所從此後退出亞洲競區。

- KPMG與Arthur Andersen事務所之間的業務合併，面臨種種的法律困境。

- 自從紐澤西的檢察官要求大西洋城的賭博業解僱Arthur Andersen事務所後，Harrah's Entertainment也考慮跟進，尋找另一家會計師事務所取代Arthur Andersen事務所。

- 來自哥倫比亞地區的Arthur Andersen事務所員工正準備在國會大廈前集會，試圖以此抗議國會對Arthur Andersen事務所的指控。

3月21日：由於審訊日期較早，在法務部找到其他證據之前取得先機，避免判定觸犯刑法。一旦確定觸犯刑法，等於對Arthur Andersen事務所判死刑。

- 截至目前為止，Arthur Andersen事務所所受到的打擊，牽連了全世界各部約八千五百名員工、重傷四千七百名的合夥人，他們絕大部分都與安隆案無關。

3月22日：由於香港、中國大陸及俄羅斯地區的Arthur Andersen事務所分部同意加入競爭對手門下，使得Arthur Andersen事務所開始分崩離析。

- 證券交易管理委員會開始著手調查Arthur Andersen事務所為三家電信公司執行審計工作的內容。此外，此三家公司的會計政策也一併審查。

- 由於Arthur Andersen事務所承認有銷毀文件一事，因此在英國的會計管理委員會要求Arthur Andersen事務所的英國分部提供更多有關銷毀文件的資訊。

3月25日：當聯邦調查局、憤怒的債權人及股東們抽絲剝繭地思考安隆公司陷入絕境的原因時，他們發現安隆公司有可能藉由發行New Power的股票，從中牟利以誇大公司收益。

- 負責查核安隆的會計師於上週接受檢方調查，並討論有關Arthur Andersen事務所的訴訟案及與政府合作等事宜。

- 由於Arthur Andersen事務所負面消息不斷，改由Mr. Volcker 接管這家會計師事務所，然而要說服法務部取消對Arthur Andersen事務所的指控，根本就是天方夜譚。

- 位於中國的Arthur Andersen事務所分部表示為維護客戶利益而宣布解散。

3月26日：Arthur Andersen事務所曾將查核能源產業視為最重要的業務之一。然而，隨著Calpine能源企業宣布解僱Arthur Andersen事務所後受到重創。而另一家Mirant能源公司亦考慮跟進，但今年度不排除續聘Arthur Andersen事務所。

- KPMG重申與Arthur Andersen事務所在亞洲地區九大分部合併的聲明。

- Arthur Andersen事務所請求聯邦法官於下月陪審團出席的審訊會議，放棄傳喚公司員工出庭作證。並表示5月6日當天，Arthur Andersen事務所因妨礙司法之一事出庭接受審訊，政府為此掌握了許多不利於它的證據。

3月27日：Arthur Andersen事務所為Waste Management執行的查核工作，也讓事務所顏面無光。

- Arthur Andersen事務所的執行長，Mr. Berardino，宣布請辭。由於Mr. Berardino危機處理的表現與執行審計工作一樣糟糕，他的辭職倒是讓許多事務所合夥人感到些許的安慰，但卻對身陷泥沼的Arthur Andersen事務所來說，沒有任何的助益。

3月28日：兩年前，證券交易管理委員會就注意到International Business

Machine這家公司所揭露的財務資訊，並要求重新修正1999年的年度報告。

- Arthur Andersen事務所的管理階層正試圖將一群暴躁易怒的合夥人聚集在一起。
- 由於Arthur Andersen事務所受到起訴，紐澤西地區的賭場管理協會下令禁止Arthur Andersen事務所與本區賭場業者有任何業務往來。
- 對Joseph Berardino來說，拯救Arthur Andersen事務所的希望於本月初就破滅。

3月29日：兩名Arthur Andersen事務所的高階主管暫時接下掌管Arthur Andersen事務所的工作，並對一項希望渺茫的搶救計畫盡全力實施改革。

- 儘管生還率極低，但是Arthur Andersen事務所的合夥人依然願意同生共死，一起度過這難關。
- Citigroup、Bank of America及Barclays Bank在10月31日聯合表示，同意給Arthur Andersen事務所7億元的信用額度。就在當天，安隆公司表示聯邦調查委員會正著手調查這家位於休士頓的公司之相關會計處理。
- Ernst & Young事務所宣布合併Arthur Andersen事務所在澳洲的分部。
- 隨著安隆案的影響，有關零售商的限制規定，尤其是採用特殊目的個體的做法，將會愈來愈嚴格。

2002年4月份　　　（單位：美元）

4月01日：依據Arthur Andersen事務所的律師表示，一位曾向高層質疑不當會計處理而後遭解僱的查核人員，目前正接受檢方徵詢，他的證詞將會成為指控Arthur Andersen事務所妨礙司法的武器。

- Arthur Andersen事務所原本打算以保險公司所給付的2.17億賠償給Arizon詐欺案的受害者。但因為Arthur Andersen事務所交不出1億元的保費，使得Bermuda保險公司宣布破產。

4月02日：Ernst & Young事務所努力收購Arthur Andersen事務所位於亞洲的分部，比KPMG收購非美國業務地區的計畫搶先一步。

- 在事務所攸關生死的問題當中，對合夥人來說，最重要的是如何在有限責任的合夥關係中，避免承擔潛在性責任。

4月03日：Arthur Andersen事務所位於新加坡的分部與Ernst & Young事務所合併，這種合併的狀況將會愈來愈多。

- Arthur Andersen事務所希望一同出售歐洲及亞洲業務給Ernst & Young事務所，但由於西班牙分部已自行和Deloitte & Touche會計師事務所合併，此希望落空。
- Arthur Andersen事務所的德國分部合夥人與KPMG在併購過程中已取得共識。
- 儘管上週，位在日本的Arthur Andersen事務所已與KPMG達成合併協議，但在網路資料接軌上遇到點麻煩。

4月04日：司法部願意提出折衷辦法來解決Arthur Andersen事務所妨礙司法一案，但前提是Arthur Andersen事務所必須要承認自己是「非法銷毀文件」。

- Occidental Petroleum宣布僱用KPMG事務所來取代Arthur Andersen事務所。在此之前，將近有100家企業宣布解僱這家曾經叱吒風雲的事務所，Occidental Petroleum發現改聘另一家事務所並不如想像中的困難。
- CNN的主播，Lou Dobbs曾對國會壓迫Arthur Andersen事務所表示不滿，有人對他與Arthur Andersen事務所之間的關係提出質疑後，他立即為之前的說法進行辯解。

4月05日：Arthur Andersen事務所任命在法國分部的合夥人，Aldo Cardoso，擔任代理執行長，他表示會盡力不讓Arthur Andersen事務所陷入全球分部解散的混戰當中。

- Arthur Andersen事務所的律師不遺餘力地尋求有利於事務所的證據，並計劃在華盛頓與司法部官員會面時，討論解決因妨礙司法公正而被起訴一案。
- 由於查核安隆而引發審計失敗的Arthur Andersen事務所，正被一連串的訴訟及官司糾纏著。因此，先將美國的查核業務暫時委託交付給其他兩家會計師事務所。
- 有兩名銀行家，任職於華爾街有名的投資銀行Credit Suisse First Boston

（CSFB），專門設計、提供財務融資工具給安隆公司的董事操作籌資，使得這家能源巨擘的財務狀況變得複雜且難以了解。

- 對於安隆的股東及債權人來說，Arthur Andersen事務所似乎沒有足夠的財力來賠償他們的損失，因此他們轉向這些曾幫助安隆籌資的銀行以索取賠償。

4月08日：為了能獲得賠償，這些因安隆公司破產而遭受重大損失的股東及債權人，一同控訴九家主要銀行及證券公司、兩家國際律師事務所也有參與安隆公司詐欺計畫。

4月09日：安隆所稱的「滾雪球」，係指為了避免成本支出超出預期範圍的財務監督機制。然而，在團體訴訟的聲明中，認為這是用以避免利潤被削減而達不到華爾街預期收益的財務操縱手法。

- Arthur Andersen事務所被控訴妨礙司法的主要原因是事務所總裁下令銷毀安隆公司的查核證據，這位總裁也因此被解僱。後來與聯邦政府的檢察官一同合作，協助調查這樁掏空案。

- Arthur Andersen事務所預計裁員約7,000名，占了美國總部員工人數的27%，對審計人員及行政管理人員來說是一大衝擊。

- 位於舊金山的財務融資併購公司，Fox Paine & Co.，簽署了一份收購聲明書，試圖以管理階層融資購股的方式，出資800億至900億來收購Arthur Andersen事務所的稅務部門，與出資收購部分部門的Deloitte & Touche會計師事務所互別苗頭。

4月10日：原負責查核安隆公司的Arthur Andersen事務所前總裁，在休士頓法院承認有妨礙司法一事後，轉向與檢察官合作，不僅讓Arthur Andersen事務所的處境岌岌可危，也成為檢察官揭發安隆舞弊案強而有力的助手。

- 被官司纏身的Arthur Andersen事務所正逐步將美國總部以外的業務轉給KPMG事務所時，位於英國的事務所分部則轉加入Deloitte & Touche事務所。

- 依據參與收購Arthur Andersen事務所的相關人士表示，最後確定事務所稅務部門的收購價格，依然難以彌補安隆公司股東、債權人及員工等的損失。

- Arthur Andersen事務所主要的三大客戶群紛紛解僱Arthur Andersen事務所，其中最大的一家表示已開始向其他家事務所洽談審計業務。這天也是Arthur Andersen事務所自從3月14日被起訴以來，損失最嚴重的一天。隨著International Paper、Oracle和Walgreen這3家公司宣告解僱Arthur Andersen事務所，Halliburton公司也表示有意考慮其他家會計師事務所。

- Ernst & Young事務所已經與Arthur Andersen事務所分部簽署六份以上的合夥協定，並著手整合位於波蘭的審計業務，預計未來能整合更多地區的業務量。

4月11日：去年年底，在安隆公司宣告破產前幾個月，暗中經由最具風險性的理財工具——內部避險基金，從事高達數十億元的股票交易。

- KPMG的德國分部預計在未來幾天簽署合夥協定，與Arthur Andersen事務所德國分部進行業務整合。

- Qwest Communication International公司宣布解聘Arthur Andersen事務所，連同像諮詢等非審計服務也一同解僱。

4月12日：在安隆案爆發前，Arthur Andersen事務所陸續發生三件重大的查核過失情形，而事務所的高階主管正試圖滅火挽救情勢。

- Arthur Andersen事務所為了能繼續生存下去，公開承認安隆案爆發的第一時間，有不肖合夥人及審計人員試圖為躲避刑責而銷毀大量的查核證據，藉此誠心冀望能與政府達成共識以解決這樁弊案。

- 亞洲地區合併之役就首戰告捷的Deloitte & Touche事務所，更是迅速地將自家台灣分部與在台最大的Arthur Andersen事務所分部進行業務整合。

- 在安隆案爆發後，安隆公司的執行長對士氣低迷的員工們進行第一次的精神喊話，他計畫以公司重組的方式，建立較小規模的能源企業，並預計支付600億到1,000億元來度過這次層層的訴訟重圍。

4月15日：國會調查人員認為J. P. Morgan Chase與安隆公司宣告破產有關，因此向其施壓，希望藉此得到相關訊息。

- 一段經由文字翻譯的錄音內容顯示出安隆公司與J. P. Morgan Chase關係十分密切，彼此的員工熱切地談論他們之間錯綜複雜的業務往來。

- 隨著控訴安隆公司的聲勢甚囂塵上，John Hancock Financial Service也加入了控訴行列，希望能爭取因安隆公司破產所造成的損害賠償。
- 在安隆公司申請進行第二次改組時，聯邦政府仲裁部門針對改組計畫中，有關保留1.4億元作為員工福利金之要求表示反對。

4月16日：Arthur Andersen事務所預計將與司法部、安隆公司的股東、債權人及其他因安隆案會遭受損失的人提出和解的措施。

4月17日：Arthur Andersen事務所積極地與安隆案的受害者溝通，希望能達成和解共識。但對於事務所提出的和解計畫卻因為兩方人馬爭執不下而遲遲無法達成協議，這兩方人馬分別是能源交易的債權人及一名新上任的地方政府檢察官。

4月18日：當Arthur Andersen事務所對民事訴訟提出的和解計畫無效後，轉而積極與政府溝通有關刑事訴訟和解一事。

- 當Halliburton公司轉向KPMG事務所的懷抱時，Arthur Andersen事務所終於失去了最後僅剩的大客戶，而另一家公司，Marriott International，也隨時準備離棄Arthur Andersen事務所。

4月19日：Arthur Andersen事務所停止與政府的和解協議，此舉也使得Arthur Andersen事務所的前途未卜，而沒有Arthur Andersen事務所的協助下，政府要釐清安隆公司錯綜複雜的交易根本是窒礙難行。

- Arthur Andersen事務所預期與司法部達成和解共識的拉鋸戰宣告破局
- Rupert Murdoch's News Corp.及Fox Entertainment Group先後解僱Arthur Andersen事務所擔任外部審計的工作，並轉聘Ernst & Young事務所負責查核2001年～2002年的財務報表。
- Pricewaterhouse-Coopers及Arthur Andersen事務所位於香港及大陸的分部簽署一份合併協議，將雙方的審計及稅務部門進行業務整合，並自當年度7月1日正式成立。
- 位於英國的Arthur Andersen事務所分部宣布裁員約1,500名。

4月22日：Mr.Volcker勢必得放棄進行重組Arthur Andersen事務所，這也使得Arthur Andersen事務所的狀況危在旦夕。

- 雖然Arthur Andersen事務所與司法部的和解協議宣告失敗，但仍持續地

與證券暨期貨交易管理委員會進行有關民事訴訟的和解談判。

- 安隆公司的總裁兼營運長Jeffrey McMahon，是在安隆案爆發後少數未受牽連的倖存者，但由於政府窮追不捨地查緝他在所有可疑交易的參與程度，因而決定在6月1日辭職。

4月23日：安隆公司宣告破產後，為了使投資大眾能對它的財務狀況恢復信心，安隆公司表示願意將資產沖銷約140億美元以示誠意，同時也對Arthur Andersen事務所的審計品質表示質疑。

- 美國國會為預防未來有類似安隆掏空案的情況發生，著手制定議案以加強有關證券業及會計師業的懲罰機制。
- 孤立無援的Arthur Andersen事務所預計實施公司瘦身計畫來減少事務所的支出，像是禁止事務所合夥人召開由公司付費的午餐會議、停止供應免費的早餐。此外，當飛行時間超過3小時，合夥人將不准搭乘頭等艙。
- 當Arthur Andersen事務所的全球網路資料庫發生使用衝突時，位於義大利的分部決定與Deloitte & Touche事務所的義大利分部進行合併。

4月24日：隨著與司法部的和平談判破局，客戶及人才不斷的流失下，使得Arthur Andersen事務所的情況更加雪上加霜。Arthur Andersen事務所只好經由破產保護法為事務所的結束畫下句點。

- 由於Arthur Andersen事務所與司法院的和解破局，因此休士頓法院重新開庭審理這件訴訟案。

4月25日：在確定有關民事訴訟的和解失敗後，Arthur Andersen事務所依然不屈不撓地試圖就妨礙司法這項罪名，積極爭取與司法院進行和解調停的空間。

- 唆使Arthur Andersen事務所的審計人員銷毀文件以躲避刑責的律師，目前正接受檢方調查，這也是司法部著手調查安隆案的繁複工作之一。

4月26日：在Arthur Andersen事務所妨礙司法的蒐證過程中，司法部至少從兩名不願接受銷毀文件指令的事務所員工獲得相關證據。

- Arthur Andersen事務所的律師，Nancy Temple，是教唆Arthur Andersen事務所員工銷毀文件的核心人物，目前也成為檢方調查的重點人物。
- 富有野心、極為樂天主義及容易相信他人等特點是安隆公司總裁

（Kenneth Lay）的成功因素，卻也成為失敗的主要原因。

4月29日：負責開庭審理Arthur Andersen事務所妨礙司法一案的檢察官，拒絕Arthur Andersen事務所的律師提出延期審判的請求，在原定日期5月6日開庭。

- 僅剩一週的時間，Arthur Andersen事務所必須說服休士頓法院的陪審團不要因安隆案的影響而裁定妨礙司法之控訴。然而，在這之前，Arthur Andersen事務所首先要面對的是費城法院的挑戰。

4月30日：在過去的兩週裡，Arthur Andersen事務所的員工仍繼續為剩下的客戶提供服務，但公司內部的運作卻已經不如以往的順利。

- KPMG附屬諮詢公司購併了Arthur Andersen在美總值超過2.5億的諮詢業務，此舉也加速了Arthur Andersen事務所的瓦解。
- 部分退休的Arthur Andersen事務所合夥人請求法院發布命令，禁止Arthur Andersen事務所賤價出售資產。
- 美國的亞利桑那浸信教徒基金會正對侵權人提出訴訟。

2002年5月份　　　（單位：美元）

5月01日：投資大眾相當贊同KPMG諮詢公司併購Arthur Andersen的諮詢業務，但目前著手進行海外諮詢業務的整合卻困難重重。

- 在半個世紀前，Arthur Andersen事務所創辦人去世時，大家對Arthur Andersen事務所的存活感到疑慮，而此項疑慮現在又開始瀰漫在企業界。
- 負責對Arthur Andersen事務所提起民事訴訟的律師告知陪審團，遭受美國的亞利桑那浸信教徒基金會破產所累的投資者曾轉向素有「黃金標準」信譽的Arthur Andersen事務所投資約數十億元，但事務所會計師們卻對美國的亞利桑那浸信教徒基金會所提出的詐欺之訴視若無睹。

5月02日：安隆公司計畫改組更名，希望回到十年前尚未迅速擴張市場的階段。

- 受任幫助Arthur Andersen事務所進行和解談判的調停者，正式宣布與各方的和解談判破裂。
- 出席民事訴訟的證人曾指出，Arthur Andersen事務所的會計師對於美國的亞利桑那浸信教徒基金會被控訴之詐欺行為卻未進行任何調查，而這項指控對於任何一位正直的會計師來說是非常荒謬的。

5月03日：有關Arthur Andersen事務所的種種控訴已進入審判階段，從法律層面上來說算是漸入佳境（經由網路上搜尋Arthur Andersen事務所的反應及提出控訴的相關文件）。

- 有關美國的亞利桑那浸信教徒基金會的民事訴訟中，Arthur Andersen事務所辯稱曾對資產負債表中應收帳款缺乏保證品易引發的問題，盡告知義務。

5月06日：依據相關文件顯示，大約一年多前，也就是去年12月安隆公司申請破產保護之前，安隆公司的管理階層早就知道帳面價值61.5億元的外國有價證券虧損一半以上。

- 安隆的執行長告知無擔保債權人，可經由破產法庭的審理程序收回150至200億元，約占安隆公司帳上負債500億元的40%。
- 前聯邦儲備委員會主席，Paul A. Volcker，原受任幫助重組Arthur Andersen事務所，經由一連串的和解談判失敗後，正式宣告他的重建工作結束。
- 另一家有名的會計師事務所KPMG，雖然經由併購Arthur Andersen事務所的分部為他們的員工提供了工作機會，但最近也傳出KPMG陸續解僱自己原本的員工。

5月07日：聯邦檢察官將舉證指出，Arthur Andersen事務所的資深合夥人及律師以不正當的手法想盡辦法掩飾查核安隆公司的審計瑕疵。

- Arthur Andersen事務所轉而採取低姿態，表示願意以2.17億元賠償有關Arizona Liquidation Trust的民事訴訟案。這也創下有史以來由國際知名會計師事務所達成的第二大和解協定。
- Arthur Andersen事務所腹背受敵，並受到一連串的官司重創
- 依據聯邦調查局的資料顯示，安隆的能源供應商曾在2000～2001年加州

發生能源危機時，藉由操縱能源系統來提高利潤。

5月08日：依據聯邦法官裁定，政府已握有充分的證據證明，Arthur Andersen事務所因管理不善，並企圖銷毀安隆公司的查核證據以妨礙司法調查。這天是重創Arthur Andersen事務所最嚴重的一天。

- 幾名安隆公司的董事表示，他們對公司高層的掏空計畫完全不知情，但這卻與實際資料所顯示的事實不符。根據一名Arthur Andersen事務所經理所做的書面聲明顯示，早在三年前就已對他們的財務操縱手法提出警告。
- 聯邦能源調查局找到一份安隆公司與能源債權人等三方的備忘錄，內容很清楚的顯示他們如何操縱加州的能源系統以從中獲利。此消息一公布後，對於調查造成加州能源市場混亂的原因有相當大的幫助。

5月09日：根據安隆公司的內部備忘錄記載，在2000年加州發生能源短缺的危機時，安隆與兩家以上的能源供應商聯合起來發布假消息，藉此轉售額外的能源再度牟利。

- 一名Arthur Andersen事務所合夥人曾在2001年向他的同事提出警告，他認為對安隆公司執行不合理的查核計畫，就像是提供給別人一個證據確鑿的犯罪證明。
- KPMG諮詢公司以信件告知Arthur Andersen事務所，它願意以總金額超過4億元的現金及股票來併購Arthur Andersen事務所的諮詢業務。

5月10日：在開庭審理的過程中，Arthur Andersen事務所的首席律師，Rusty Hardin，言之鑿鑿地為其辯護，並藉此來說服陪審團有關Arthur Andersen事務所在11月8日收到證券交易管理委員會的傳票前，銷毀文件的行為沒有不適當的地方。

- 一捲宣傳Arthur Andersen事務所的錄影帶，以Dick Cheney副總統及高級官員一致推薦的名義為號召。

5月14日：Mr. Duncan告知陪審團，是他故意命令Arthur Andersen的員工遵守事務所的「文件保管政策」已達到銷燬所有安隆公司之查核證據的目的。

5月15日：依據Joseph Lieberman參議員表示，去年聯邦能源調查委員會調查安隆公司的線上能源交易系統，但未發現任何疑點。

- 前任證券交易管理委員會的主席Arthur Levitt，不僅強調會計師職業道德規範的重要，也警告剩餘四大事務所及其在國會的同盟不要阻撓美國會計制度的改革。
- Mr. Duncan告知陪審團，之所以會下令銷毀大量有關安隆的查核證據是因為他害怕Arthur Andersen事務所會因為安隆案而引起一連串的法律訴訟及政府機關的質詢。

5月16日：Mr. Duncan表示，如果他不配合政府進行調查Arthur Andersen事務所，除了會被指控參與安隆公司舞弊掏空的策劃，還會面臨牢獄之災。

5月20日：依據Arthur Andersen事務所的律師表示，之前詢問David Duncan有關文件銷毀之一事的回應是完全不知情，大大削弱了David Duncan轉為污點證人的說服力。

5月21日：證券交易管理委員會起訴Ernst & Young事務所違反證券交易法，與一位從事軟體業務的審計客戶合作交易而從中獲得非法利益。

- 參議院銀行委員會主席希望能爭取時間來建立一套廣泛且具實質效力的會計制度，嚴正地看待安隆案帶給社會的警惕作用。
- 轉為污點證人的David Duncan向政府透露有一位支持他發布銷毀文件命令的Arthur Andersen事務所合夥人，而這位合夥人在面對檢調諮詢時依據人權法案第五條的規定來避免說出不利於己的證詞。
- 在安隆案爆發之前，Arthur Andersen事務所就以文書處理能力聞名。

5月22日：一位Arthur Andersen事務所的審計人員證實他的上司曾與她私下討論有關文件銷毀之一事，並提及會以文件保管政策的名義進行。

- 有25名的前任Arthur Andersen事務所合夥人在芝加哥成立另一家諮詢服務公司，目前已吸引了75位客戶並計畫能成為國際性的公司。
- 受僱安隆的律師事務所Vinson & Elkins，曾對安隆的管理階層操縱報表的手法表示異議，因為這種操縱手法會造成利益衝突或是無法為公司創造最大的利益，但安隆的管理階層根本聽不進去。

5月24日：由安隆公司債權人提出自救的方案中，Arthur Gonzalez法官在星期四這天否決了由律師出面代表安隆債權人爭取權益的資格。

- 檢察官請求負責審理Arthur Andersen事務所銷毀文件案的法官，准許讓

陪審團裁決時將下列情況列入考慮：有3名Arthur Andersen事務所的員工拒絕為公司妨礙司法之一事出庭作證。

- 因為安隆案而形象受創的Arthur Andersen事務所被德州的會計委員會評定為不適任，因而收回Arthur Andersen事務所在德州的執照。

5月28日：由於Arthur Andersen事務所對檢舉人的可信度提出質疑，因而使得政府暫停對Arthur Andersen事務所的審判。

5月30日：Arthur Andersen事務所自行找來其他證人，來推翻政府在3月時對Arthur Andersen事務所下令員工銷毀文件的指控。

- Deloitte & Touche、Ernst & Young及KPMG這3家事務所正虎視眈眈地靜待Arthur Andersen事務所賤賣資產，以趁機挖角兩百名優秀的合夥人。

5月31日：政府表示，Arthur Andersen事務所銷毀文件的行動已在去年秋天蔓延到海外，雖然Arthur Andersen事務所表示異議，但立即被駁回。因為依據一名就職於倫敦分部的合夥人表示，分部的銷毀行動來自休士頓總部的一通電話。

- 安隆公司持續進行改組計畫，並任命一名經驗豐富且任職於公用電信事業的執行長及一名風險管理專家為董事會成員。

2002年6月份　　　　（單位：美元）

6月03日：在破產法庭的檔案中記載，安隆公司的債權人主張Arthur Andersen事務所的1,700位合夥人應對公司債務負起個人責任。

- 當時專門負責查核安隆公司的會計師助手，Shannon D.在陪審團正考慮撤銷對Arthur Andersen事務所的控訴時，悲壯地說出關鍵性證詞逆轉了整個情勢。

- 一名Arthur Andersen事務所的合夥人曾向前聯邦調查官員表示，在去年10月份，當他聽見碎紙機的聲音時曾試圖阻止Houston銷毀有關安隆的文件，並建議深入調查安隆公司可疑的會計政策。

- 面對一連串公司舞弊的風波，紐約證券交易所於本週開始對新掛牌上市

的公司祭出嚴格的監管手段來約束他們。

6月04日：來自公共事業委員會的消息指出，去年夏天，安隆的事業單位違反了規模能源市場規則，因此德州的能源調查委員會做出懲處約700萬的罰金。

6月05日：Arthur Andersen事務所對刑事審判所做的辯護已完結。

6月06日：經過雙方激烈辯護的過程後，在審判結果中對Arthur Andersen事務所的評語是：Arthur Andersen事務所的律師及合夥人早在安隆破產之前就預知會面臨證券委員會的質詢及調查任何與安隆有關的文件，因此展開瘋狂的文件銷毀行動。

- 聯邦破產法庭的法官阻止安隆公司的債權人逼迫Arthur Andersen事務所揭露出其詳實的財務狀況與潛在的清算價值。

6月10日：正所謂「羅馬不是一天造成的」，Arthur Andersen事務所之所以從會計業的楷模淪落到過街老鼠的地步，都是因為數十年來的管理不當和泯滅良知的行為所造成的。

6月11日：最近幾個月Arthur Andersen事務所的客戶紛紛出走，主要是避免因安隆案而受牽連、Arthur Andersen事務所即將瓦解等因素，但卻無法得知對投資大眾是否有安撫的作用。

6月12日：CMS Energy與Arthur Andersen事務所已正式結束合作關係，並對其財務報表不會出具任何查核意見。

- 由安隆一手創立的New Power Holding公司，原本是以零售能源業務起家的，因時運不濟而聲請破產保護。

6月13日：目前負責審理Arthur Andersen事務所之刑事訴訟的陪審員正僵持不下，而法官也希望他們能加倍努力做出裁決以重新恢復審議。

6月14日：負責審理此案的法官做出裁定，即使每人的犯罪定義不同，只要所有陪審員同意有人犯罪即可。

6月15日：10天後的審議結果出爐，裁定Arthur Andersen事務所觸犯妨礙司法調查的重罪，這也使得Arthur Andersen事務所不能再為上市櫃公司提供審計服務。

6月16日：那些被其他知名會計師事務所挖角過去的前Arthur Andersen合

夥人正彼此並肩工作者，同時也與前東家的客戶們保持聯繫。在世界各地的
Arthur Andersen事務所分部也換上了其他事務所的招牌繼續經營著。

6月17日：Arthur Andersen事務所的判決結果讓聯邦法院的法官認為，應對
安隆破產事件負責的人重新提出控訴，但由於名單上的證人不願意出面指控，
使得政府備感壓力。

- 目前陪審員手上持有的書面證明就是被銷毀的文件碎片及一封由Temple
  女士所寫的一封授權信。信中說明，Arthur Andersen事務所的律師為了
  避免證券交易管理委員會的調查，願意將David Duncan在去年10月所說
  的證詞剪輯成文字檔授權給他們使用
- Arthur Andersen事務所必須為一連串的刑事訴訟、民事訴訟等，當然也
  包含Arthur Andersen事務所股東及員工出庭等，支付高達3,000萬的訴訟
  費用。
- 證券交易管理委員會及司法部，可就Arthur Andersen事務所員工、合夥
  人所從事的證券詐欺交易、違反職業道德規範及執行不當、不符職業之
  行為等，加以追查。

6月18日：參議員銀行委員會通過一項法案，那就是建立一套監督機制以
限制會計師事務所提供諮詢服務的種類及相關懲戒規定。

- 證券交易管理委員會的主席，Harvey Pitt，計劃創立一個強而有力的監督
  委員會，成員至少要有6名獨立會員，外加3名在決定懲戒罰責不具表決
  權的會計專家。

6月20日：國會民主黨議員抨擊證券交易管理委員會提出有關監督委員會
的構想過於薄弱。因此，證券交易管理委員會提議不如建立一個民間的公共會
計委員會，成員共九名，專門負責懲戒查核人員、審核會計師事務所的查核程
序及草擬新的會計準則。

- Arthur Andersen Community Learning Center是最後保有Arthur Andersen
  名義的機構，這所學校當初設立的目的是要強調查核人員的專業能
  力及道德素養，而不是公司利益，現在倒是有很充分的理由將Arthur
  Andersen自名稱中消去。
- 雖然90年代的公司之犯罪規模及範圍遠大於美國經濟蕭條時期，但受害

人都是公司的股東。

6月21日：Dynegy公司表示，在更換高階財務主管後數小時內，除了將公司線上能源交易系統中斷，並大刀闊斧地裁掉16%負責交易的員工。

- 依據11家保險公司所提交的法律聲明顯示，J. P. Morgan Chase與安隆公司確有共謀以美化財務報表，並藉此希望能掩飾同流合污的事實。

6月24日：安隆公司宣布破產後，投資大眾對上市公司的報表失去信心，使得股市持續走低。

6月25日：對於陪審團做出「妨礙司法調查」的裁決，Arthur Andersen事務所表示用以裁決的證據不夠充分，因此要求聯邦法官撤除此項判決，給予上訴的機會。

6月27日：WorldCom被踢爆操作38億元的假帳來美化財務報表，這也警惕我們，仍然有許多不良的公司充斥在投資人的四周。

2002年7月份　　　　　　（單位：美元）

7月01日：會計準則的制定者原擬定的草案目的要嚴格約束那些負債累累的合夥人接近公司的財務，然而幾個月前，實際公布的準則反而沒有想像的這麼嚴厲。

7月02日：曼哈頓地區檢察官，Robert Morgenthau，目前正在深入調查有關J. P. Morgan Chase及Citigroup（花旗集團）與安隆公司之間的融資協定內容。

7月21日：Citigroup為安隆公司所設計的融資方案，可讓安隆公司的財務報表顯得資金雄厚，而非債台高築的景象。

7月23日：為安隆公司設計具詐欺性融資工具的J. P. Morgan Chase及Citigroup被踢爆曾以類似的融資工具推銷給他們的客戶。

7月24日：J. P. Morgan Chase及Citigroup藉由幫助安隆及其他能源公司提高現金流量及隱藏報表中的負債，進而從中收取報酬逾2億元。

7月25日：參議院常設委員會之調查單位以書面要求J. P. Morgan及Citigroup提交證詞，供出幫助安隆公司藏匿財務狀況所設立境外公司的實際狀況。

7月29日：Merrill Lynch對一位負責接洽安隆公司的員工處以停職處分，以避免被檢調單位進行約談。

7月30日：LJM2是安隆公司轉投資約3.866億元的關聯企業，專門為安隆公司隱藏債務及美化財務報表，而目前國會調查局正針對LJM2當初成立募資時，Merrill Lynch牽涉的程度展開調查。

7月31日：在1998年8月，Merrill Lynch的一位股票分析師，John Olson，因不願與安隆合作，因而被解僱。在這之後，Merrill Lynch因接手處理安隆公司的銀行業務而獲利數千萬元，還因此提高了安隆公司的股票等級。

2002年8月份　　　　（單位：美元）

8月01日：聯邦能源調查委員會正著手調查安隆公司是否採取不正當的手段，以名下兩家負責輸油管業務的子公司名義向銀行貸款約10億元。

8月05日：政府因安隆案事件而決定展開掃黑金行動，由聯邦檢察官著手調查安隆公司是否藉由賄賂外國官員來為它全球各地的分部爭取合約。

8月06日：去年年底，安隆公司以名下兩家子公司名義向銀行貸款10億元以作為挽救破產情勢的資金。而目前司法院及證券交易管理委員會正針對此事進行調查，藉由相關的會計紀錄，來確定安隆當初的融資名義是否正當，及是否將貸款金額轉入海外帳戶而沒有償還的意願。

8月12日：追究安隆公司破產事件後，調查人員將重心轉移到曾與安隆公司有關係的金融業者上。調查結果顯示，有3家金融業者與安隆公司不正當的融資手法有關係，因此它們即將面臨國會、證券交易管理委員會及司法部等嚴厲的諮詢。

8月13日：聯邦能源調查委員會表示，一旦發現安隆、Avista及El Paso Electric等3家公司有違反能源法規或是聯邦法律等事實，他們就必須接受制裁。而目前最新消息指出，這3家公司在加州爆發能源危機期間，可能有操縱價格的行為。

● Jeffrey Skilling在擔任安隆公司執行長一年後辭職，在安隆事件中他也被

　　裁定有罪，可能即將面臨刑事訴訟。

　　8月15日：Dynegy願意支付2,500萬元給安隆公司，作為併購違約的賠償，此舉加速了安隆公司的瓦解。

　　8月16日：德州是安隆公司的發源地，而德州會計師公會認為Arthur Andersen事務所妨礙司法調查而收回其在德州的執照。

　　8月21日：前安隆公司財務執行長，Michael Kopper，為了減輕被控訴洗黑錢及共謀詐欺的兩大重罪，除了積極配合檢方調查外，亦願意將非法所得共1,200萬元交出來。

　　8月22日：檢察官下令沒收前安隆執行長，Andrew Fastow，及其家人、朋友的非法所得，總值高達2,360萬元。

　　● 在安隆案的調查過程中，轉為污點證人的Michael Kopper成為政府調查的得力助手，但在調查LJM2有關隱匿財產一事，反而沒幫上什麼忙。

　　8月23日：聯邦調查局對安隆案一事進展相當迅速，並欲凍結Andrew Fastow，及其家人、朋友的帳戶以防範他們將資金抽走。

　　● 去年，Michael Kopper被安隆授權談判併購Chewco公司時，曾向安隆要求既定的1,000萬報酬外，還有額外的260萬元來彌補被課徵的應納稅額。

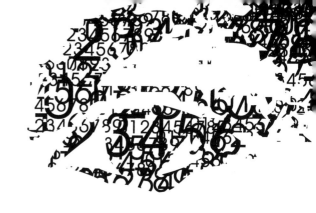

世界通訊（WorldCom）
弊案

　　世界通訊為美國第二大的長途電信公司，從過去十年蔚為股票市場上最具潛力的明星公司，因這次爆發的舞弊事件使得盛名一落千丈。世界通訊因身負300億元的負債而瀕臨破產，再加上證券交易管理委員會的介入調查，使得世界通訊加速崩潰。而此次的弊案也成為有史以來最大的舞弊案件（資料來源：華爾街日報網站）。

證券交易管理委員會對世界通訊的控訴

　　2002年的6月26日，美國證券交易管理委員會（以下稱「證交會」）對世界通訊提出下列控訴：

1. 世界通訊之管理階層授權核准，以隱匿及不正當的會計處理來掩飾公司實際的營運績效，使得2001年報表上的稅前純益及少數股東權高估了30.55億元，2002年第一季高估7.97億元。因此，世界通訊的舞弊陰謀至少自2001年的第一季持續到2002年的第一季。

2. 在2001第一季至2002第一季的這段期間，世界通訊以費用資本化的手法將帳上盈餘由負轉正，偽裝成有賺錢的公司以達到華爾街所發布的預期收益。此做法不僅違反一般公認會計原則的做法，也等於是誤導社會大眾對財務報表的解讀。

3. 世界通訊的行為已違反了證交法對反舞弊的相關規定，若證交會沒要求法院向其發出禁止命令，相同的舞弊行為會一直持續下去。因此，證交會認為除了禁止上述行為外，也應就這些違法行為處以罰金。

舞弊陰謀

4. 世界通訊是一家全球通訊供應商，營運範圍遍及65個國家，主要業務就是為企業提供資訊傳輸及網路服務，並透過微波通信公司為企業及其消費者提供長途通信的服務。在90年代的長途電信業占有一席之地。然而，到了2001年，電信市場景氣差，使得世界通訊收益不如預期，更遑

論達到華爾街所發布的標準。

5. 世界通訊的主要營運成本是「線路成本」，也就是向電信網路供應商支付使用網路系統的使用費。依一般公認會計原則，此項支出應認列為當期費用，而不是列為成本分年攤銷。而大約自2001年開始，世界通訊藉由費用資本化來操縱公司的收益，以期達到華爾街的收益標準，使股價能維持在一定水準之上。

6. 因上述操縱報表數字的手法，使得世界通訊向證交會所呈報的報表都是溢列收入、低估費用。以2001年12月31日之10-K報表及2002年3月31的10-Q報表，財務失真最為嚴重。

7. 世界通訊在2001年12月31日所提交的合併報表中，帳上線路成本為147.39億元，稅前純益及少數股東權為23.93億元。然而，實際上的線路成本應為177.94億元，一共虧損6.62億元。

8. 此外，世界通訊在2002年第一季合併報表中記載的線路成本為34.79億元，稅前純益及少數股東權為2.4億元，與實際的線路成本42.76億元相較，虧損了近5.57億元。

9. 世界通訊發布以上報表時，並未揭露對線路成本採用的會計處理、前後期採用的會計方法不同，以及線路成本之成長趨勢大幅提高。綜上所述，世界通訊對財務報表有重大影響之事實未盡揭露之責。

世界通訊大事記

下列為最近發生的重大事項：（2002年）

2月08日：世界通訊宣布調降2002年收入及盈餘之預測，並於第二季計入150億元～200億元的費用以沖銷部分營運損失。

- 世界通訊總裁，Bernard Ebbers，以公司名義向自己購買股票來抵銷對公司約3.66億元的債務。

2月15日：一起舞弊醜聞被踢爆，範圍涉及到三家分公司，使得世界通訊解僱了三名傑出職員及凍結十二名銷售員的佣金。

3月12日：繼安隆及Global Crossing事件後，證券交易管理委員會開始調查世界通訊。

4月03日：世界通訊擁有七千五百名員工，預計裁員10%。

4月22日：世界通訊將2002年的收入預測大幅調降至少10億美元。

4月24日：兩大信用評等公司，Moody's及Fitch，將世界通訊的債務評等降級。

4月30日：Bernard J. Ebbers辭去世界通訊執行長一職。

5月09日：Moody's及Fitch信用評等公司，將世界通訊的債務評等降至垃圾級，使其股價創新低。

5月21日：世界通訊收回微波通信公司的追蹤股票，希望將這筆股利金額節省下來。

6月05日：世界通訊在進行公司重組時，預計再裁20%的員工人數（含無線電信部門）。

6月20日：世界通訊宣布延遲發放微波通信公司特別股股利，以保留現金因應目前情勢。

6月24日：經分析師，Jack Grubman發表他對這家公司的財務狀況持否定態度後，使得世界通訊的股價跌至1元以下。

6月26日：世界通訊被揭開舞弊面紗：將38億元的費用支出記錄為資本支出。

6月27日：因世界通訊虛增收入38億元，證券交易管理委員會向其提出民事訴訟。

6月28日：議院向世界通訊發出傳票，並著手調查這件醜聞的真相。

7月09日：國會對世界通訊舞弊的行為大聲抨擊，並斥責分析師（Jack Grubman）沒有發現這點。

7月12日：世界通訊的債權人試圖凍結此公司約26.5億元的資金，但是沒有成功。

7月17日：California Pension Funds對世界通訊提出控告，原因是其前任高階主管及許多大銀行共謀，在去年發行具詐欺性質的債券。

7月22日：世界通訊申請破產保護。

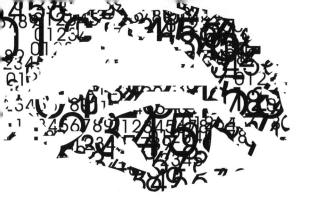

引言

Rosemarie為一間名為Acme builders小型建設公司的新進人員，並擔任主管的位置。由於公司的執行長Peter允許她採取彈性工時的政策，以方便Rosemarie照顧她的女兒，因此她對於執行長感到非常感激。目前Acme正在替一間名為Fergus的汽車旅館執行大規模的工務，然而Rosemarie卻對於來自Fergus的應收帳款感到疑慮，她認為這些應收帳款的備抵壞帳應加以調整。然而與執行長Peter會談過後，她卻被告知公司若調整這些備抵壞帳，那麼銀行可能會中止一筆公司急需的貸款，雖然Rosemarie仍希望調整這些備抵壞帳，但Peter卻似乎暗示著希望Rosemarie能夠為了這筆貸款去謊報數字。此時Rosemarie是否該順著Peter的意願去從事謊報數字的行為呢？

John是一名非常年輕的查核人員，並任職於一間地方性質的會計師事務所。他目前遭遇到一個難題，他正思考著是否要隱瞞最近因未於客戶的納稅申報書上，附上不可撤銷的選舉捐款所造成的錯誤。假如他隱瞞這個錯誤，便可以替這位重要客戶節省可觀的稅款。John認為他的義務即是為客戶儘可能的節稅以獲取最大的利益，John也知道替事務所維持住這個客戶是非常重要的。你認為大多數查核人員會從事隱瞞錯誤的行為嗎？此外，隱瞞錯誤這種行為是情有可原的嗎？

Leo是一位資深查核人員，並受指派查核一家股權集中持有的公司，CHC。Leo發現公司的淨利受到嚴重的誤述，雖然有可能是因無心所造成的錯誤，但更有可能是蓄意造成的。這項查核工作已超過了預計的查核期間，若再深入調查這項錯誤將會耗費更多時間。此外，這項錯誤與租稅毫無相關，而且一位正與CHC洽談管顧服務合約的合夥人，亦對Leo施加壓力要求他將相關資料儘快的交出來，事務所的經理Adele勸Leo不用調整相關的工作底稿，因為與租稅無關。Leo是否應採取Adele的建議？

上述的幾個故事每天都在世界各地發生，因此與會計界相關的人士，無論從事管理會計、稅務會計、審計或是評價等專業人員，皆開始考量到職業道德的重要性。

近來安隆案的問題，使得Arthur Andersen事務所中負責查核安隆的人員以及相關顧問，皆因未善盡其責，受到嚴厲的批評。上述故事中的情況，並

非是安隆案發生後才開始有的,而是早已存在甚久。在安隆的案件中,Arthur Andersen的查核人員,由於審計失敗的關係,造成無法偵測及揭露出安隆使用特殊目的個體的手法來移轉資產,進而膨脹公司的價值。由於Arthur Andersen的查核人員在抗辯時,對外解釋使用特殊目的個體在法律及一般公認會計原則上是允許的,因此有批評者認為會計人員應該要被賦予更多的義務去執行更詳細的查核工作。

　　無論安隆案的結果為何,我們應了解安隆案並不是告訴我們目前社會上開始產生了一個「新的」道德問題,而是累積已久的道德問題即將爆發。由於這些道德問題所牽連的層面廣泛,因此會計人員應加以注意如何面對即將來臨的棘手問題。綜上所述,會計人員應該做什麼?會計人員應具備哪些特性?這將是所有討論會計道德的書籍中一重要的議題。

　　道德觀念可涵蓋運用在人類整體生活中所有相關的層面,但在本書中,我們將探討如何將道德觀念運用在人類整體生活中,一項重要的活動上,亦即會計。人們皆應對其所從事的行為活動負責,無論其是好是壞、對象多寡以及公正允否,我們都該對自身的行為負責。基於這項觀念下,我們將探討道德如何運用在會計上,但在探討之前,我們應先了解會計在人類整體生活中,扮演了什麼樣的角色。

　　我們將先檢視會計在現今這個著重經濟發展的社會中,在實務上所扮演的角色。大家都知道目前的經濟體系中,會計是不可或缺的一環,整個交易市場中,若缺乏會計來協助財產及貨物的計價及處分,那麼人們將感到困擾;為使市場運作得更有效率,我們也需要會計來將各項交易記錄下來。這些由會計及簿記人員所記錄辨別的事項,包括了持股關係、財產所有權、評價、應收帳款及債務等,皆是記錄著各項權利與義務的證明。

　　在現今這個經濟體系複雜的環境下,會計已儼然成為一重要的專業服務。我們將以一專業會計人員所應具備的道德責任之觀點,來切入分析會計專業服務的本質為何。

　　若要同時討論所有與會計人員及道德問題相關的行為及議題,可能造成出版一本極為龐大厚重且分散焦點的書籍,為避免這種情形,本書將著重在我們日常生活中,較常見且具重要性的會計道德議題。

　　使用定義、檢查及衡量三個步驟來分析與道德議題相關的活動或實務，不但是一項重要的工作，亦能較有效的分析出這些活動或實務的目的。我們以小刀作為範例，定義它的基本功能或目的後，了解小刀基本上用來從事切割這種行為，若要判別小刀的好壞，可檢查它在切割時是否銳利，若銳利，則衡量為一把好的小刀；反之，則為不好的。另外我們也可以針對小刀的功能本身去做分析，衡量它的功能是否有價值或意義，而在衡量的過程中，我們也要思考在不同的環境下，亦會有不同的考量，亦即因時制宜。

　　若從事某項行為，就只為了這個行為而採取行動，我們稱這種情況為實質上值得（intrinsically worth while）；但若從事該行為是為了別的事物時，我們則稱為手段上值得（instrumentally worth while）。舉例來說，「切」這種行為是否有價值，要視其目的而論，拿刀切人與拿刀切食物兩者價值則完全不同。

　　從事會計這種行為活動時，亦是為了某些目的。一位好的會計人員須能夠遵循他們的目的，允當地表達出一家企業或公司的財務狀況。但若仔細思考，為何會計一定要用來允當表達財務狀況？會計的功用到底是什麼呢？因此我們應思考會計這種行為活動，依據其使用的目的，來判斷這個行為的好壞。我們可以想想一位精明的會計人員，既然有能力揭露某些事項，當然也有能力去刻意隱瞞某些事項。

　　允當地表達企業財務狀況為一會計人員應有的責任，會計既然作為一有使用價值的活動，則應視決策者的需求，提供其相關的資訊及服務。會計活動使用價值的判斷，端看其目的而定。舉例來說，若利用會計技術來協助公司組織串謀犯罪，或是受到客戶的賄賂，而反過來使用會計技術來不允當表達財務報表等等，則這項活動將因其不當的使用價值而危害社會大眾。

　　若將會計用於提供使用者相關經濟事項的資訊，我們會讚賞這是一個值得認同的目的。因此，我們應該針對那些會計人員在執行其專業技能時，判斷其使用目的，若是使用在好的方面，如協助企業正常營運，我們應給予認同；反之，若用於竊取公司稅款，我們應加以撻伐。

　　我們應將運用會計正確的目的牢記於心，本書將於開頭簡短提及會計的歷史、性質及目的，會計的歷史可幫助我們了解會計整體發展的來龍去脈，並知道會計是一門由人類創造的學科且受到社會大眾普遍認同。在目前的社會中，

各項金融活動對於整體經濟發展是不可或缺的，由於會計技術增進了這些活動的效率，因此一般來說，會計是對於社會有益的一項行為活動。當然會計也可用於誤導、蒙蔽甚至詐騙他人，即便這些會計人員的手法再高明，他們仍因這些缺乏道德的行為而受大眾所鄙視。

了解會計的性質過後，我們再將注意力轉回一個問題：什麼是道德？我們將檢視一些有關道德的理論學說，以了解這些理論如何運用在現今社會的會計。本書將會在某一章節特別提及道德的目的以及其他與道德相關的議題。道德不但是一種勸人為善的觀念，亦是一種社會大眾對於一般事物的可接受標準。

與道德相關的議題中，會計人員對於客戶的專業程度為其中一重要議題。會計是一項需要專業訓練的技術，而企業之經濟事項亦仰賴會計人員的專業技術來處理。我們將會解釋會計之專業特性與道德概念之間的相關性，並闡明一專業會計人員，應有義務替客戶、事務所以及社會大眾三者牟求最大的福利。

會計人員由於其專業性，因此亦發展出數種職業道德規範，會計人員必須遵守這些規範方能被社會大眾承認其專業性。我們將會在後文介紹美國認證會計師協會（美國會計師協會）的職業道德規範，它是目前涵蓋範圍最廣亦最具代表性的規範。

接下來，我們將介紹目前會計人員於其工作上，四項較重要且與道德議題較有關聯的業務：

1.審計

審計與道德議題有何關聯性呢？我們將先探討查核人員所必須面對的重大問題─利益衝突。安隆案過後，有關查核人員所必須負擔的責任以及查核人員對於利益衝突必須迴避到什麼程度等議題，到如今早已探討多時。許多研討會或辯論會都曾探討過查核人員應加以哪些限制或責任，以確保他們能妥善的執行查核工作。接下來我們將介紹審計的性質及目的，以明確了解查核人員所應承擔的責任。

2.管理會計

查核人員其職責為檢查公司會計人員及內部稽核人員在財務報表的編制處

理上，有無不妥的地方。那麼查核人員或是公司的管理階層，應該針對這些內部稽核人員以及編制財務報表的會計人員，加以哪些限制或責任呢？此外，管理會計人員究竟是對公司負責？還是對社會大眾負責呢？

3. 稅務會計

稅務會計人員應面對的職責為何？當稽徵機關與客戶之間，在稅務處理方面發生了歧見，稅務會計人員應秉持著什麼樣的態度？

4. 諮詢顧問

諮詢顧問服務為會計師事務所目前最新發展出的業務。然而執行這種業務對於事務所在進行查核時，會發生互補的效用？還是兩者之間發生衝突呢？會計師事務所是否能夠替他們查核的客戶提供諮詢顧問的服務呢？此外，諮詢顧問是否會損害到查核人員的獨立性呢？

介紹過上述四項業務後，我們將以更寬廣的角度來看待會計人員應有的責任。會計人員是否有責任去考量他們所服務公司的品德及面臨的法律問題？一般公認會計原則（GAAP）是否為一具中立性的原則呢？會計人員對於公司的非法行為或舞弊應否有揭露的責任？會計人員在未來應扮演哪種角色及應承擔哪些責任？國際性的會計師事務所會遭遇到哪些道德問題？會計人員牽涉到財務計畫時，應有哪些考量？

最後，有鑑於層出不窮的企業危機問題，我們將重新檢視會計人員在這脈動的世界中，應如何隨著日新月異的金融服務及日益嚴重的企業競爭問題，來調整其專業服務的性質，以確保會計人員能對社會大眾負擔起其應有的社會責任。

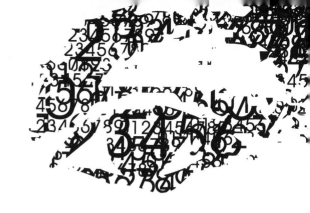

第一章

會計的性質及道德議題上的主要難題：眞實揭露

在2001～2002年間所爆發的安隆案，並非為會計界中獨一僅有的案例，我們可參考《華盛頓郵報》（*Washington Post*）在1999年間10月所刊登的一篇文章。

　　Rite Aid這家公司在上週開除了他們的某些主管過後，緊接著宣布1997年的稅前淨利，將重新聲明調降5億元，一名股市分析師表示，股價上的波動可能要在投資人了解這家連鎖藥局的真實財務狀況後，才會表現出來。

　　Rite Aid的這項聲明，使我們投資者重新思考到一個問題：假如社會大眾早已了解公司的真實財務狀況，那麼公司在前兩年間所發出的已查核財務報表有何意義可言呢？

　　Rite Aid之所以需要調降淨利，毫無疑問地，係因負責查核該公司的事務所—KPMG，在執行查核時，可能有所不適當的地方。然而KPMG卻基於客戶保密的關係，拒絕對此事件發表任何聲明。然而值得我們關切的是，投資者以及相關規定早已由於財務報表的品質問題困擾多年。

　　近年來，如Waste Management Inc.、Cendant Corp及Sunbeam Corp等公司，都曾揭露出公司前幾年的財務報表並非完全正確，而在更早，美國證券交易管理委員會（SEC）的主席Arthur Levitt Jr.就曾提醒社會大眾應注意公司所玩的「數字遊戲」，亦即公司為達到希望的財務結果，而去從事操弄會計資料的手法。

　　而這些財務結果，皆是為了達到華爾街分析師的預期，藉著操弄會計資料的方法，以平滑各季的盈餘，造成投資大眾誤以為盈餘有在穩定上升的假象。

　　Levitt在去年的演講中，曾提到了「這個數字遊戲在整個市場中早已進行多年。」

　　許多投資者皆同意T. Rowe Price Capital Appreciation Fund的經理人Richard P. Howard所說過的一句話，多數公司的經理人皆有著沉重無比的壓力必須去符合外在市場對其公司的預期。

　　Richard P. Howard也曾說過：「許多高階經理人所花費在管理他們股票上的心思更甚於管理他們的公司。」

　　但若查核人員能善盡其責，確保財務報表上的資料皆已依照一般公認會計原則編製並正確無誤，那麼這些公司又何來的能力玩他們的數字遊戲呢？

　　因此依據一些專家的觀點，查核人員並未完整的做好其應做的工作。在大部分的案例中，當公司舞弊被發現或是以前年度盈餘必須重聲明時，一般人可能會認為是公司有錯誤的行為，然而美國一名以前曾擔任過大學教授的學者Howard Schilit則考慮到查核人員審計失敗的可能性，Howard Schilit目前任職於Center for Financial Research and Analysis Inc.，這個中心位於Rockville並從事分析公司財務報表的業務，這個中心亦曾多次對數家有危機的公司預先提出警訊。

　　Schilit提到許多公司之所以發生會計上的問題，都是由於公司的體質不健全所引發的企業危機所造成的。

　　引發這些問題的開端總是一樣，當企業面臨困境時，必須在那個時點針對後續的處理方式做出一個抉擇，一個是將所有事情揭露出來，並徹底重新調整應調整的事項，就如同月初Unisys公司所發生的事一樣；而另一種方法則是採取不公正的手法，如刻意誤述會計資訊等。

　　Schilit說過：「或許從事這些行為的人是少數，但他們的行為都將可能造成重大的舞弊案件。」

　　若管理當局有做好適當的處理，大多的舞弊案件都是難以偵測出來的，尤其當客戶與供應商亦配合串謀時。

　　美國認證會計師協會（美國會計師協會）的成員Alan Andersen曾舉過一個例子說明舞弊難以發現，一般查核人員在驗證應收帳款的存在性及可回收性時，查核人員可能會由客戶那邊所獲取的文件來證明其存在性及可回收性，但事實上，一切有關銷貨的文件等均是假造的，然而查核人員卻無多餘的心力去驗證。

　　美國證券交易管理委員會（SEC）注意到一個年度約有500件強制執行的案件，而其中約有100件是牽涉到財務報表舞弊，大約為上市公司家數的0.5%。

　　會造成這種情況，許多專家認為是因激進的會計政策所造成的。查核的過程需要進行大量的處理運算過程，並牽涉到許多主觀判斷，然而有批評者認

為這些主觀判斷會受到管理當局給予的壓力影響。

　　這些壓力通常能對會計師事務所造成效果。在許多事務所中，由於查核業務的市場競爭激烈因此造成殺價競爭，使得利潤較低，因此諮詢業務成為主要的收入來源。因此會計師寧可配合客戶調升盈餘，也不願意激怒客戶造成可能失去業務的風險。

　　Maryland大學的會計教授Stephen Loeb，同時也是會計師事務所的合夥人，就提到了查核人員的薪資是由客戶所給付的觀點，因此他們較無法承受失去客戶的風險。

　　有關主觀判斷的議題，牽扯到的層面相當廣泛。最近所興起的話題，即是有關網路上某些網站，替其他公司刊登廣告，藉此交易行為認列收入。無可否認的，這些交易確實有其價值，然而重點是如何判斷其價值？而這方面即牽涉到主觀判斷的議題！

　　這篇文章將目前會計專業領域中，數個重要的道德問題強調了出來。由於安隆案中，負責查核的事務所Arthur Andersen在執行業務上有所忽略，造成無法發現安隆刻意扭曲財務狀況的情事，而後爆發了安隆案，但也因此，使得社會大眾因而了解這些道德問題的重要性。

　　安隆案的發生，使得人們了解財務報表應具備正確性及可使用性，否則仰賴財務報表制定決策的相關人士，將會感到相當困擾。即使如此，財務報表仍可能在某些情形下，如「達成某些人的預期或需求」、「盈餘平穩化」等因素，依舊被嚴重扭曲其真實財務情況。我們必須去檢視及了解為何這些被扭曲的財務報表會構成許多不道德的問題，因此我們必須先對會計有一通盤的了解，進而去分析會計的性質與目的，而後才能適當的衡量會計與道德議題間的關聯。

　　會計原本是一門用來協助人類記錄追蹤其經濟交易事項的技術，並能讓人了解其財務狀況，而到目前，它的基本目的依舊是提供人類或組織資訊以了解其經濟狀況。在一開始有會計的時候，可能僅有某些人需要會計所提供的資訊，而後政府也開始需要，隨著經濟的發展，各類交易愈來愈複雜，需求資訊的人，以及需要會計來協助整理編製資訊的人，也愈來愈多。

　　由於這些資訊的重要性日益提升，基於某些因素的關係，必須去管理這些資訊的分配及發展，有些人可能有權利管理，其他人則沒有。

　　會計所提供的資訊可使用於多種用途，公司的經理藉由它來控制與規劃公司的營運；公司業主或其他法人則利用它來評估公司績效並制定未來決策；銀行、供應商、員工等等，則透過這些資訊來了解未來應投入多少心力或金錢在公司上；最後，政府則藉由這些資訊來計算公司的稅款。因此，會計人員即扮演著對這些有權了解公司資訊的人，提供對其制定決策有幫助的資訊。更重要的是，會計人員有義務去提供這些人員真實的資訊，否則就如同前面文章提到的Rite Aid公司的情況，假如社會大眾早已知道Rite Aid的真實財務狀況，那麼那兩年間的已查核財務報表又有何意義可言呢？

　　會計人員所編製的財務報表必須能滿足各種使用者的需求，如公司經理、稽徵機關或是潛在的投資者。這些財務報表，必須依照其專業準則的規定來編製，並具備真實性、可靠性以及攸關性等特質。會計上實務的運作，仰賴著財務會計基金會（Financial Accounting Foundation）中財務會計準則委員會（Financial Accounting Standards Board）所制定的觀念架構來進行。

　　　　觀念架構是一種用來整合會計上各相關目標的系統，使準則制定上具有一致性，並同時描述出會計的性質、功能及財務會計報導上的限制。觀念架構亦藉由提供財務會計報導上的架構及方向，以提升會計資訊的公平性，促進社會及資本市場等方面的資源分配更具效率，藉此增進社會大眾利益。

　　在Rite Aid的例子中，分析師及投資大眾都預期能獲得公司真實財務狀況的資訊，然而「真實的狀況」這種概念，在表達上可能會產生一些問題，因為我們可以從數種角度去衡量公司，因此在不同的角度下，公司亦會有不同的財務狀況。一般公司的會計人員會站在公司利益的角度，來編製他們的財務報表，因此在不同的情況下，公司的會計人員可視需求使財務情況變好或是變差。當公司需要籌措資金而去借款時，那麼會計人員就可能把財務報表上的數字用得好看一點，若是為了節稅的目的，則可能使財務報表上的經營結果變得較差。但此時我們回到原先的觀點，會計人員到底應編製怎樣的財務報表？以及財務

報表應反映出哪些財務情況？

　　一般的財務報表包含四大組成要素，分別是：資產負債表、損益表、表流盈餘變動表以及現金流量表。

　　資產負債表中，有三個組成要素：⑴資產，代表公司擁有所有權的有形或無形事物；⑵負債，代表公司對他方有義務償還的金錢或積欠的服務；⑶業主權益，代表由公司所有者所提供的資金，過去年度所累積的盈餘或損失。而總資產會等於總負債加計業主權益，而公司的淨資產，也就是業主權益，就等於總資產扣除總負債。

　　要編製這些報表需要許多層面的協助，如會計技術、判斷能力以及運用會計原則來訂定資產及負債的金額等。有些時候資產及負債的金額可明顯決定，但有些時候要仰賴會計人員的主觀判斷，因此財務報表狀況的好壞很容易受到外在環境壓力的影響。因此，我們可透過參考一般公認會計原則（Generally Accepted Accounting Principles），它可協助我們在不同的狀況下去選用適當的方法來決定資產與負債的金額。不過也是有例外的情況，有時候若套用原則，反而無法適當地表達出正確的經濟狀況，此時就需要靠個人的主觀判斷來處理。

　　舉例來說，前文所提過T. Rowe Price的經理，Richard P. Howard提到了會計人員在處理經濟事項時，其觀點並無法與新興市場的觀點同步，造成會計人員往往只注意到公司盈餘上的表現，卻忽略了某些資產其真正的價值。

　　　目前仍有一問題，就是現今的會計人員，僅會依照既有的會計理論來編製資產負債表，他們可能會忽略真實的經濟情況去刻意的降低資產帳面值，來遵守所謂的保守原則，這種處理方法其實是錯的。

　　這種刻意降低資產帳面值的處理方法，反而造成未來年度的財務報表，利潤將會有所增加。

　　舉例來說，若我們將某一廠房的帳面值刻意降低，那麼今年度盈餘可能會大幅下降，因為廠房的帳面值已變低，未來的折舊費用將會變少，因此盈餘會相對地提升，由於一開始即沖銷廠房部分的帳面值，權益的金額會相對於未沖

銷為低，造成未來即便賺取相同的利潤，股東權益報酬率仍會相對較高。

　　資產與負債可區分為流動及非流動的，非流動資產的部分包含了非流動應收帳款以及固定資產，譬如土地、建築物以及長期投資。流動資產包含了現金、流動的應收帳款、存貨以及其他預期能在下一營運週期內轉換成現金的資產，營運週期係指生產、銷貨及收現三個步驟為一個週期。業主權益的部分可區分為普通股、優先股、資本公積及保留盈餘，普通股代表著每股所設定的價格；資本公積代表投資人認股時，所支付超過設定價格的部分；保留盈餘代表公司過去年度所累積的盈餘或損失，再減除分配過的股利所剩餘的金額。現在，我們可回頭想想「預期能在下一營運週期內轉換成現金的資產」這項目代表了什麼意思？事實上，這種項目提供了管理當局很大的操縱空間。

　　除了資產負債表外，其他還有：⑴損益表，若收入大於費用的話，則產生淨利；若收入小於費用，則發生淨損。⑵保留盈餘變動表，將上期保留盈餘，加計會影響保留盈餘的數字，如淨利、股利等，來計算本期保留盈餘。⑶現金流量表，可了解公司在其營運上所產生的現金，是否足以支付現金股利的發放及資本投資的需求。

　　在編製這些報表的同時，會計人員在某些事物可憑其主觀判斷，來決定哪些金額項目計入與否，因此有了很大的操控空間，造成同一公司且同樣的經濟情況，若經由不同會計人員處理，可能會有不同的結果產生。在某些情況下，公司經理人可能擔心受到解僱，因此施加壓力給予會計經理，逼迫他「cook the books」，亦即利用各種方法來更改帳上應有的數字，使得保留盈餘的數字較實際上為高。然而「cooking the books」、「creative accounting」等這類的辭彙，都暗示著不道德的意義，並可能需要檢視其相關活動的真實性及充分揭露等相關問題。最近所提及的「aggressive accounting」，亦即激進會計政策，以及「pro-forma accounting」，即擬制性會計，雖看似較委婉，仍是有著無法正確表達財務報表真實情況的問題。

　　然而真實性以及充分揭露等道德議題對於會計人員來說，仍舊是個複雜的問題，查核人員為何有道德上的義務去揭露真實的情況？又要揭露到什麼程度？真實情況又是什麼？我麼可套用會計原則的觀念來回答第一個問題，我們先思考三項事情：⑴會計與銷貨這種交換的概念如何牽扯上關聯？⑵交換的概

念與銷貨行為在市場中，扮演著怎樣的角色？⑶當市場上因缺乏充分揭露導致充斥著謊言時，會發生什麼事？

　　編製會計資訊之目的本來就是為了供人使用，當資訊具備真實性，且這些資訊的用途是良好的，那麼此時就沒有道德問題的產生。但若資訊反而影響使用者去從事錯誤的決策，並對他人造成傷害時，那麼這些資訊就有道德上的爭議。依據不同的用途而公布不同資訊的行為，與銷售貨物的概念是很相近的。譬如公司的執行長「販賣」了公司財務狀況良好的資訊給予股東及董事會，使得他的紅利以及選擇權依據他所給予財務狀況良好的資訊而提高。此外，執行長依其目的也可能販賣不同的資訊給美國國內稅務局（IRS），或是其他潛在的投資者或是銀行。由於這些會計資訊的可販賣，因此可能會依據不同情況對市場整體交易的情形造成不同的影響。

　　理想的交易情況下，雙方在決定交換物品時，是因為兩邊都認同這種交換的行為可以達到互利的情況。另外同樣在理想的情況下，應該會有一完整的資訊系統可以顯示哪些物品可以對等的交換，在這種體系下進行的交易行為，所有的資訊都是完全公開的，可以使交易雙方皆得到最大的利益。因此，自由交易市場制度的好處就是可以提升整體買賣雙方的利益。

　　然而交易雙方若其中一方因受到誤導，覺得他的交易並非為等價交換時，此時買賣雙方利益最大化的效用可能就不存在了。詐騙的行為通常會使被矇騙的一方收到比其預期價值較少的事物，且被矇騙的那方，也無法自由的獲知所有與其交易相關的所有資訊。因此，假如一家財務狀況不好的公司，其真實的情況為大眾所了解時，銀行將不會貸款給它、公開發行股票也不會成功、執行長的紅利也將不會太多。

　　理想的交易市場，應該能讓所有的參與者，充分了解所有與交易物品相關的資訊，亦即每一交易都是在所謂的「知情同意」下所進行的。交易時若有某方是在被迫交易或是相關資訊不足的情況下，將無法取得其同意，而該交易亦無效。

　　我們應注意說謊這個行為並不一定是說某些錯誤的東西，舉例來說，有些人可能無意的做了錯事或說錯話，在這個例子中，這些人說了錯誤的東西，但我們卻不能夠說他們刻意說謊。我們應了解說謊的定義並不僅僅是沒有說實

話這樣的簡單，說謊最基本的意義在於其目的是否是去試著改變別人應有的行為決策，說謊是刻意誤述某些事情，以使聽到謊言的人能依照說謊者想要的結果去行動。因此，我們可定義說謊是某人意圖透過言語、手勢或眼神來表達一不真實的事實，以使他人採取在正常知道實情下所不會採取的行動。說謊或誤述等行為可定義為一詐騙的行為，該行為意圖使他人從事知道實情的情況下所不會從事的行為。簡單說，說謊與詐騙就是為了使別人達成說謊者所想要的結果。因此像安隆的管理階層刻意對其員工誤述公司財務狀況，就是為了要這些員工繼續持有股票以維持股價，讓這些管理者能高價賣出他們的股票及選擇權，這些管理者知道若讓員工知道實情，他們一定會將手上持有的股票出售，那麼股價將會狂跌，而這些管理者將無利可圖甚至蒙受損失。

假如我們運用剛剛學到有關說謊的概念，刻意誤述某家企業財務狀況，以影響投資者原本對公司的看法，此時我們可了解，藉著誤述情況的手法，來讓投資者從事他原本在知道實情下所不會從事的行為。依據這個觀點，銷貨詐騙的目標就是賣方透過詐騙的手法，使得買方買下正常情況下不會購買的商品。在經濟上的觀點，這些行為亦違反了理想市場中，在充分資訊的狀況下才交易的原則，而更重要的是在道德的觀點上，這些賣方奪取了買方正確選擇的權利，使他們做出不正確決策。這種利用詐騙買方來達到自己目的的行為，不但不正義亦不道德，這些利用或操控他人的行為，我們將在下一章加以討論。

大家都知道做人不應該說謊，否則沒有人會信任你，雖然這種說法是對的，但卻是以自我中心為觀點來勸人不要說謊。在道德的觀點上，透過說謊的行為使別人依照你的意思行動，這種不經他人同意，且不考慮他人感受的作法是不正確的，正所謂「己所不欲，勿施於人」，就如同你在購買東西時，也希望能在了解產品資訊的情況下購買。

未充分揭露資訊的情況是否列入說謊或詐欺的考量呢？有些人認為這並不是說謊，只是沒把實情說出來，然而這種說法只是模糊焦點而已。刻意隱瞞或更改資訊造成他人從事不當的決策，這種剝奪他人知情權利的行為，與說謊所造成的後果並無兩樣。

我們須考慮一個問題，會計人員應揭露至什麼樣的程度？是否他所知道的每樣事情都要揭露出來？在業務人員推銷產品時，他們有個原則就是儘量不說

出與產品相關但不重要的缺點，就如同公司管理階層向銀行推銷自己的公司，希望能在同樣的情況下，爭取到最大的貸款金額。公司究竟該揭露多少資訊給予銀行？會計人員在這個情況下的義務又是什麼？是否企業相較於個人，更有義務充分揭露資訊？舉例來說，若某人要賣房子，他是否該將所有有關這棟房子的缺點全部告知給買方？或許法律會有有關揭露資訊的規定，但賣房子的人真的會遵守嗎？假如他真的把所有缺點說出來，那麼他的房子可能永遠賣不出去。當你去企業面試時，你是否該將所有自己的缺點說給面試官聽？就筆者所知，沒有人會建議你這樣做。

因此現在問題點在於，會計人員應將事情揭露到什麼程度，才可以避免未充分揭露的問題。某些情況下未充分揭露當然是錯的，不過到底該到什麼程度，我們可以利用之前提到說謊的概念來協助我們決定揭露的程度，當人們決定不揭露某一事實時，他們應該想想為何不揭露的原因。假如你隱瞞資訊，是為了避免當別人知道這些資訊時，會造成你不想要的結果，那麼此時你就正在操控或詐欺別人。

在現實社會中，有些情況下，當非為了自身利益而不揭露某些事情是可以接受的。舉例來說，當路上遇到朋友問你最近過得如何時，你並沒必要詳細說明最近發生了哪些倒楣的事，因為這只是跟你問個好而已，你朋友可能並不想聽你的長篇大論。另外，當有朋友問你他氣色好不好時，你也沒必要跟他說他氣色糟透了。像這些未充分揭露的情況卻為社會可接受，係因這些人並無從中獲利的動機。因此當某些情況下，有些人說謊並不是為了詐欺或操控他人時，這些人說謊可能並沒有錯，此時我們稱呼這種謊言為「善意的謊言。」

當我們打算說「善意的謊言」時，我們也要加以注意，因為我們可能根據自身判斷擅加決定別人的需求，因此若處理不好，這種「善意的謊言」可能反而傷害到他人。

言歸正傳，某些情況下我們可能難以決定該揭露多少事情，然而我們至少應能符合政府的規定。

會計人員目前在充分揭露及審計作業上受到哪些要求？美國證券交易管理委員會（SEC）負責監督公司的財務報表，其中財務報表由公司內部的會計人員編製，外部的會計人員負責查核財務報表。在美國，由認證會計師（CPA）

負責查核的工作，在英國及其殖民地，由特許會計師（Chartered Accountants）執行查核的工作。這些地方的查核人員，皆使用社會大眾可接受的衡量準則來針對公司財務報表中重大方面，進行認證的工作。

最常使用的衡量方法為「一般公認會計原則」（Generally Accepted Accounting Principles），並由財務會計準則委員會（Financial Accounting Standards Board）負責監督。雖然美國證券交易管理委員會的權力優於一般公認會計原則的規定，然而這種情況不常發生，此外，財務會計準則委員會亦與獨立準則委員會（Independence Standards Board）有著合作的關係，一直持續到2001年的夏天獨立準則委員會被解散為止。在美國，經過安隆案的調查後，許多管理機構在其管理上的缺點亦一一浮現出來。

然而在某些情況下，即便我們遵照一般公認會計原則，亦可能有揭露是否充分的問題。我們以資產定價作為例子，由於資產定價可以成本作為基準，但也可使用現時出售價值作為基準，因此會給予管理當局操控的空間。在1994年的《商業週刊》中，Howard M. Schilit的文章中指出Heiling-Meyers公司的帳上，將未全數回收的應收帳款認列為收入，現在這種行為雖然為一般公認會計原則所允許，但若根據Schilit的說法，這種會計政策扭曲了公司的真實財務狀況。

Howard M. Schilit亦根據Kendall Square Research Corporation於1993年的報告中說明其他類型的詐欺案件，例如：未收到現金卻記錄銷貨，或是對於還未收到貨款的銷貨認列收入。

最後，在安隆案的例子中，安隆將其資產銷售給特殊目的個體（Special Purpose Entities），這些特殊目的個體大多為有限責任的合夥公司，並受到安隆的控制。只有3%的特殊目的個體由外部的公司或法人持有，不受到安隆的控制。由於這種情況，使得安隆能在大多數資產及負債都尚未處分的情況下，依舊任列6,300萬美元的利益。另外在1990年代後期，政府亦立法規定某些資產與負債不需去實際計數。

此外，經理人在獲得股票選擇權作為報酬時，一般來說我們會將這些報酬列為公司的負債，然而他們卻沒有列入財務報表當中。在這種情況下，安隆至少虛增了5億美元以上的權益。

現在我們再想想資產的價值該如何決定？資產的價值可能是資產持有者所

認定的價值，但也可能是公司依據其使用意圖，所願意支付的價格。此外，資產的價值尚須考慮三個因素：

(1)未來預期現金流量。

(2)存續時間。

(3)利率。

資產價值亦可透過公司立即出售資產所可獲取的金額來定價，然而這種方法卻很少使用，因為這代表著資產的持有人在繼續持有資產的情況下，認為其現值比其市場價值來得高（若在這種情況下，我們不但要考慮貨幣價值的問題，亦要從其他層面來考量為何會有這種情況，如道德層面。）

除了資產價值，我們亦要考慮資產成本，大多數的資產都以其歷史成本來衡量，因為若以未來預期的現金流量來決定成本將難以驗證。而歷史成本將會等於公司為取得資產所花費的所有支出，但這種衡量方法亦有難以決定其成本的時候。

由於資產價值的決定有著許多緩衝及解釋的空間，造成同樣的財務及經濟情況下，卻有許多不同的處理方法。因此重要的是，我們應以道德上的觀點，來考量下列數個問題：(1)製造某些特定的財務情況是為了誰？什麼目的？(2)誰有能力創造出特定的財務情況？又為了什麼目的？(3)在不同的財務情況下，而有不同的利益時，應如何處理？舉例來說，給予美國國內稅務局的財務資料中，是否其資產及盈餘應比給予那些預測師的資料來得低？那給予董事會及股東會的資料是否也要有所不同呢？10-K Form中是否僅包含公司量化的資料？抑或該強調公司中的警訊，或其他會影響下一個企業循環營運決策的資訊？

最後，為能理解財務報表中不同狀況，以及其中所包含的要素，我們要再次提到會計人員所採用的技術及觀念。

1.淨利

淨利代表公司在某一段期間內，除了業主投入及業主提取外，由其他來源造成公司財產變動的總和數。

2.交易法

係指公司在認列收益時，僅從公司已證實為真實對外的交易中認列，若是

像聘請到優秀的員工這類的事項，雖然他未來很可能替公司帶來很多的利益，但在交易法下仍不認列任何的收益。

3.淨利認列

淨利認列牽涉到收入與費用的估計，會計人員需要去估計銷貨的毛利率，並評估無法回收的壞帳，此外，費用的估計則以過去所消耗資源的成本作為參考，因此，我們可以說淨利就等於在使用資源的過程中所獲取的收入，以及所使用資源成本兩者之間的差異數。

4.歷史成本扣除折舊

為了適當衡量資產的價值，有些資產我們必須使用到折舊的概念，折舊的方法有很多種，如修正加速成本回收法、加速成本回收法、直線法、倍率餘額遞減法以及年數合計法等。而使用不同的方法亦會造成公司呈現不同的財務狀況。

5.會計方法的使用（以存貨為例）

為了適當衡量銷貨成本，我們可依據不同的情況選用適當的衡量原則。

(1)先進先出法

在先進先出法下，銷貨成本就等於將公司各批進貨，從年初開始加計至等於銷貨數量，其成本之總和。

(2)後進先出法。

(3)平均成本法。

當我們發現公司在其財務事項處理上，意圖評估各類不同會計方法所造成的結果時，此時即便公司所選用的方法為一般公認會計原則所允許的，但仍可能扭曲其真實的財務狀況，因為公司可能會選用對其最有利的，而非最能允當表達其財務狀況的會計方法。

會計人員的主要目標為允當表達公司的財務狀況，因此應善盡以下角色的職責：

1.審計

在整個審計過程中，獨立的會計人員（即查核人員）扮演著最重要的角

色。查核人員的職責在於去檢查公司中，於各種科目金額上所使用的會計方法不但合理，亦能有相關證據來支持，此外，在會計方法的使用上也能具有一致性。然而會計方法本身的合理性，則非查核人員所能負責的，至少在美國，這部分的工作是由財務會計準則委員會（FASB）來管理。

2.管理會計

會計人員可扮演的第二種角色為管理會計人員。企業需要主管，需要內部稽核人員，也需要內部會計人員，內部會計人員職責在於將公司的經濟情況正確地表達出來，因此他們主要負責的對象為公司，但若將負責的程度擴大到董事會、管理者以及股東會，那麼內部會計人員的目標可能會發生混淆及衝突，在這種情況下通常會造成許多道德上的問題。

3.稅務會計

會計人員可扮演的第三種角色為稅務會計人員。稅務會計人員可以協助他的客戶，不論是個人或是企業，來衡量他們應承擔的所得稅負債。

4.理財顧問

愈來愈多的會計人員，藉由他們對稅法及投資市場的了解，投入理財顧問的工作中。但或許會有人爭論理財顧問這個角色並非為一個會計人員，只是剛好有許多具備理財顧問專長的會計人員去從事這領域的工作。

5.諮詢顧問

由於會計人員對於企業的財務事項皆非常了解，因此他們可以作為企業的諮詢顧問，替企業在現金管理、淨利分配、會計及審計等方面，提供有用的意見。同樣的，也會有人爭論這個角色並非為一個會計人員，只是有許多具備這方面專長的會計人員從事這樣的工作。

在後面的章節，我們會再介紹審計、管理或財務會計，以及稅務會計這三種人員的角色以及他們所應擔負的道德責任。接下來，我們將簡短地說明諮詢顧問的角色，以及維持獨立性及利益衝突的難題，尤其在會計人員或會計師事務所同時承接審計及諮詢顧問業務的情況下。

由於諮詢顧問以及理財顧問這類角色的出現，使得會計專業的方向，逐漸由典型的查核人員，慢慢轉向成為替企業提供諮詢或規劃的專業角色。卻有

許多人認為這種改變會造成會計人員的危機，在安隆案被新聞大肆報導後，這些危機及難題即顯得更為明顯，會計人員也因此不再像以往一樣地被信任及依賴。因此，會有人認為這是整體會計界的生態在改變，即使會計它的本質並沒改變（目前的會計仍維持著審計、簽證、稅務申報等業務），但至少許多大型及小型的事務所，其結構及風氣等都發生了變化。

Rick Telberg曾在安隆案爆發前，在*Accounting Today*悲觀地發表過下列的文章：

現下的時代，早已不把獨立性當一回事，會計師事務所早在很久以前，就跟保險公司沒啥兩樣，他們似乎把確信服務及風險管理等業務，看得比簽證業務來得更為重要。當發生事情時，事務所背後有保險公司撐著，而保險公司背後又有保險公司撐著，因此事務所似乎還比那些背後的擔保人更懶得去判斷財務報表的真實性。

但卻還有人在爭論查核人員所扮演的角色，應該要偏向以投資銀行之類的角度，僅須盡專業上應有之注意即可，而不用再像以往一樣，作為財務報表真實與否的最終裁決者。但若如此，以往替財務報導衡量其公平性及真實性的會計師們，往後的擔保及承諾等，都將不再具有意義。

在上述文章中讓我們警覺到，假若每個查核人員的概念及行為都如上述一樣，那麼審計及簽證服務將失去其價值。雖然在稅務申報、財務報告等方面，會計人員仍有其存在價值，但在其核心價值的部分，亦即審計，卻已因偏差的概念而失去價值。

或許你我都能夠去寫一本會計道德相關的書籍，並簡單說說會計人員的功能就是協助公司處理在財務上的問題，然而這與道德無關。我們的社會需要查核人員提供真實無誤的查核報告，但假如做出這些查核報告並不會帶來多大的利益，那麼事務所可能就不太會放心力在這塊，而去執行別的業務以讓利益最大化，而這樣會導致許多會計工作沒人去完成，即便有人去承接了這份工作，他接下來亦會遭到各個查核人員現今所面對道德要求的難題。

總而言之，會計專業是為了能正確地呈現出公司真實的財務狀況，而接收

到真實財務狀況的資訊對於那些使用者是非常重要的事。假若我們刻意發布錯誤的資訊給予那些有權力知道財務狀況的使用者，這將是非常不道德的行為，並同時扭曲了會計人員的功能。在最後一章，我們將會介紹會計專業現今所面臨到的危機，且大部分多為道德危機的問題。但在我們探討這些較特別的議題之前，我們可以先詳加說明道德與會計牽涉到的部分，以協助我們後續更容易理解。當然會計道德的概念並不簡單，由於商業行為、會計行為、管理經營及投資市場等各項行為皆牽涉到許多複雜的程序，因此我們需要能發展出一個完善的道德核心價值概念，才能適切地運用在各方面。最後，我們也會較深入地探討到底道德觀念是由哪些元素所組成的。

第二章

會計的道德行為：
什麼是道德？

　　KPMG之所以停止查核Rite Aid公司，是因為KPMG無法信賴Rite Aid公司的財務資訊。在Rite Aid公司決定重編報表，調減前三年低估的5億美元收益後，Rite Aid公司的財務長決定離職。1999年3月Rite Aid公司與其員工、董事們被控告舞弊，因為他們未編製符合美國財務會計準則的報表，造成虛報淨利，以及未揭露其他與企業活動及績效相關的不利資訊。然而查核人員卻未發現這個舞弊事件。

　　在1999年5月，SEC對W. R. Grace的經理提出訴訟，因為W. R. Grace編製不實財務報表誤導投資大眾。特別是SEC認為Grace經理人員，為了達成目標盈餘，從事了盈餘管理的行為，例如1995年第四季即可看到此現象。SEC也認為PWC的審計人員知道原始相關帳簿是錯誤的，但他們選擇忽略，因為他們認為這些錯誤並不重大。

　　2000年1月*New York Times*中，報導SEC發現PWC的合夥人與員工違反禁止擁有其受查公司股票的規定，共有8,064位違反者，並且造成5位合夥人離職。

　　SEC仔細檢查審計業務後，獲得一個結論，「在高評價公司連續發生舞弊案件，且查核人員疏漏這些舞弊後，例如Cendant、Sunbeam，以及Livent公司，股東損失了數億元，並且動搖了對會計師的信心。」

　　在2001年12月2日，安隆訴請破產，成為美國歷史上最大的破產案件，安隆利用公司章程及其他不合會計準則規定的方式，處理資產負債表外的交易。六週前，安隆重編以前至1997年的盈餘，調減約6億萬美元的利潤。這些隱藏的合夥關係人關係、刻意銷毀的文件以及驚人的利害關係，使得整個安隆瓦解的案件如同一部廉價而俗麗的的小說，這對安隆來說，實在是寶貴的一課。

　　這件案件造成很大的影響：包括500億的破產金額、320億的市場損失，以及高於10億的員工退休金帳戶蒸發。安隆的會計事務所Andersen，其過失及利益衝突的情況同樣引人注目。Andersen自1980年代以來就擔任安隆的外部查核人員，但是在1990年代中期，Andersen也開始指導安隆的內部稽核工作。

　　因為做這兩種性質的工作，Andersen賺到許多報酬。在2000年，Andersen從安隆賺到2,500萬的查核公費，與來自管理顧問及其他工作2,700萬的公費。

或許Andersen的查核人員能在內心保持公正，並依此發布客觀的意見，但是誰能確定他們真正的想法呢？

最近如同安隆案令人震驚的事情是，從Waste Management到Cendant，連續利用複雜的會計方法處理損失。前任SEC主席，Lynn E. Turner計算出過去6年內，投資者因為公司重編盈餘等事件，造成損失約2,000億；並且因為審計失敗，造成股票市值損失。同時前述的損失有加速的現象。從1997年到2000年，重編報表的公司家數成長兩倍，從116家到233家。

這些會計師從事無道德行為的案例，不代表所有的會計師或會計師事務所都是無道德的，事實上，大部分還是正直的。但是透過前述案例，我們了解在會計專業上，是非常需要並重視道德的。在過去的四分之一個世紀內，道德與倫理的的概念愈來愈重要，但我們應該思考，道德是什麼？道德的概念如何運用在企業實務及會計專業上？

本章將焦點放在倫理與道德的性質與其多元的特性，使得我們將道德概念套用於會計實務與會計專業時，能看出其重要性。

「道德」與「倫理」這兩個字有很多意義，《韋氏大辭典》（*Collegiate Dictionary*）對「道德」這個詞下了四個基本定義：

1. 討論善惡的觀念，與倫理上的責任及義務的學科。
2. 一套倫理的原則或價值。
3. 倫理價值的理論或系統。
4. 引導管理個體或群體的原則。

「道德」在所有層面上，關心的是對或錯，好或壞。它是由個體或群體建立的一套原則，或是一門學科，該學科探討的內容在分析與評估人類的行為與活動。例如，某些人或團體認為，在道德上，自殺是可以被接受的。此時，該學科就可探討自殺的意義（分析），以及支持或反對類似行為（評估）的原因。

道德整體概念

　　每個人有一套道德信念或道德原則。例如，對於安樂死、墮胎、資方欺壓與通姦，每個人都有好或壞、對或錯、接受或不接受的信念。大部分的人認為，欺騙與偷竊是不對的，以及立下承諾即應遵守等等。而這每種看法都構成了一個道德信念，若你寫下每種你所認同的行為或動作，將構成你道德的概念。本章其中之一的目的是幫助你檢查你的道德信念。一開始，我們來看道德信念的架構，每種道德信念包含邏輯學者所稱主詞與述語的兩個元素。主詞是指與信念有關的事物，述語是指用來描述主詞的話。例如，對於相信「自殺是錯的」人來說，「自殺」是信念的主詞，「錯的」是道德述語。同時，道德信念的主詞經常是個行為或動作，有時候是個系統或制度。例如，在判斷「做假帳是錯的」時，「做假帳」是一個行為或動作。

一、行為

　　人類的行為在整個道德判斷中，是最重要的主題。我們所指的人類行為，為經過思考的態度或動作，也就是說，人類行為是經過思考且經自由地選擇後，所執行的動作。人們經過思考後，做出某些行為，因而對那些行為負責。至於我們不要求動物對他們的行為負責，是因為沒有證據顯示他們能像人類經過思考後，才做出那些行為。

　　然而，不是所有經過思考的行為都具有道德上的意義。該行為必須具備特定的性質。某人可以經過思考後，決定戴上紅色的領帶而非藍色的領帶，或決定用一根手指頭吃馬鈴薯泥。但是這些行為與道德上的意義並不相關，戴什麼種類的領帶，與是否用一根手指頭吃馬鈴薯泥為個人的習慣，但是那些習慣或禮儀並非道德上的規則。經思考後的道德或非道德的行為，常常正面地或負面地，有利或傷害其他人或我們自己。也就是說，若非利人，即為傷人。

二、社會現象、各類機構與體制

人類的行為不是道德上唯一的主題。除了行為之外，道德的主題，還包括研究社會上各種現象，以及各種組織、政府及經濟等體制。行為是指個人的活動（例如，John偷竊），而這種行為即包含在社會現象內。因此當我們指出「偷竊是錯的」時，我們就是在衡量一個社會現象。所以說，John個人的偷竊行為是個一般的社會現象。同時，內線交易也是個一般社會現象。例如，John使用內部消息去買特定股票是一種個人行為，也是一般的社會現象。

道德也可評估各類組織或機構，甚至制度。例如，我們可以評估組織（如美國會計師協會）、公司（如前五大會計師事務所之一）、所有會計專業，甚至自由經濟體系的好壞。指出「資本主義是敗壞體系」的人，最近在評估體系的過程中，透過道德價值的判斷，發現會計專業整體並不適當，且需要改善。總之，道德概念可以協助評估個人或團體的行為及制度。

為何要研究道德

為什麼會計人員應該要學習道德？會計人員沒有一套倫理信念去遵循嗎？然而，即使會計人員沒有一套倫理信念去遵循，還是有許多必須學習道德的原因：

1. 在某些案例中存在過於複雜的問題，此時，若我們的倫理信念太過於簡單，則此倫理信念就會顯得不足。我們可以藉著觀察那些案例中所考量的基本原則，來協助我們處理這些複雜的問題。

2. 在一些案例中，因為有互相衝突的情況，所以很難決定該如何行動。此時，透過道德概念可以幫助我們在衝突的情況中做出判決，並且顯示為什麼依循道德所做的決定會較好。

3. 有些人可能會維持一些不適當的信念，或堅持不適當的價值觀。若把那些信念或價值觀經過道德分析，則會顯示這些概念並不適當。以前你

可能會覺得某些事情是錯的，但現在你卻覺得這些事情是可以接受的。所以經過思考，你可以改變一些你的道德信念。舉例來說，經理人員以前覺得因為一些很小或無法證明的原因，而開除員工是可以接受的，但是以道德的角度來思考或檢查，似乎顯示出那樣的行為是有問題的。有些人認為，經理人員開除不需要的員工時，經理人員對那些被開除的員工，仍然具有一些義務。此外，有些人認為會計師事務所依照具有法律效力的合約，查核公司是否遵循一般公認會計準則（GAAP）時，會計師事務所有道德上的義務，去激勵公司發布更真實的財務資訊。另一個例子為「貨物出門，概不退換（caveat emptor）」的原則，以前可以被消費者接受。然而現在大部分的人認為，製造商有義務通知消費者商品是否有潛在的問題。以前會計師不能替自己業務做宣傳，然而現今卻似乎變成了正當的行為。總之，我們應以道德的角度來思考各類的問題。

4. 學習道德是為了了解，是否我們的意見值得堅持？為什麼我們的意見值得堅持？哲學家蘇格拉底認為，沒有經過自省的人生是不值得活的。若你是會計師，就應該思考，什麼是你人生的基本目標？那些目標與你認為的其他價值可以共處嗎？如果當你面臨維持工作或違反專業責任的選擇時，你應該怎麼做呢？當家庭責任與工作責任互相衝突時，你要如何解決呢？

5. 學習道德是為了學習判斷適用於各類行為的基本道德原則。幫助我們建立執行的能力，以及相關的知識。當我們處在不同的情況下，面臨決策時，可藉由列出基本問題或想法的方法，來幫助我們決定應有的結果。就像在工程領域的人，學習建築的原則，以便於應用於某些行動上；以及就像在會計領域的人，學習會計原則，以應用於特殊情況上。所以人必須學習道德原則，讓我們在面對不同的情況時，可應用道德原則來調整行為。如此一來，至少我們可以確定，藉由使用適當的道德原則，便足以檢視與道德相關的議題。學習道德可以讓我們了解道德原則，這些原則可以用於決定與道德有關的情況下應該做的行動。因為與道德相關的議題愈來愈複雜，所以在檢視與道德相關的議題時，我們應掌握道德的基礎架構，以面對各種問題。

　　另外，我們該注意的是，有些人在棒球或高爾夫球上很厲害，但不知道球桿擺動的原則；有些人能做具道德的行為，而不須了解道德原則，或不須知道為什麼此行為在道德上是「對的」。但是，如同大部分的人可以藉由學習控制球桿的擺動情況，來增進高爾夫球球技；我們也應該能藉由學習為什麼某些行為與習慣是正確的，使我們做決策時能更具道德。例如，善意的人常常會因為憑著直覺，不去了解或應用相關的道德原則或觀念，或無法了解周遭複雜的情況，而迷失於其中。如果你認為身為一位企業內的人，唯一的目的是創造利潤，這個簡單但是不足的觀點，將會使你看不清在企業內的其他責任。如果你認為當一位會計經理的責任，只是很簡單地去做對公司有利的事，即使此有利的事會使公司財務資訊發生錯誤，你也去做，那麼將會使你看不清其他應有的責任。

如何做道德上的決策

　　會計師對自己、家庭、專業以及客戶，具備很多的道德責任。但是，什麼是會計師的基本責任呢？我們認為一個相當簡單的答案為，會計師應該基於道德的觀念，來做好他們的工作！目前大多數的人都認同會計人員有做好他們的專業工作。工作的責任若不是在工作紀錄、員工手冊、經理人員的指導準則、公司的指導規則中詳細說明，就是在專業的準則或職業道德規範中詳細說明。這些規範明確地說明了個人應遵守的行為，例如，美國會計師公會（美國會計師協會）的職業道德規範明確地說明了七種原則：

1. 會員為了盡專業上的責任，應該在其所有的活動中，發揮具敏感性的專業及道德判斷。
2. 會員應該盡的義務包括：為大眾利益服務、實踐大眾的託付，並表明專業的態度。
3. 為了維持與增進大眾的信心，會員應該以最正直的態度，實踐所有專業責任。

4. 會員在履行專業責任時，應該要保持客觀，並且避免利益衝突。

5. 執行公開業務的會員在提供審計或其他簽證服務時，應該在實質上與形式上維持獨立。

6. 會員應該注意專業上的技巧與道德標準，持續努力、增進能力與服務品質，並盡最大努力，履行專業責任。

7. 執行公開業務的會員應該了解職業道德規範之原則（Principles of the Code of Professional Conduct），以決定服務的範圍與性質。

在那些原則中，有許多道德原則的說明。在本書後面的部分，我們將會更詳細的說明美國會計師協會的規範，但在此我們將對第一個原則的概念：「會員為了盡專業上的責任，應該在其所有的活動中，發揮具敏感性的專業及道德判斷」做出相關討論。我們現在開始思考什麼事情需要做敏感性判斷呢？

在做道德判斷時，敏感性的道德判斷做適應不同的要素。所以敏感性的道德判斷能協助我們決定適當的判斷基礎。透過運用道德的概念，可協助我們在面對各種問題及衝突時，能妥善地解決問題。

現在，你認為的倫理信念其中之一是「人們應該做好自己的工作」。但是為什麼人們應該做好自己的工作呢？假如沒有利益，還要做好自己的工作嗎？我們來看第二個原則的概念：「會員應該盡的義務包括：為大眾利益服務、實踐大眾的託付，並表明專業的態度。」而這不就指出了會計師應該把自己家庭的利益擺在大眾之下嗎？如果會計師對他的客戶與他的小孩或配偶具有義務，那他還需要把大眾的利益擺第一嗎？再者，當公司的利益衝突存在於客戶或大眾之間時，會計師應該怎麼做呢？

因此，即使我們同意人們應該做好自己的工作的概念，但有時候還是有問題的。當衝突發生於工作中，並且介於工作、職業與私人生活之間時，我們應該怎麼做呢？有任何準則規範可以協助我們處理這些衝突嗎？我們該如何分辨哪些準則、行為及實務是否可接受呢？

所以我們要來思考，道德如何協助解決上述的問題？我們可以先想想如何運用道德觀念來分析及衡量情況。在第三個原則中指出：「……會員應該以最正直的態度，實踐所有的專業責任。」但是「正直」指的意思是什麼？規則建

議我們回想自己：「正直的人所做的行為是否跟我一樣呢？」但是，我們怎麼知道對正直的要求是什麼？因此我們要先分析自身的信念，找出自己真正確信的事物。

在經過「分析」後，我們可以進行評估自身的信念是否正確。許多人覺得信念是主觀的，只要你覺得正確就可以了。但是這樣的態度並不能真正「評估」信念。如果只是自己覺得正確，那麼某些惡性的信念，例如，希特勒認為應該消除猶太人、奴隸的主人認為奴隸制度是正當的，以及嬰兒祭品等都會變成是正確的觀念。然而，實際上卻不是如此。

但是我們如何「評估」信念呢？我們如何分辨倫理信念是否正確呢？正直的人要做什麼呢？或我們判斷是否夠敏感呢？倫理道德上的判斷不像真實判斷，真實判斷所顯示的為——事情就是這樣，無模糊地帶。例如，地球是圓的就是一個真實信念，我們如何證明呢？我們經過觀察與科學理論來證明。某些信念，例如「在下雨」，我們能出門並且親眼看，來簡單地證明。某些信念，例如「當光線在太陽附近的時候是彎曲的」，我們憑著推論以及用假設的演繹方法來證明。但是我們不能用同樣的方法證明或確認倫理信念。倫理信念必須用價值判斷，這個價值是看不見也摸不著的，並且混入了感情、渴望、主觀嗜好在裡面。每個人都必須判斷，但有時候那些判斷是正確的，而有時候是不正確的。我們如何評估那些信念呢？在一些適當的案例裡，我們有一個完美且明確的程序來「評估」倫理信念。這個程序為，試問是否有任何「正當理由」，來說明為什麼某些行為在倫理道德上是可接受的，有些卻不可接受。

接下來，我們來參考一個案例。在你年輕的時候，若你有一個重要的約會，通常你會希望能有一輛漂亮的車去赴約，在此同時，你父親有一輛Jaguar。於是，你問你父親可不可以在星期五借你Jaguar。你父親說：「當然可以，沒問題。」但是，當星期五來臨時，你問父親，父親卻回答：「不可以，你不能用車。」此時，你會怎麼回應？你可能會帶著懷疑，回答說：「但是你答應過。」或是回答：「為什麼不行？」如果父親認為他沒有義務答應你的請求，那麼你就可以了解，不是他的信念不正確，就是他需要去證明他沒有答應。

假如你回答：「為什麼不？」而他說：「我不想那麼做。」此時你恐怕不會接受，因為那不是個正當理由，並且你可能會提醒他，他承諾過借你車子。

人們在做承諾時最好先能確定做得到，因為我們無法保證每個承諾都能實現。如果每個人都能實踐他所承諾的事，那麼我們就不需要承諾了。你的父親就像其他人，本來預期自己能實踐承諾，但卻因為情緒問題，而違背了諾言。想像一下，如果每個人都做他自己想做的事，那麼社會制度就會被摧毀。例如，你的先生或妻子可以早上一起床就說：「今天我們兩個算離婚，等改天心情好再結婚。」總而言之，如果你父親認為只要他不想借你車，他就沒有義務借你車，那麼他的信念就是錯誤的。

　　但是，也有可能他是對的。假設你問：「為什麼不？」他回答：「因為在我回家的路上，煞車器壞掉了，而且沒有時間去修理。」這就是一個他不借給你車，也就是沒有維持承諾的「正當理由」。

　　上面所述的例子中，顯示了評估倫理信念對或不對的方法。如果有可以接受的正當理由，那麼就能證明它們是正當的。用「正當理由」來證明倫理信念是正當的，就像用「觀察」來證明真實信念是正當的一樣。因此這些正當理由可說是道德原則的基礎與道德理論的核心。

　　我們在成長學習的過程中，學了許多公正道德的規則，並視為正當理由。例如，做好事、不傷害別人、不撒謊、不欺騙、不偷竊、公正以及尊重別人。對待別人就像對待自己一樣，遵循你的良心，維持你的承諾與你所說的話。因此，如果某人偽造費用憑單，則我們會認為那是錯誤的行為，因為那是撒謊與欺騙；就如同你認為你父親沒有維持他的承諾是錯誤的一樣。

　　我們發現可以用兩種方法來證明道德觀念的正當性，一種是證明做某些事是正當的理由，另一種是證明「不」做某些事是正當的理由。然而，建議做一項正面的行為，比禁止做一項行為還困難，因為在做一項正面的行為時，我們會面臨一些不確定的意見。然而禁止做一項行為是比較簡單明確的，因為若我們知道某項行為將會傷害他人，那麼我們只需要避免它。所以我們時常能明確的知道我們不應該做的事情（負面禁止），然而我們不能明確地知道我們應該做的事情（正面責任）。

　　你之所以會做某些事情，可能依據的理由有兩種，一種是這個行為對你而言是好的或是有利的；另一個理由是，它對社會是好的或有利的。其他正當理由包括了它可能是正直的或公正的，或因為它是你所承諾的行為，並且你所承

諾的行為不會傷害別人。總之，我們不應該做會傷害他人或利用他人的行為，因此我們不從事欺騙、撒謊、偷竊等行為，或是不正直、不公正、不信守承諾等等。

若運用上述的觀念，我們應如何勸人做好他的工作？第一，員工因為工作而獲得薪水，既然獲取了利益，就應盡責工作。第二，每個員工在社會正常運作上，都扮演著不可或缺的角色，若他能正常執行其功能，將有益於社會。最後，我們的工作都有簽訂契約，定了契約表示承諾某件事，因此我們有責任善盡自身的責任。

如何證明行為的正當性：道德理論基礎

我們需要一些問題來評估各類行為的正當性。

一、這項行為對我而言是有利的嗎

若人們從事某項行為會對他有利，那麼這就是一個正當的理由。如我們所見，人們工作的重要理由其中之一是，工作提供了人們生活的資金與希望。在現代，我們也強調很多有意義的工作的重要性，但什麼是有意義的工作呢？有意義的工作是指可以滿足人類的成就感以及創造力的需求的工作。

反之，如果某項行為會傷害他人，那麼就有理由不去從事這項行為。常常有人認為道德行為，等同於對自己有害的行為，造成他們猶豫要不要去保衛對自己有利的行為，但這是錯的。但是你若不關心自己的利益，那麼誰還會去關心呢？

然而，以下還有許多需要注意的事情。有些對一個人有利的行為，只是他自己的希望與渴望，而實際上並不需要。我們的希望與慾望通常要綜合分析，例如「我想要吃蛋糕，但是現在我在節食，所以吃蛋糕對我不好。」所以我們需要更清楚地知道「什麼是有利的」。當我們觀察人類時，我們會發現數種不同程度的需求，對應了數種不同層面的人類本性。對人類而言，最重要的需求

為生理層面：食、住、衣、健康、少許財富、運動。除此之外，因為人類是群居動物，需要與他人友善相處，所以就有人際關係層面。最後，因為人類是潛在生產者，所以有企劃、目標以及行為層面，簡言之，就是有意義的行動。總之只要一項行動滿足了一個或一個以上的需求層面，這項行動就是有利的，滿足這些需求，是做一個動作的重要「理由」。簡言之，有時我們可以憑著顯示這項行為對我們而言是有利的，來證明這項行為是正當的。

二、這項行為對社會而言是有利或有害呢

　　第二個問題是，這項行為對社會而言是否有利？當我們思考道德行為時，我們不能只思考對我們有利的行為，須進一步思考這項行為對他人的影響。並且也應該了解，不是世界上所有的行為都會影響我們。如果假設我或我認識的人都沒有在使用某牌有問題的感冒藥，那麼不論廠商有沒有把它下架都對我沒影響，所以對我而言不好也不壞。但是我能肯定這是一件有利的行為，因為廠商把它下架，可以避免它傷害到使用它的人。簡言之，如果我做某項動作的正當理由是，這項行為對我而言是有利的，此外這項理由也適用於每個人，因此就會有更多的人受益。當然，當一項對社會有利的行為，對我而言是有害的時候，就會產生問題。這時我們必須回到下面的問題。

三、這項行為是公平或公正的嗎

　　經過一連串的思考，接下來第三個問題是「那是公平的嗎？」當你還是小孩子的時候，你的母親可能會常常請你吃蛋糕。但是請想像一下，當你的母親給你一小塊蛋糕時，卻同時給你的哥哥或姊姊比較大塊的蛋糕。你會不會覺得（你可能不敢說）她不公平呢？對大部分的人來說，相同的人應該受到相等的待遇。因此，如果你與兄弟姊妹之間沒有什麼特別的差異時，那麼你會認為你應該要獲得一塊一樣大小的蛋糕。然而，如果今天是你的兄弟姊妹的生日，那麼你們之間就不是相等的，因為生日這個正當理由，所以你的兄弟姊妹應該獲得比較大塊的蛋糕。因此，我們認為公平的原則就是，相同的人應該受到同等

的待遇。當然，時常有人有不同的意見，但是除非有一些特別的差異，否則所有的人都應該被同等對待。

　　公平的概念引發了另一個支持或反對某項行為的理由，那就是，我有權利執行某項事情，或我有權利受到尊重。這導致了下一個問題。

四、這項行為會侵犯到任何人的權利嗎

　　所有的人都是平等的，而且都擁有權利。權利意指，大家都有「權利」享受某種方式的待遇。而平等公正的原則意指，大家擁有權利享受相等的待遇。權利這個字有兩種意義，積極與消極的權利。消極的權利意指，沒有人必須特別提供給我們的，這些權利是我們已經擁有的，能被尊重而且無法被奪取的。例如生存權、自由權，還有一些人在爭論的財產權。舉例來說，我們有自由權，因為如果我們與其他人都是平等的，那麼其他人有什麼權利可以阻止我們的自由權呢？為什麼他們的自由權會比我們重要呢？父母可能會限制小孩的自由權，是因為他們並不是一個平等的關係。類似的權利在企業與交易市場中特別重要，那些地方充斥著虛偽的廣告與高壓的市場交易，它們傷害了客戶的自由權。同時那些地方也時常充斥著違法事件，因為政府的法律常常侵犯了企業從事商業行為的權利。事實上，整個自由市場認為自由權是不可或缺的。

　　積極的權利意指讓別人提供自己服務的權力。例如，小孩擁有被教育的積極權利。現今，每個積極權利所牽涉到的事情是，它必須擁有一個相當的義務，如果某些人沒有能力與責任去提供某些事情，那麼要求其他人接受權利是徒勞無功的。例如，如果社會上沒有醫療服務，而去要求大家擁有醫療服務的權利是沒有意義的。但是即使社會上擁有醫療服務，我們也必須指定誰有義務來提供類似的權利。在社會上沒有足夠的工作，而去要求大家擁有工作的權利是沒有意義的。另一方面，在我們的社會裡，顧客有權利要求產品的品質，並且不應該受「貨物出門，概不退換（caveat emptor）」的限制支配。同樣地，股東擁有知道公司正確財務資訊的權利。

　　無論如何，如果有一項行為，可以公平地讓大家享受相等的待遇，並且不會侵犯到其他人的權利時，那麼就沒有理由不去實行它。另一方面，如果有一

項行為，不能公平地讓大家享受相等的待遇，並且／或會侵犯他人的權利時，那麼就有理由不去實行它。

五、我有做承諾嗎，是以暗示還是明確的方式呢

除了關於傷害、公平性等問題外，還有另一項重要的問題：「我有做承諾嗎？」這個問題意指，在特定的情況下，是否有做任何承諾（不論以暗示或是明確的方式）。如果做了承諾，那麼就應該維持承諾。因此，如果我問「我有承諾做這個嗎？」答案是「有」的話，那麼這就是做這項行為的正當理由。

我們所做的承諾，並不是只有表面上的明確承諾，我們更要思考某些暗示性的承諾，這種形式的承諾對我們的影響更為深遠。舉例來說，大部分的人會信任他們所買的保險契約，且不會預期到可能有人利用複雜的條約及法規來欺騙他們：一位教授答應於特定時間內上課，不論他的心情如何，他也是要盡其上課的責任。

人們會承諾事情，這項特性分辨了人類與動物的不同。如果承諾不能成真，我們的社會就無法正常運行。因此，做出承諾是一個去做某項事情的「正當理由」。但是在接下來的例子裡，有項要注意的事情，「如果我的鄰居要槍殺某人，要求我歸還向他借的槍，那麼我應該還他槍嗎？畢竟，我承諾當他要求歸還的時候，就要還他槍。」很明顯地，在這個例子裡，我還他槍，他就會殺人，因此你若遵守承諾，將會造成更大的傷害。

思考適當理由來決策

讓我們思考以上這些概念應如何運用。如果我是一家公司的董事，我想生產一項商品，這項商品有利於公司、董事會的我以及社會，同時在製造的過程中，參與的人士都能受到公平的待遇，也沒有任何承諾會受到破壞，那就沒有理由不去做這項行為，因此應該要生產這項商品。另外，如果有人誘惑我在合併財務報表上，宣布不正確的利潤，那麼我應該要知道這項行為不利於公司、

高階主管或社會，同時這是一項虛偽並且不公平的行為，它會破壞公司與社會大眾彼此的信任關係，因此沒有正當理由要執行這項行為。

因此我們有一個決定過程，去決定什麼要做或什麼不要做。在一般道德的問題中，我們會思考如果有正當理由去做一項行為，例如它有利於我與社會，同時並不會違反公平或承諾的時候，那麼就應該做。但若這項行為對我與社會而言，是不利的與不公平的，同時這項行為會破壞承諾，那麼就不要去做。接下來讓我們來看兩個例子，第一個：接受教育；第二個：吸食毒品。

接受教育對自己有利，因為它可以多方面成就自己。其次我們推論在這個社會裡愈多人受到教育，這個社會就會愈好。因此，如果你接受教育，不只對你有利，對社會也有利。如果你正在接受教育，那麼你需要做的事情就是不能違背接受教育的義務，同時也沒有人能剝奪你受教育的權利。也就是說，你不能辜負他人的努力，例如，當你的兄弟姊妹待在家裡並且工作以支持你去上大學時，而你還不去上學，那麼這項行為就是不道德的。因此，我們應該有一個從事這項行為的主要原因，就是這項行為對人與社會是有利的，並且這項行為不會不公平，也不會侵犯他人的權利。因此我們之所以接受教育，就是因為教育有利於自己，同時能藉由教育成為一位具道德的員工，對你的公司、社會與你的家庭都有利。假設你的學習行為不妨礙他人，那麼你就有非常好的理由去接受教育，也就是說，你應該去做這項行為，同時它是一項正當的行為。

此外，我們可以簡單地想像接受教育的問題，假設你討厭一門學科，這時你會有怎麼樣的態度。你不做你不喜歡的事情，不管那件事情是不是有利於你，你會屈服於你的喜好。雖然我們已經指出，我們不應該混淆對我們有利的事情與我們渴望、想要或喜歡的事情。然而，有時候做自己喜歡的事情可能是有利的，做討厭自己的事情可能是有害的。有時候為了一些長期利益，我們需要延遲快樂並且遭受痛苦，但是有時候我們仍然需要維持生活上的快樂。

同樣地，假設有一項行為不利於社會，那麼就有不去做這項行為的理由。最後，假設你對你的家人、朋友或其他人士有著承諾，但是如果學習的過程，會減少你履行上述責任的時間，那麼接受教育就會變成一個問題，因此，周遭的環境也是一個重要的考量因素。但是，總括來說，接受教育仍是一個人的義務。

現在來想另一個例子——吸食毒品。吸食毒品對你有利嗎？答案當然是沒有；對社會有利嗎？當然不會，因為吸食毒品會造成較低的生產力、較高的醫療成本，並且造成人們不信賴等問題，而浪費社會成本。吸食毒品是公平或公正的行為嗎？雖然取得毒品可能無關不公平或不公正，但是可能會因為吸食毒品而導致不公平或不公正的行為，例如，因為健康受損導致無法盡你應盡的義務。既然如此，我們就沒有正當理由去支持這項行為。

道德兩難之困境

我們藉著找尋理由去回答是否要從事某項行為的問題，這些理由構成一個基本原則，我們常把它稱為「道德理論」。基本上，道德理論是一個非常簡單的原則，它是所有道德規則或判斷的基礎。

我們要注意的一點是，如果我們能清楚所有的情況，那麼我們就不需要道德理論了。在很多情況下，我們需要透過道德理論來了解我們應做的事。有些情況你我周遭等人都會遇到，此時在採取決策時，我們應該問問自己這些行為是否公正適當？若我們的答案是肯定的，當然就可以從事這項行為。但若我們遇到難以判斷的問題呢？

假設你採取某項行為，可是會導致你沒辦法與你的小孩一起度過這個春假。或許你採取的這項行為可能對你有利，但是對於你的小孩來說，可能是不公平的。這個情況就像當我們有理由去做某些事或不做某些事時，我們所面臨的「道德困境」問題。因為有道德困境存在，所以道德學者會透過道德的原則來想辦法解決這些問題。因此，認為公平比傷害重要的人來說，當遇到衝突的時候，他們所做的決策，會與另外那些認為利益比公平重要的人不同。例如，去做藥物測試的正當理由是，藥物測試可能會防止傷害的發生；但不去做藥物測試的正當理由是，藥物測試也可能會侵犯個人的權利。監控公司的會計程序，不但可以避免傷害也可以滿足會計師對社會大眾的責任，但是它可能會違背會計師對客戶的責任。對那些優先考慮危害的人來說，重視的是做這項行為的理由；對那些優先考慮權利的人來說，重視的是不做這項行為的理由。因此

為了解決困境，道德理論因而建立。

一、當理由發生衝突時，道德兩難困境因而產生

　　道德困境的產生是來自於做特定行為的理由與不做特定行為的理由互相衝突。在萬不得已之際，為了解決類似困境，才需要求助於道德理論。當有互相衝突的理由發生時，我們可優先適用道德理論。那些顯示公平與權利比結果重要的人，稱為「義務論者」；那些顯示結果比公平與權利重要的人，稱為「結果論者」。接下來，讓我們了解傳統道德理論如何解決這類困境。

二、傳統的道德困境

　　在Victor Hugo的《悲慘世界》（*Les Misérable*）中的Jean Valjean就是一個傳統倫理困境的例子。Valjean是一名囚犯，他被一位名叫Javert的警察逮捕，多年後他利用假釋的機會出獄，不過這次假釋卻被懷疑不符合規定。Valjean在假釋出獄後隱姓埋名，並成為法國一位市長以及一家工廠的老闆。Javert懷疑這個市長就是當年的囚犯，並發現其蹤跡。Javert為引出Valjean，而抓另一名流浪漢來代替Valjean。Valjean知道如果他不去自首，那名清白的流浪漢就會代替他入獄。Valjean該怎麼做？入獄對他來說是不利的，對他管理的小鎮也是不利的。另一方面，對那名清白的流浪漢來說，代替Valjean入獄也是不公平的。

　　這是一個傳統困境的例子，這個故事來自於一齣偉大的歌劇。它顯示在一個環境中，不管一個人做任何事情都會被指責。因此，做對社會有利的事情可能將是不公平的，做公平的事情可能將會傷害社會。

　　另一類似的困境發生於Truman總統決定是否要在長崎與廣島投下原子彈時。支持這項行為的人認為，奪走八萬人的生命可以保護三百萬人的生命免於日本的侵略。不支持這個行為的人認為，不管結果如何，這項行為是不道德且不公正的，因為投下原子彈奪走了無辜的人的生命。

　　類似的困境在會計上是沒有那麼戲劇性的。假設你是一家公司的主管，並且你需要一筆相當大的資金去生產與銷售新產品，以維持公司的營運。你相當

確定你可以公正地向銀行貸款，但是你沒有正確地記錄過季商品的價值。所以你可能需要隨便亂說一個數字造成誤述公司的財務，才可以獲得貸款並且維持公司的營運。同樣地，這裡面臨著相同的情況，對大部分的人有利的結果，卻無法保持誠信。

　　而道德理論可解決類似的問題，我們將在下一章探討道德理論。

第三章

道德理論

　　道德上兩難的問題協助我們更能清楚認知道德理論的本質，我們可透過比較不同的道德理論來找尋出最好解決兩難問題的方法。透過Victor Hugo的悲慘世界，我們可以了解哪些事情會影響人們間的互動與考量。在此我們若採用功利主義理論學家的論點，代表我們重視結果勝過公平性，他們認為從事一項行動前，應先判斷他所帶來的好處是否多於壞處，如果好處比壞處多，才有行動的必要；但對於義務論者，他們則認為公平正義優於結果，好的結果並不代表一切；若我們僅考量自身的利益，而完全忽略他人，這種稱為利己主義。對於利己主義者，他們的思考及行為雖然有違一般道德，但仍有一些人替他辯護，因此我們還是需要探討利己主義的中心思想。

　　利己主義者與功利主義者皆以最終的結果來判斷是否採取行動，以利己主義者來說，當自己的利益與社會發生利益衝突時，或是與公平正義發生利益衝突時，他們皆以自身的利益為優先考量。因此，我們可以對利己主義者下一個結論，就是他們的行動永遠以自身利益作為優先考量。

　　功利主義者會優先考量每一個人的益處，包括個人的。但個人的利益也是計入整體的益處之中。假若個人的利益與整體的利益發生衝突，那個人的利益將會被排除在外。因此，功利主義者主張：「應該要做那些能為最多數人帶來最大利益的行動。」

　　最後，有一個理論是優先考量公平、權利與責任所帶來的問題，且主張就是要做對的事，不論其對於自己或他人的結果為何。此理論稱為義務論，該理論主張：「切莫未達目的，不擇手段。」

　　讓我們做個總結。時常當處於決定該怎麼做時，其理由不一定會彼此衝突。在許多情況下，對我們好的事，會對社會也好，且同時具備公平與正義。在這些時候，我們有各種不同的理由去執行這些行動，並滿足以上所提的三種道德理論。但若是衝突、兩難與爭論存在時，何種理論是我們所應遵循的？哪種理由應要優先考量？若我們所做的決定永遠是為了我們自己，我們很可能就是利己主義者。如果我們將考量移轉到對社會的利益，我們就具備了功利主義者的偏好。假若我們轉移到公平或正義上，那我們就會是站在義務論的觀點之上。每一種理論其有道理之處在於它們於選擇行動中所採用的重要理由。

　　我們會討論這全部的三種理論。因為有些時候這些理由彼此間會發生衝

突，且我們會不確定該怎麼做，有些人會認定我們無法合理化這些信念，並且對於道德知識的可能性提出質疑。但是，我們的爭論點只存在於那些我們無法確定且不常發生的兩難情況下。而在其他的案例下，一種系統性的調查可以引領我們走向解決之道。我們能夠決定該怎麼做。

接著，讓我們對這些不同的立場做些簡短的探究——對於當代道德理論的探究。

利己主義

如上所述，利己主義者（egoists）秉持著如下的處事原則：「總是以個人的利益為一切行為的出發點。」而大部分的人則視其不道德。此原則似乎助長了自私（selfishness）的觀念，或許並不是所有社會皆如此，但至少在美國社會中，普遍認為自私是錯誤的。一個助長自私的原則如何能成為一種道德理論？我們將證實利己主義沒有辦法成為道德理論，並在以下說明其緣由。

但為何有些人追隨如此具缺陷的理論？利己主義者表達的信念與態度又為何？一般來說，利己主義者反對其他所謂強調利他主義（altruism）高於自我利益（self-interset）追求的倫理學家（moralists）。這些利己主義者主張如我們先前所提到的，雖然追求個人的自我利益是件好事，然而，我們認為這樣的觀點似乎過火了。因為若總是追求個人利益，有時必然導致自私，而自私卻是不合倫理（immoral）的。

為了能更清楚理解，有必要為自私下個定義。與其相對的是自我利益，但二者間存在著差異。對自我利益的追求，不是件壞事，反倒是好的，且每個人追求自己的利益也是件健康的事。心理學家已經指出自愛（self-love）與自重（self-esteem）的必然性，以及對個人目標與夢想的強烈追求。畢竟，若我自己不追求我自己的利益，又有誰會呢？這也就說明了為什麼能為你帶來好處的行為就是好的，且去做某事的好理由即是因為這事對你是有益的。

只是當追求你自己的利益時，會傷害或犧牲到他人的利益時，問題旋即產生。假若今天我為了我的銷售業績，而向一位無力負擔後續貸款的客戶推銷

產品，這就是個自私的行為。你仍可義正辭嚴地說，因為這事對我有利，以利己主義的觀點來將此行為合理化。因此，一個以「總是做對自己有利的事」為論調基礎的原則，勢必促使自私觀的形成——也就是說，當某些時候，為了能達到我們自身利益時需要犧牲他人的利益，仍執意去做，這就是不合倫理的行為。由於自私是最普遍被視為不道德行為的代表，而利己主義又將自私合理化，也就因此被道德理論給排除在外。很明顯地，這也不會被專業領域所接受，像是會計領域，在其中所認定的職業道德規範是所謂的「有義務為大眾追求利益」。

還有其他對利己主義的反對或異議值得探討。首先，利己主義與許多人類所普遍接受的行為是難以相容的，像是給予建議、建立真實的友誼，以及在商場中，代理他人職務。簡單地對自己捫心自問：假設此建議會傷及給予建議的人，一個總是優先為自己利益著想的人，是要如何給其他人建議呢？就好比一個會計人員，有些時候因能力問題而無法提供給客戶足夠最佳的專業服務。在這樣的情況下，這個會計人員或許必須選擇放棄這個客戶，並將之推薦給其他專業人員。你可以因為考量自身的長期利益而選擇不這麼做；或者，你選擇這麼做是因為你認為這是身為一個專業人員應有的責任，即背負著為客戶尋求最大利益的重擔。

利己主義與友誼二者難以相容或並存亦是顯而易見的。假若每個人只是將朋友看作圍繞在身旁的人，且有沒有這些人的存在也未予以重視，在這樣的情況下，又有誰會把朋友視為是「真正」的朋友？我們心中所期望的朋友，應該是能夠為我們赴湯蹈火，而我們亦期望能為朋友兩肋插刀。只是，執著於利己主義的人，絕不會推崇所謂的友誼。

而利己主義再進一步帶來的困難是，此觀點無法幫助解決糾紛爭執。假若每個人都只顧著自己，當出現兩人需求同樣的事物時，他們該如何做？易言之，若二人都只關心自己是沒辦法解決問題的，故利己主義無法提出實質有效的建議。假若一個理論無法有效幫助裁決，我們又如何能運用呢？

再者，利己主義還有著奇怪詭異的天性——就是它無法被宣揚出去（也就是寫成文字出版成書之類）。好比我是個重度利己主義的奉行者，深深相信我應當為自我利益而行，那當我將此種思維傳授予他人時，會產生什麼樣的影

響呢？結果是，被指導者會警戒留心看看他們的利益是不是與我的利益發生衝突，當然也不會關注在我的利益上。假若你自己就是個利己主義者，你的行為準則自然會告訴你不要授予他人你自己的行為理論，因為這不是以自我利益為出發點的應有行為。但根據道德理論，指導他人利己主義理論就是一項不道德的行為。

哲學家對利己主義所抱持的一項標準反對理由，即是認定利己主義之所以無法以任何形式建構、陳述，在於其不合邏輯或可說是荒謬。舉個例子，假若我說：「每個人都應當以他們的自身利益為行事之考量。」當有兩人需要相同的事時，此句話只是做了一個不可能辦到的建議。假設我們對那句話做些修改：「每個人應當以我的利益為行事之考量」，其中的「我的」又是指向誰呢？假若是指向說出這句話的本人，那就是與第一句話的涵義相同，但若是指向某特定的人，那這句話簡直就是荒謬無比。舉例來說，假若John說了如下的話：「每個人都應當以我的（也就是指John的）利益為行事之考量。」難道這句話不荒謬嗎？在世界上有成千上萬的人，根本連John是誰都不認識，為何要考慮到他的利益來影響自己的行為或行動？即便是認識John的人，又為何要以John的利益作為行事準則？也許我們可以再修正一下：「我應當總是以我的利益為行事準則。」若是其中的「我」指向為「每個人」，則與第一句話無異。但若是「我」並非指「每個人」，那麼這句話將不會成為一項原則，因為原則是假設可普遍適用的。

最後還有個反對利己主義的理由，即利己主義是一個扭曲的自我中心宇宙觀。更精確地來說，就是我是我一生中最重要的人。也就是說，我是站在我自己的立場來看事情。我總是與自己連在一起，以我自己的眼睛、我自己的觀點來看這個世界。因此，就我自己而言，我就是宇宙的中心。但這樣的視野是如此地狹隘！從道德的觀點，會要求我們要把這狹隘的視野拓展出去。或許這世界還有其他數以萬計的人，多少與我一樣，都有著主觀的看法。但就客觀層面，我真的是如此重要嗎？答案當然是否定的。由於利己主義的受限，自然顯示出它的不適當性。值得一提，在美國會計師協會所發布的道德規範中，最基本的準則就是「每一位成員都需要保持客觀」。

既然利己主義是這般不適當，那又是什麼地方吸引人呢？其受人喜愛似乎

是因為我們都相當看重自我利益。就好比像亞當斯密等的經濟學者，認為若是社會能設置一套系統，有效開發、利用每個人重視自我利益的心態，並合理化追求自我利益的行為，就能增加生產力。一些哲學家，像是Thomas Hobbes，也主張要是深入分析每個人的行為，會發現每個行為的動機，都是起因於自我利益。「每個人都在尋求第一名。」以下從《麥田補手》（*Catcher in the Rye*）中節錄一段話，值得好好思考：

> 即便你終日忙於拯救他人的生命，你如何能知道你是真的想要去拯救他人，或者你只是想展現你是個優秀的律師？當你在法庭上贏得勝訴後，每個人都拍拍你的背，跟你道聲恭喜，你怎知道你是不是個道貌岸然的偽善者？很不幸地，你不會知道。

Salinger（譯註：《麥田補手》一書的作者）筆下的主角Holden Caulfield曾敘述他不懂為什麼每個人不管做什麼事，總只考慮自己的利益，然而，有些哲學家認為所有的人類，只要我們去探究那潛藏在表面以下的真實面貌，我們會發現，以自己的利益為行事考量是人的天性。假若每個人總是尋求自身的利益，則他的行動策略就會依利益來做考量。我母親過去曾說，你要想抓住更多的蒼蠅，當然不會傻傻地用酸不溜丟的醋來吸引，而是要用膩死人不償命的蜂蜜呀！因此知道某樣東西特定的傾向，選擇順其自然比與它對立來得好。

「每個人總是以他自己的利益為行事準則」，這樣的信念就是所謂的心理學上的利己主義，因為此理論是有關人們如何決定其行為，而心理學就是研究人類行為的一門學問。心理學上的利己主義與道德上的利己主義不同，前者是一種具描述性，敘明一個人正常情況下會怎麼做；後者則是說明一個人應當怎麼做才會正確。假若心理學上的利己主義所描述的情況是正確的，那麼倫理規範將是毫無意義且愚蠢，因為倫理規範會建議一個人去做一件在他內心根本不想做的事。

那心理學上的利己主義是正確的嗎？看起來似乎不是，隨手就可舉個例子來反駁，就好比泰瑞莎修女（Mother Teresa），或是每個人的母親，或者是自己投入沙場的士兵——這些都是一些不以自己的利益為行事考量的例子。然

而，仍有一票思想家，以心理學上的利己主義來作為解釋人類行為的模型，並以利己主義為基礎來做行為的預測。當經濟學家也如此認為時，他們會假設所有人類都是自私的，這樣自私的心態，會影響人們決定生活中什麼樣的事是可以接受的，而什麼樣的事則無法。因為要人們去違背他們的天性簡直就是有勇無謀、輕率魯莽的行為，就好比要豬能像鳥兒般在天空飛翔一樣。經濟學家亞當斯密說：「我們所期待的晚餐，並不是屠夫、啤酒工人或是麵包師父好心提供我們的，他們也只是追求他們自己的利益。」但假若事實就是如此，那追求自我利益也是合情合理。由於這樣的信念，史密斯續道：「我們應將注意力集中在他們的自愛而非他們的善心，我們不需要跟他們討論我們的需求，而是著重在他們的利益。」

所以，不管是經濟學者、部分的心裡學家或是社會科學家，皆假設每個人都是自利的，且其都以此假設建構經濟與商業上的模型。這樣以理性思考，尋求自我利益最大者，我們稱為：經濟人（homo economicus或稱economic man）。但這樣的結果，如同Kenneth Lux所指出：「經濟學在本質上是不同於一般學術世界所具備的規則，沒有一個學術領域，除了受經濟學影響的，是教導與推崇自我利益。其他學術領域基本上都是教授知識與真理。」經濟學在假設每個人皆以自我利益為行事考量的情況下，致力於建構出更有生產力的系統。這樣的系統若是發揮效用，將更能喚起人們追求自我利益的想法。對於經濟學者而言，這就是自私。也難怪自私是與道德觀相反的思維，且商業是設計為了推動自我利益的經濟系統下所產生的活動。因而人們經常聲稱所謂的商業道德，是一種互相牴觸且矛盾的辭彙。假若道德的要求是指犧牲自我利益，那麼具備道德的企業將是個糟糕的企業。

那究竟要怎麼形容心理學上的利己主義呢？不需要太多哲學上的分析技巧，我們只需要提醒我們自己就是那個選擇犧牲他人的人。即便心理學上的利己主義者稱那是所謂的自私行為，但那就是我們所想要的行為。即使是那種冷酷無情、麻木不仁，建議每個人要追求自我利益的經濟學家，也藉著預期每個人都這樣做，希望就長期而言，能為社會帶來利益，以合理化心理學上的利己主義。亞當・史密思所提出的看不見的手的學說也確實秉持這樣的論調。此學說主張這雙看不見的手會引領社會，也確保自我利益能增進社會的益處。只是

這樣並不意味著我們應維護完全追逐私利的行為（最後值得一提的是，亞當斯密並不認為自我利益是唯一的行為動機）。我們參考一下以下的段落：

> 一個人無論有多麼自私，毫無疑問地，在其天性中仍可能有一些特性，這些特性讓他對其人的命運發生興趣，且那些人也回報他們的快樂予他，雖然從中他沒有得到任何東西，但卻也樂於見其發生。

但是假若利己主義不是個適當的理論，那麼另外兩個理論——功利主義與義務論又為何呢？我們將在以下做簡短的介紹。

功利主義

John Stuart Mill在他的同名著作中，為功利主義寫下最重要的箴言。「傾向追求快樂的事物，就是正確的行動，若是產生出與快樂相反的事物，就是錯誤的行動。」Mill續道：「快樂並非自身所擁有的最大快樂，而是所有人的最大快樂。」對於全部人快樂的追求，就是Mill對利己主義者的回答。

功利主義近年以來，是以一種些微不同於以往的方式形成：「能夠為最大多數的人，帶來最大利益的行動，就是我們所要選擇的。」功利主義與利己主義最大的不同在於，功利主義者以最終的結果來判斷每一行動的價值，只是這不是僅考量自身的結果，而是要以受到這行動影響的每個人的結果來考量，此中也包含了自身。

我們可以從下面的圖表，列式出其中的差異。我們有：

```
一項行動 ┐ 導致  ┌ 結果
習慣    ├→     ┤ 行動(a)  只考慮自己（利己主義）
風俗    ┘      └ 行動(b)  考慮所有的人，也包括自己（功利主義）
```

好的結果意指這是個好的行動；壞的結果則表示那是個不好的行動。

　　功利主義比起利己主義，更能與我們的道德敏感一致，且當我們要想出些理由來合理化我們的行動或習慣時，功利主義更能反應出我們會怎麼做。做些能讓我們自己開心的事是可以被接受的，只要沒有讓其他人不舒服。若是我做了某件事不只讓我自己，也讓很多人快樂，只是可能會對非常少的人不好，但仍是一個情有可原的行動。

　　舉個例子來說。假若一個會計人員將公司的錢，在存入公司帳戶前，先暫時存入自己的帳戶，藉以獲取利息。這樣的行為或許對於他自己是有利的，但對於絕大多數的人而言並非有利。由於這件事對於人們的損害多於他所帶來的益處，因此這不是件道德的事。根據功利主義，這樣挪用公司的錢是不對的，或可說不合情理的，是因為它對其他人造成傷害。假若人們或公司能提供好的服務或商品予社會，且不帶來重大的傷害，就能受到功利主義者的讚揚；相對地，若是所帶來的益處不及傷害，則會受到功利主義者的譴責。

　　一個功利主義者，是以下面的程序來決定要合理化或是譴責一項行動。針對任一行動，計算其結果帶給每個攸關此行動的人的所有利益與損害。假若就大多數人而言，此行動帶來的快樂是多於不快樂，那麼這個行動就是合理、合情誼的。但若帶來的不快樂是多於快樂的，那就是個錯誤的行動。因此我們可以說，功利主義是一個使用成本──效益方法的道德理論。

　　然而，在使用功利主義方法時，仍會產生些困難。就針對為了貸款，而欺騙銀行有關抵押資產為例子，很明顯的欺騙銀行本身就是件錯誤的事。錯誤在於銀行就是以抵押資產作為放款與否的依據，但公司卻欺騙銀行關於資產的價值，且銀行有權利知道公司的真實情況。但某人在此行動中，可能秉持這樣的立場：「銀行這麼嚴格，所以才要騙它啊，借到錢，我才能救回我的企業，這樣到最後還不是讓每個人都受益！」因為可能有好的結果，或即便你很確定那些結果會發生，因而合理化說謊的行為，但此現象就突顯出功利主義具備這樣的弱點。假若我們要使用功利主義，這會是個很典型的問題。以下我們再對這些問題做些檢視。

　　功利主義理論中最主要的問題就是分配。這句「將最大的好處給予最大多數的人」的語意是模稜兩可的。我們是要產生最大、最多的好處，還是我們應該影響最大多數人？假設我這裡有五個喜悅要分配給五個人，而我們把這個喜

悅用酸黃瓜來比喻。究竟根據這項原則，要怎麼把酸黃瓜分出去呢？最簡單的方法似乎就是一個人拿一條，且假設每個人拿到一條酸黃瓜就可以得到一個喜悅，那我們就是分配給最大多數的人，也就是五個。但若是假設其中的兩個人非常喜歡酸黃瓜，另外兩個則有沒有分到都無所謂。那麼，何不分給那兩位很喜歡酸黃瓜的，一人拿兩條，不喜歡的那兩位就不要分任何酸黃瓜？我們可以用下面的方式來呈現。

(A)

$$A = 2條酸黃瓜 = 2單位的快樂$$
$$B = 2條酸黃瓜 = 2單位的快樂$$
$$C = 1條酸黃瓜 = 1單位的快樂$$
$$D = 0條酸黃瓜 = 0單位的快樂$$
$$E = 0條酸黃瓜 = 0單位的快樂$$

總數　3位接受酸黃瓜　5單位的快樂

在這樣的假設下，若是平均分配：

(B)

$$A = 1條酸黃瓜 = 1單位的快樂$$
$$B = 1條酸黃瓜 = 1單位的快樂$$
$$C = 1條酸黃瓜 = 1單位的快樂$$
$$D = 1條酸黃瓜 = 0單位的快樂$$
$$E = 1條酸黃瓜 = 0單位的快樂$$

總數　5位接受酸黃瓜　3單位的快樂

因此，在B的情況下，即便你分給最大多數的人，但卻未創造最大的快樂；然而在A的情況下，你創造了最大的快樂，但卻未分配給多數的人。此中存在著分配正義的問題：也就是所謂公平的問題，以及如何將世界的資源與責任分配出去的問題。只是癥結在於功利主義於決策過程中無法妥善處理，而義務論

者在這方面的處理則似乎較佳。問題產生於以功利主義的合理化來捍衛資本主義，而資本主義也被主張是創造人類有歷史以來最高生活水準的經濟系統。這或許是正確的，但我們很快就能回答出，即便產生最大多數的資源，但有的人能拿到比較多，有的人拿得較少甚或沒有。因此，對於資本主義的批評主張或許資本主義創造了有史以來最多的資源，但卻未能公平地將這些資源分配予最大多數的人。所以，功利主義留給我們這樣一個問題：「我們該如何公平地分配這些資源？」

功利主義的另一個兩難在於決定什麼東西可以算是益處。當我們討論到人類滿足感的問題時，將會對比我們所需要的益處，與我們所渴求，就如同我們先前所提到的問題點。John Stuart Mill與他的導師Jeremy Bentham都是享樂主義者，他們視益處等同於快樂，而快樂等同於喜悅。但享樂主義亦存在許多困難。哲學家通常將資源視為我們渴望或是追求的目標。一般來說，他們將資源區分為兩類：內在的與外在的資源。

一個內在的資源是因為其自身所具備的利益而使其被人們渴求或嚮往，然而，一個外在或是工具性的資源其之所以好，是因為它能導致或能作為一個幫助得到另一項資源的工具。快樂很明顯地，就是一個內在的資源。我們可以透過以下的例子來說明。當某人問說：「你為什麼要錢呢？」你可以回答：「因為那可以為我帶來快樂。」但若是繼續問你為什麼要快樂，你會沒有辦法回答這個問題。

Mill認為快樂就是一種內在的資源。其他人則認為像是自由或知識等，也是內在的資源。有些人則聲稱內在的資源具有多元性。多元論者（pluralists）認為有許多種不同的內在資源；快樂主義者（eudaimonists）認為所謂幸福這種快樂才是唯一的內在資產；最後，享樂主義者則認為快樂是與喜悅相同的東西。另外有一些經濟學家認為快樂應視個人需求偏好來決定，因此無法客觀定義。

然而，這樣的認知便充滿疑難、不確定，就是因為我所偏好的，並非總是對我比較好，或者可以滿足我的，也並不總是對我好。因此，一個人會如此問功利主義者：「你們所推崇的行動，是真的對人們有幫助，還是只是看起來好像對人們有用？」假若在商業與經濟的環境下，資源的概念是落實於支持個人的偏好，那麼資源就會是由需求來認定。但這樣是假設人們所偏好（想要）

的東西，就是他們所需要（對他們好）的。我們認為這樣的假設是沒有根據的。舉例來說，資本主義之所以被捍衛，是因為其創造了有史以來最高的生活水準。但其他人則批評，這樣的高生活水準不必然是好的事情。要求每個使用成本－效益分析方法的人，都能認清什麼東西要算為成本、什麼東西要算為效益，是一件困難的事。

處理評價的會計人員，對於計算價值的問題自然是特別敏感。而功利主義方法基本上能夠吸引會計人員，是因為他們有使用成本－效益原則的傾向。但這樣的情況會讓那些會計人員戒慎恐懼，因為他們十分了解判斷事物價值是沒有清楚規則的這項問題。於是，功利主義者與其他道德理論者需要來決定什麼事情是好的，但這樣的決定通常會導致道德上的爭議，因為有時對一個人好的事情，可能是另外一人的毒藥。

功利主義更進一步的窘境在於未來預測的問題。若要透過結果來決定一件事情的好壞對錯，這意味著我們要著眼未來並預測將要發生的事。坐望窗外陰鬱的天空，氣象預報人員卻說今天會是個晴朗的好天氣，這不就提醒著我們預測是多麼具風險又無力的事。無法有效預測，將帶來許多問題。功利主義者該怎麼做那些他們認為是好的事，他們又該怎麼做那些他們確實知道是好的事，以及他們如何能知道？常常我們想應該是好的事，但最後卻是差的結果，或是一個預料之外的結果。這就是經濟學家所說的「外部性效果」，就是這些活動中可能包含令人不開心且不可預測的副作用。

在這些問題之後，仍有一個是諸多功利主義的批評者認為是更為嚴重的，就是所謂不正當手段的問題。未達目的，不擇手段之立場，造成功利主義者遭人譴責、異議。先前所提及對銀行不實表達資產價值的例子，就是很典型的代表。即便我們說明這樣的不實表達不會造成損害，因為公司能夠存活，銀行自然也不會受害，來合理化不實表達的行為，但這仍是欺騙。在歷史上充斥了許多為了獲取所希望的結果，所採取的行動卻是不道德的例子。假設我可以救活一百個人的性命，只要殺掉三個無辜的小孩即可。我該這麼做嗎？一百個人的生命被拯救後所帶來的快樂，似乎比三個小孩被犧牲所帶來的痛苦更為重要。但我們普遍的道德情操會對此項做法感到義憤填膺，因為這些情操告訴我們奪

走三條無辜的小生命是不道德的。假若我贏得訴訟，藉由讓一個無辜的人背負罪名；假若我虛報應收款，來圖利我的公司；假若洛克希德公司（Lockheed）藉由對日本政府官僚行賄，好讓其員工能繼續工作；假若我能讓我的工廠運作，並給予一百個人工作機會，只是欺騙了政府的監督者；假若我能透過維持奴隸制度，讓美國南方的經濟狀況良好。這些行動（手段）皆被視為是不道德的，儘管帶來了好的結果（目標）。功利主義者藉由提出這些好的結果，以合理化這些手段，但卻被譴責為其未能達到倫理標準中的重要部分，事實是這些行動在原則上就已經是錯誤的，更遑論所帶來的結果。

　　哲學家W. D. Ross提出了一項反對功利主義的重要論點，他稱為「本質缺陷」（essential defect）：

　　　　功利主義的本質缺陷在於其忽略了應公正對待他人。假若唯一的責任在於創造出最大的資源，而誰能擁有這資源？是否是我自己，或是我的恩人，或是一個我承諾給予資源的人，或是一個跟我沒什麼關係的人。事實上，這種忽略資源分配的情況是一個相當大的問題。

　　Ross提醒了我們，由於特殊的關係，以及我們考量道德的程度，決定了加在我們身上的責任。假若你對於欺騙銀行感到很不自在，這是因為你身為一個會計人員，你有責任表達公司真實財務狀況，而這是一個會計人員應做的事。

　　Ross堅持主張每個行動中都要有所謂道德的考量，而此考量會在不管結果的情況下，限制或禁止該行動本身。這就是所謂義務論者。義務論者（deontologist）這個字源於希臘字「deontos」，其意為「什麼是應當做的」。有時亦翻譯作「道義」與「責任」。最早的義務論者就是十八世紀的哲學家，康德（Immanuel Kant）。

康德與義務論

　　康德先於邊沁（Bentham）與Mill，故他並未直接面對他們二位所提出的功

利主義。尚且，假若我們應用康德的原則於功利主義，他可能會說作為一種理論那可能會造成誤導，因為這無法考量到道德行為的特徵，也就是道德動機。康德稱此項動機為「責任」。我們可稱之為「道德義務的意識」，而與之相反的是「傾向」與「渴望」。對於康德來說，若是你的行為僅僅導因於你的偏好或渴望，那麼你並非總是以道德來行事。無疑問地，你的行為就好似非人類的動物一般。對於康德而言，能在道德的水準下行事，是人類獨有的能力，這是超越動物的本能、天性與傾向，這也是人類特別的地方。有道德的加身，也賦予人類崇高的精神與權利。

　　康德如何建構此觀點呢？讓我們以蜘蛛與海狸來對比與比較人類的行為模式。蜘蛛結網，所求為何？這是由於蜘蛛的「天性」與「傾向」。大自然讓蜘蛛有這樣的能力，若是牠不織網，就無法存活下去。海狸會咀嚼樹木並建造水壩，這又是為何？這是大自然賦予海狸的能力。我們注意到，若是蜘蛛不願意結網，海狸不願啃咬樹木，這會是多麼荒謬的事？牠們沒有選擇，牠們並非自由於外。大自然讓牠們有此行為傾向，且結果必會如此做。

　　根據康德的觀點，人類也是有傾向的存在。他們有傾向去追求他們所想要的。他們對於事物有心理上的習性，且有追求目標的傾向。但他們有兩項能力是其他動物所沒有的。第一是有能力選擇多種方法來達成目標，第二則在於能不受制於那些目標或是傾向，而能以更高階的動機來行事。

　　能夠於達成目標的方法中做選擇，讓人類與其他動物些許不同，但不是太多。海狸對於食物與遮蔽有所偏好，但這是因為大自然的建構，讓牠有此天性能夠藉由咀嚼樹皮與搭建水壩來達到牠的偏好。人類即便對於食物與住所有相同的偏好，但可以選擇不同的方式來達到目的；他們可以建造單坡簷屋、挖洞穴、搭建房屋、漁獵、種植農作物等。他們對於滿足需求有很多不同的選擇。而在於人類與其他動物間所存在的第二項差異，也就是人類能夠因為責任、義務而反抗他們的偏好，這點是康德認為特別重要的部分。

一、義務道德

　　人類由於某些理由，而問出了以下的問題：「什麼是一個人應該要做

的？」但這個問題可以從兩種形式來看。假若我們對滿足自身的偏好有興趣，那這個問題將被限制為：「如果我想要滿足我的偏好，什麼是我應該要做的？」然而，有時問題並不是在於想滿足我們的偏好，而是要履行我們的責任與義務。那問題就會修改為：「不論在各種情況下，我都應該做好什麼？」而這個答案就會成為一個規則，康德稱此規則為命令式（imperatives）。對於他來說，關於一個人應該要做什麼的判斷，都是命令的或強制的。我們先前曾提過所謂的道德義務，我們稱有條件狀況下的義務為假言命令（hypothetical imperatives），而沒有條件限制的狀況為絕對命令（categorical imperatives）。

若是我在三樓的教室，且我想要到隔壁大樓的自助餐館，那我應該做什麼？我可以從窗戶跳過去，可能會摔斷我的腿，但不這麼做，又沒法進到自助餐館。這樣的行動，對於康德來說，就是魯莽。謹慎的做法應該是搭電梯到樓下，再走到隔壁大樓。

人類，不像其他的動物，可以選擇謹慎也可以選擇魯莽，因為他們可以選擇要以有效率或是無效率的方法來達成他們的偏好。但是基本來說，撇除人類能夠選擇，而其他動物只有天性的這個事實，人類與動物同樣致力於達成他們的偏好，兩者之間是沒有存在太多差異。對於康德，假若我們為了企業好而具備道德觀，那我們不會有適切的道德考量。注意到Mill與功利主義只處理假設必須履行的義務（例如，你想讓最大多數的人獲得最大多數的利益，那就做X）。但Mill無法回答以下兩個問題：第一：「為什麼一個人想要他人的好處是多於他自己？」以及第二：「任何人對於他們行為的動機，有什麼樣的差異？」就後者所考量的，其中確實存在差異。假若一個人之所以捐贈是為了能節稅，那這不是個良好動機，因為幫助需要幫助的人本就是一項責任。所以，除非一個人不以他的責任為行事準則，不然每個人都不會置倫理考量於身外來行事。

因此，假若你正做著某件事僅是為了滿足你的渴望，那你不會置倫理考量於身外來行事。秉著道德觀來做某件事，就是因為那是件該做的事，而做它也正是你的責任。於是，對於康德來說，若是你做某件事是有利於你的企業，這僅是為了改善你的企業，你並非做錯事，只是你沒有從道德動機的角度來行事罷了。這些屬於你的道德義務，就是所謂的必須履行的責任。這必須履行的責任就只是說：「做X。」沒有任何理由。假若你問：「為什麼要做X？」答案則

為因為那是你的責任。但要注意的是，這不是一個非常有效的答案，因為責任是一個人應該要去做的事。因此我們會問：「一個人的責任是什麼？」康德提供了幾項公式來幫助我們決定一個人的責任究竟包含了什麼，我們將檢視其中的兩項。

二、第一絕對命令

第一絕對命令為：讓你的行為如同你的座右銘而成為通用的原則。假設你向你的朋友借了些錢，當償還的時間到了，你卻沒錢還。即便你的朋友需要這些錢，但你卻決定不還錢。因為你不想自找麻煩從銀行借錢，且你曉得你的朋友並不會對你施壓。對於不還錢的理由，是因為不方便償還。所以，你的行動就會變成：「不要還債，如果不方便這麼做。」

現在我們讓這個座右銘變成一個普世通用的準則，假若每個人不守承諾是因為不方便的原因，那會怎麼樣呢？那麼，第一件會發生的事，就是這個世界會一團混亂。之所以做承諾就是要保證會做到，即便事情是很棘手的。但這樣的結果造成人們彼此不再信任，而社會也是一團糟。但要注意的是，我們這樣是從結果來判斷好壞，並假設社會混亂是不利的。那這樣會不會只是一個比較複雜的功利主義而已？所以康德需要在更進一步，他了解到不還債與不遵守承諾所導致的結果是人們不在願意借錢給他人與接受承諾，但是否是因為結果是不利的，抑或這根本不是決定要素。

絕對命令會對你施壓，讓你的行為如同你的座右銘而成為通用的原則。對於康德，這股意志是實際的理由，你無法不遵守承諾，並不是因為不遵守承諾所帶來的不良後果，而是不遵守承諾會讓你陷入意志矛盾的窘況。當你想吃你的蛋糕，但只能一直拿在手上，未將蛋糕放入口中，這就是所謂的意志矛盾。在打破承諾的例子中，你想要打破承諾。但假若你不信守承諾，就沒有人會要相信他人，也不會有人對他人做出承諾，因為做出承諾的先決條件就是信任。要想打破承諾你又必將做出承諾，這是個矛盾的情況。這樣的矛盾情況也適用於諸如偷竊、說謊、作弊、通姦等其他我們視為不道德的事。這些行為唯一能運作的情況就是假若其他人的行為並未像你一樣，但這會變成雙重標準。

　　要讓企業能正常運作，信任的風氣是不可少的。但要破壞承諾的前提是他人乖乖遵守承諾，因為如果他們也破壞承諾，那做出承諾就根本不可能會發生。但要其他人的行動與你不一樣，就是要讓你自己成為特例。我們應摒除自我中心的觀點。我們看待自己就如同看待他人一般，而這也是正義標準的基礎，也就是相同的人、事、物都要被公平對待。

三、第二絕對命令

　　康德並未止於第一絕對命令，他繼續發展另外一項。不像其他動物是受制於大自然所賦予的天性，人類是可以超越這樣的限制的。人類可以自己設立計畫；他們是自由或是具自主權的。因為如此，康德稱人類為可決定自己的結果。他們就是決定他們道德生活的人－人類是自主、自我管理的。最後，他們是特別的，因此康德相信存在另外一項公式：我們不應該視他人僅為一項利用的工具。

　　基於這樣的觀點，每個人在道德上都是平等的，且應當以尊重、有尊嚴的方式對待。他們的權利都該被尊重，且沒有一個人應該被視為一種工具，專為帶來對他人有利的結果。這是義務論對功利主義所做的批評，利用或是剝削他人以讓這個社會更好並非是可以被合理化的。因此，Jean Valjean不應該利用遊民，雇主也不應該利用員工。我們稱此為「剝削、壓榨」。欺騙顧客是一種能創造銷售與圖利自己的方法，但這是錯誤的廣告方法。造假帳簿以取得銀行貸款，亦是利用銀行，這是破壞合約的行為。此項絕對命令突顯了奴隸制與性別歧視的問題。對人的剝削就好比是讓人類失去人性，從一個活生生的人變成東西或者是工具。對於員工、顧客以及其他的利害關係人在這方面考量下是會產生爭論的。但企業沒有權利以利益的名義來利用利害關係人。他們必須尊重顧客、員工以及其他人的權利以及自主性。因此，對於正義、公平、尊嚴以及權利的考量所生的道德理由往往是義務論的靈感來源。

　　義務論也存在一些缺點。第一點是對義務論的批評者。他們想知道為什麼一個人要執行沒有辦法讓他高興的義務。為何一定要符合倫理道德？他們質疑在康德的義務論立場之下，存在一個信念，就是一個人會具備倫理是因為他的

品德會受人讚揚。但如果真是如此,那義務論就會被降為利己主義或只是為了功利主義的理由。

除此之外,仍存在一個問題,就是當義務間存有衝突時,該如何做呢?W. D. Ross,我們先前所提到的當代義務論者,認為我們某些責任或義務乍看之下是存在的,我們都能滿足這些責任,除非他們彼此間發生衝突。這些責任包括了堅守承諾、表達感激,做好事且不做有害之事。Ross主張,若是這些義務、責任彼此間發生衝突,我們必須決定什麼是真正的責任。但我們的判斷標準為何?舉例來說,假設你對你的朋友承諾,下次他來鎮上找你時,你會與他來段長時間的談心。也假設你對你的孩子承諾你要在星期三帶他去看場球賽,但你的朋友卻在週二晚上來電,說他將在星期三到鎮上來做短暫的停留,但這短暫的時間卻是與球賽時間相衝突。當然,你或許可以避免掉這樣的義務衝突。但若是假設你有很強烈的理由必須要遵守這些承諾,只是你卻無法同時做到,你該如何做決定呢?諷刺的是,你還是透過衡量結果的輕重來做決定,若是你選擇會造成較輕傷害的結果,換言之,你仍是以功利主義的理由來解決問題。常常一個人對於正義的要求會與另一個人對於自由的要求相衝突。我們應當要對所有人提供自由與正義,但問題是這不是簡單說說就能做到。功利主義堅持,在這樣權利衝突的情況下,唯一的解決方法就是考量各項行動的結果。故他們堅持義務論者遲早也是要優先去考量結果。

對於康德第二絕對命令的反對理由,有時也會出現。「僅」作為一種工具的確切意義為何?我們很常利用其他人。學生利用老師;老師也利用學生。我們利用從我們這邊買東西的人,假若我們只要從他們身上賺錢而已。有些關係是被定義為利用,但若是這些僅作為「被利用」的人,卻是願意讓他人利用,那這樣的情況又為何呢?如果一個員工簽下某些服務合約,那他是不是就能被剝削呢?這樣的錯誤在於康德對於「利用」的概念未說明清楚。一個人去利用他人也就是另一個人被剝削。

品 德

在我們對功利主義與義務論檢視之後，我們將焦點轉向另一項道德的觀點。此觀點在近年來被稱為品德的倫理規範或是名譽聲望（character）。它指出了一個應該做什麼問題，而非一個要成為什麼樣的人的問題。什麼樣的品德是一個人應該要尋求的？一個好的企業家要具備什麼？一個好的人又該具備什麼？這些東西是否都相同或一致的？誠實的美德是否是一個企業家需要具備的？

品德（virtue）這個字是源自於拉丁文virtus，意指為「力量」或「能力」，且virtus被用來翻譯為希臘文中的arete，意指為「卓越的」。對於古希臘的哲學家來說，尤其是亞里斯多德（Aristotle），所謂好的生活，也就是幸福的生活，就是一個人的作為是與他卓越的能力相一致：與品德一致的活動。

亞里斯多德和他的導師柏拉圖介紹了一種我們可以遵循的模式。每一件事物，都應該發揮它的潛力；也就是說要物盡其用。而這個潛力就是能夠決定最後結果以及目標。就像一把刀的目的在於切東西，若是切得好，就是把好刀。若人們可以完成他們的所想要的結果或目標，那這樣就是好的。

一個會計人員是否卓越，在於他是否可以盡其所能地忠實表達。但是因為他不只是會計人員，他還有其他目標，這些目標可能需要某些相同、相異或是衝突的美德。這些會計人員所須具備或應運用的美德就成為一個很重要的問題。舉例來說，忠誠常常被視為一種美德，但它是否與審計實務一致？若是這些衝突可以被化解，那麼就能明白這個問題所在。

我們以上所簡短列示的道德理論可應用於我們所要處理的議題之中，可以讓會計人員嚴謹評估他們的各式實務。會計人員應當要對他人有利，並避免傷害他人。會計人員應該實踐他的責任，因為這是他們所承諾的。會計人員不應該剝削他人。最後，會計人員應該要具備的美德，譬如以正直、誠實的態度來行事。

一個人可以從多方面來看待此理論，如提供準則以解決道德議題，或是能對我們說明重要的原則於人們道德決策的過程。然而大部分的人通常無法仔細

思索這些原則。他們是隨著自己感受、直覺或意志，或許他們只是隨著日常的習性。而這些原則能提供我們作為分析並評估這些感受與直覺。接下來，我們將把議題轉移到會計的專業以及會計人員的職業道德規範。

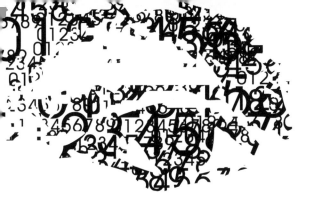

第四章

會 計 專 業

　　於美國二十世紀中葉，當會計的相關訓練尋求其專業地位之際，會計師教育與經驗準則委員會發布一份報告書，其上列示了七項所謂專業所應具備的特點：

　　1.具專業知識。

　　2.具認可的正式教育歷程。

　　3.具專業人員資格檢定的標準。

　　4.執業人員與客戶、同業及大眾的關係合乎行為準則。

　　5.清楚認知周遭情況。

　　6.認同追求大眾利益的社會責任。

　　7.致力提升社會發展之義務。

　　對於會計這門學科，前二項特點是無庸置疑的。會計是一複雜的知識領域，要成為一位具備專門學識的專家，是需要經過努力的研讀與正式的訓練。要成為一註冊會計師（Certified Public Accountant），通常需要有會計的學士學歷，並通過嚴苛的會計師考試。而一個人要想維持會計師的身分，亦要透過不斷進修以跟上最新發展的腳步。

　　就第三項而言，會計專業也與其他團體一般，都是從專業角度來對大眾提供服務。醫師、律師、教師、工程師以及其他人員，都是來自一個團體，視自己為一專業人員來盡心服務他們的客戶或是病人。這些專業團體一般來說會衡量什麼樣的人有資格成為該團體的會員，透過有無符合專業要求來作為衡量標準。但要在該團體中維持成員的身分，也是會被要求要遵守該團體的行為準則，這些準則不外包括要替客戶追求最大利益的要求。唯有符合資格規定，才被允許加入該專業團體中，但只要有人無法遵守該專業團體的準則，則其會員資格就會被取消。

　　所以，規範第四點與第六點也相當有趣。第四項指出一個專業人員需要「執業人員與客戶、同業及大眾的關係合乎行為準則」，且第六項亦指出對於「認同追求大眾利益的社會責任」的需求。但是，對於執業人員與客戶、同業及大眾關係的行為準則中，哪些規範應該納入其中？應該要怎麼規範？而專業

人員在面對其每一客戶，又該怎麼做？

　　在有關何謂專業主要的道德規範其最佳分析內，其中有一個是由美國大學創辦者Solomon Huebner所做的分析。Huebner創辦大學的原因是為了能對保險業務人員提供更高階的教育，他本身也很關切保險業務人員轉型為專業代理人的議題。在1915年，也就是他成立大學的七年前，於保誠人壽（Baltimore Life）與紐約人壽（New York Life Underwriters）的年度會議上發表演說。在此演說中，他詳細解釋了他對專業人員究竟為何，以及如何能成為一位專業人員的看法：

1. 所謂專業是一有用與崇高的天職，能激發起既存於從業人員內心的喜愛與熱忱。
2. 專業人員於實務中需要相關專家知識。
3. 從業人員在應用專業知識的同時，應該要摒除嚴格自我營利（strictly selfish commercial view）的觀點，並隨時將客戶利益存於心中。
4. 從業人員對於其他同業應保持忠誠之心，對於所聲稱在同一陣線夥伴亦要有協助之心，且不允許任何會讓整個專業蒙羞的非專業行為發生。

　　假若我們應用Huebner的標準於會計專業之中，由於現代組織是無法摒除會計而運行，所以顯而易見的是，會計是有用的。那崇高呢？美國會計師公會的道德準則中就指出：「在會計專業中所面對的大眾，包含客戶、債權人、政府、雇員、投資人、商業與財務團體，及其他仰賴會計師的客觀與正直，以維繫有秩序的商業運作。」而會計對整體商業能有秩序地運作所做出的貢獻，即是其有用與崇高之所在。

　　由Huebner所提出專業人員的特點中，最有趣的莫過於第三點，此點提供了一項指示，決定了規範會計人員的行為準則以及會計這項職業與生具備的社會責任。Huebner所列示的特點要求了專業人員要「摒除嚴格自我營利的觀點，並隨時將客戶利益存於心中」。如我們所見，此項要求之所以重要，是因為專業主義所具備的信念是由許多將道德觀帶入商業環境中的團體所運用。當一個執行其專業，並以其專業接受委任的同時，也相對承擔應有的道德責任。如同會

計師的教育與經驗準則委員會所指出，作為該專業的成員，即受其行為準則的管理，亦即規範從業人員與客戶、同業與大眾的關係，以及接受所謂既存於職業中要為大眾追求利益的社會責任。簡言之，要成為一位專業人員，就要接受必須放棄追求嚴格自我營利念頭的社會責任。

但何謂嚴格的自我營利觀點？此種觀點即是那些只關心賺錢與增進利益的商業所抱持的。此觀點亦由那些自由市場擁護者所護持，某些經濟學者也給予回應，諸如Milton Friedman及其他強調「商業的主要與唯一的責任就是增進利益」。

如此的觀點曲解了亞當斯密（Adam Smith），這位資本與自由市場經濟之父的立場。如我們先前所述，亞當斯密，這位18世紀的經濟哲學家，在他的《國富論》（*Wealth of Nations*）一書中，以理論、證據說服經濟學者，即一個讓人們追求自身利益的系統，可以帶來許多好處，此也成為資本與自由市場系統的理論基礎與合理化的理由。但亞當斯密並未採用「嚴格營利觀點」作為其堅持追求個人利益要受到合理性與公平性考量的限制之理由。「每個人皆有完整的自由去追求自身的利益、自己的方式，以及將事業與資本二者帶入與他人的競爭之中，只要他沒有違背正義的常規。」有些時候，正義會要求當為了其他人而必須犧牲某些人利益的同時，需要受到道德上的限制。而在這些時候，最重要也最須被注意的是，一個人要符合身為一專業人員的義務，就是要為客戶追求最大的利益。

這「嚴格的自我營利觀點」鼓勵不受限的自我利益追求－此種追求無可避免地將導致自私。如同我們在上一章對自利主義所做的討論，在英語中分別使用兩個不同的字，自利（self-interest）與自私（selfishness），來區分兩種不同的行為。一者的行為可被完整接受（自利行為），另一者就道德而言則是不適切的（自私行為）。《新約聖經》很有智慧地規定我們要對待我們的同胞如同對待自己一般，而這也同時提醒我們假若我們沒有健康的自愛與自利之態度，將會讓我們做出對同胞以及我們自己不利、有害之事。然而，若是我們為了追求自身利益卻選擇犧牲他人，則我們做出的是不道德的行為。在一個以道德為基準的世界中，有些時候人們有需要為了他人或團體，而犧牲自己的利益——即需要放棄「嚴格的自我營利觀點」。

　　甚者，一個人可以主張說，應當放棄嚴格的自我營利觀點這件事是很明確的，由於這是個專門的知識。不管是什麼時候，只要有一項專業知識的形成是為了提供服務給其他人，此中將產生知識不對等的情況，因而造成力量的不對稱，這也同時引起依賴關係（也就是說，一個人將會需要依賴另一人所提供之建議，因為他們本身缺乏相關知識）。當如此知識不對等的情況存在時，會產生一個人可以濫用其力量且從其他人身上獲得好處的潛在情形（舉例來說，一個醫生可以推薦一個病人一套對其沒有助益的療程，但卻可以對醫生帶來額外報酬。而病人在此案例中，卻會選擇接受醫生的建議，因為他本身不具備醫生所擁有的醫療知識）。我們社會的道德觀則堅持當一個具高階知識的地位，也同時有義務不去濫用該知識，或是將知識用於不了解的人身上，來獲取不公允的利益。因此，專業人員有義務放棄其嚴格的營利觀點，並遵循道德直覺。

　　從以上的觀點可得知，作為一個會計專業人員有三項義務：⑴具備足夠、適切的能力，且知悉會計藝術與會計科學；⑵為客戶尋求最大的利益，避免想從客戶身上揩油；⑶為大眾利益服務。

　　我們可在美國會計師職業道德規範中明確看到以上之責任，這些責任是從屬於會計師個人，包括所必備知識的獲取與維持來開始列示。

　　　　足夠與適切的能力是由教育與經驗所合成而來。要有資格成為會計師，首先就要對整個知識體有通盤的了解。要能維持足夠且適切的能力，則要在整個職業生涯中不斷學習，並做專業上的改進。這是一個成員其個體之責任。在所有的契約與責任中，每一個成員都應該要擔保其可以達到最高水準的足夠且適切之能力，以確保成員所提供之服務能符合這些規範（Principles）所要求之專業最高水準。

　　對於第二項義務，不只會計人員有此義務，亦適用至所有專業人員，也就是要為客戶尋求最大利益。會計人員是被聘用來為客戶提供服務，就因為會計人員的工作是由客戶所提供，會計人員自然而然要為客戶追求最大利益，此為不必明述的事實。如同規範所表述：「專業所具備的特徵即在於其接受了對大眾的責任……此中也包括客戶。」

在規範的同一段落之中，也注意到一項對於會計人員是相當有趣，但又常被忽略的義務，就是對於大眾的責任。

> 能成為一項專業的重要特徵在於其認同大眾的責任。而會計專業所面對的大眾，包含了客戶、信用委託人、政府、雇主、投資人、商業與金融體系，以及倚賴註冊會計師的客觀與正直來維繫正常交易功能之人。這樣對於會計師的倚賴，遂賦予大眾利益責任於註冊會計師身上。而所謂的大眾利益責任，則是指大眾公共利益的聚合以及專業人員所提供的制度。

因此，會計人員須認同「其職業有追求大眾利益的社會責任」。會計人員身為一專業工作者，在他的工作中，先天就具備此社會責任。關注此項責任是很重要的，因為如上所提之會計的目的，就是要「維繫有秩序的商業運作」。此外，大眾利益也是值得注意，其被定義為「大眾公共利益的聚合以及專業人員所提供的制度」，此點看起來似乎比較像是屬於「利害關係人」間的利益。這樣的觀點也既存於現今許多商業道德的文獻之中。以Arthur Andersen在安隆弊案中所扮演的角色來看，不管真正的事實為何，其中很重要的是，Arthur Andersen有責任要尋求公眾的利益，並保護自由市場機制的正直性。

這也引領我們到專業人員的最後一項特點，「具相關組織致力於團體社會責任義務之發展」。美國會計師協會以及其他國家的專業組織，就是從事此相關事物的團體。美國會計師協會有如此重責要致力於團體社會責任義務的發展，因為此但書強制美國會計師協會要宣揚鼓吹促進此項會計人員應對一般大眾負起的義務。假若會計人員同時對客戶提供審計與顧問服務，將使其無法有效保持客觀的立場，故美國會計師協會有責任促使會計人員能符合其應盡之義務。

會計人員對不同的團體負責－客戶、同業與大眾－但無可避免地將面對來自這些不同團體的壓力。然要如何處理這些壓力呢？道德準則如此建議，「當欲解決這些衝突，成員須以正直作為行事之準則，以最佳的直覺來滿足其對大眾、客戶與雇主利益之責任。

此段揭示可促使維持道德並饒富趣味的樂觀動機。該動機聲稱在大眾、客戶與雇主的利益間，不會產生重大的衝突。因為只要這麼做，對於大眾、客戶

與雇主的利益都是正確與最佳的行動。因此，假若雇主對管理會計人員予以施壓，要求其要好好「料理帳冊」一番，此會計人員不應該就此噤聲默從，不僅是因為此舉為站在大眾最佳利益的立場，亦是因為這也非為雇主利益著想。假若安隆的會計人員，能積極富有活力地針對其隱而不顯的交易給予更多關注，豈不對安隆整間公司而言，會比弊案後的此情此景來得更佳？簡言之，此規範中存在一些假設，也就是誠實一向是最佳的政策，且具道德情操的公司，總是好的企業。事實上，這也意味著，一個人需要去了解利益究竟是落在何處，儘管某些事情看似站在客戶或雇主的利益上，但假若其未能站在大眾的利益觀點上，此仍是錯誤與誤導的呈現。

當考量會計人員的目的在於維繫有秩序的商業運作，且不屈服於嚴格的自我營利觀點，主張公眾有權力期望會計師應以道德正義來行事，也非難以達成的要求。如同規範中所述：

> 倚賴註冊會計師的人們，也期望會計師能以正直、客觀、專業上應有的注意及服務大眾的純粹利益來履行其義務。會計師被賦予期待，希望能提供有品質的服務、簽訂公費合約、提供一定範圍的服務—這些在某種意義上證實了一定程度的專業，並與專業人員行為準則規範（Principles of the Code of Professional Conduct）一致。

參與像是美國會計師協會的專業團體就等同承諾會遵守該團體所制定的道德準則。當然，該項承諾勢必要予以遵守。如同我們先前對康德（Immanuel Kant）的檢視，無法堅守承諾者，也無法讓他人接受，因為通常會打破承諾，就是為了追求自己的偏好，而未對他人的需求盡專業上應有之注意。此規範特別指出美國會計師協會讓每個欲加入的成員都要承擔應有的道德限制。

> 每一個取得美國會計師協會會員資格的成員，皆承諾以取得大眾信任為榮。為回應公眾對會計師的信任，成員們應不斷證實其對專業美德的奉獻。

專業人員行為準則規範中的原則是哪些呢？我們將在下一章節中來檢視這

些原則與規則。然而，尚有些有趣的問題尚未解決。假使身為專業人員，是需要取得一個組織的成員身分，但如我們所知，並非所以會計人員皆是會計師，也非屬於美國會計師協會，那他們是專業人員嗎？是所有會計人員都是專業人員嗎？假若不是，他們是否也要受限於這些道德義務？

　　所有的會計師都符合成為專業人員的要求似乎是很清楚明白的。他們之所以能允許加入會計師同業公會，就是因為其符合專業人員資格上的要求。這些會計師必須通過嚴格的會計師考試，以表現其是否具備要求的專業知識。這項考試如同一項監視儀器，來看看誰具備足夠且適切的能力進入或持續於會計專業之中。

　　但那些未能取得會計師頭銜的會計人員呢？他們也許確實具備所需要的專業知識，因為其未能通過嚴格的測驗，但由於此測驗是進入像是美國會計師協會等團體的門檻，遂被排除在外。即便他們無法讓這些團體所接受，抑或自己選擇不加入，但他們因具備專業知識，故仍可以為那些因為缺乏專業知識，而陷入不公平待遇的客戶，幫助他們解決處理所遭遇到的麻煩。所以他們與那些具備會計師頭銜的會計人員一樣，都有著相同多的義務。

　　我們認為這些會計人員確實仍受某些準則的支配。就因為這些人非註冊會計師，也非美國會計師協會的成員，亦非屬其他會計專業團體，因此其並未被強制要遵守這些道德準則，但真實的情況並不一定是如此。不同會計領域下的道德準則，經檢視後，提供了絕大多數對於當地情況最佳的判斷，諸如在意見提供者對意見接受者、提供者對倚賴者，或是專業人員對上需要幫助的客戶及一般大眾，揭示在這些情況下應有的道德責任。但是，行為準則並非以道德規範為基準。說得更恰當些，道德規範多少敘明了對整體而言有效的規範，且是大家應該要遵循的。然而，由於能在道德規範中找到這些準則的影子，我們若去檢視這些道德規範，視其是以什麼準則及標準為基礎，這將對我們的釐清很有助益。現在我們就將焦點轉向，來檢視這些準則內容。

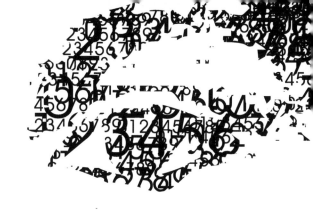

第五章

會計職業道德
規範的精神

　　會計人員的責任就是表達真實及精確的財務狀況，而查核人員的責任就是驗證會計人員所表達的財務狀況並評估是否具備高度的可茲信賴程度。如此一來，會計師便能展現專業上的實力，達成客戶對其工作的期待、為股東的利益提供專業意見。

　　最基本的道德責任，就是無論什麼職業，都要落實並維持應有的職業道德，而提供及證實財務狀況的精確程度就是最基本的會計責任。這個責任內容就是要去查明財務報表上的數字是否屬實。通常會在職務說明書、員工手冊等，對職務內容之執行加以詳細說明。

　　會計這個行業建立了許多的道德規範，像是訂定準則去約束會計人員遵守，在安隆案爆發後，更是嚴格要求會計人員要恪遵相關的法律條文。我們認為這些複雜的規定等同於具有強制力的道德規範。接著則介紹上述所說的道德規範之益處：

1. 規範就是列舉出在做決策規劃時應有的行為，藉由同儕壓力，鼓勵大家一同遵守。
2. 與其採用人的個性或決策結果，來判斷會計人員的作為是否正確，規範更能成為可靠及永久的指標。
3. 規範能提供明確的行為指引，特別是在容易引發爭議的情況。
4. 規範不僅可以作為會計人員行為的指引，還能避免會計人員取得超出職務範圍的權限。
5. 規範能有助於具體說明企業的社會責任。
6. 規範對於企業具有明顯的影響力，因為企業無須再為員工職業道德進行監督機制。

　　除此之外，我們也以會計職業道德規範來驗證上述所說的優點是否屬實。在美國，專門講述會計職業道德規範的著作分別為，美國會計師協會職業道德規範（*The Code of Professional Conduct of the American Institute of Certified Public Accountant*）與管理會計及財務管理人員道德規範準則（*Standards of Ethical Conduct for Practitioners of Management Accounting and Financial Management*）。在英國、

加拿大、德國及澳洲也都有相關著作，但在此我們僅討論美國職業道德規範。

美國會計師協會職業道德規範

美國會計師協會（AICPA）所制定的職業道德規範的內容包含兩大部分，一部分是探討規範訂定的原則（principles），另一部分是規範的規則（rules）。訂立規範的主要目的就是作為會員行為的基本圭臬，並確立條文的制定方向。美國會計師協會的委員會除了解釋條文及提供實務指引（technical standards）等，並將特殊情況歸納到道德裁決（ethical rulings）的案例，使其也可應用於一般狀況。

美國職業道德規範的制定，起源是為了提供美國會計師協會的會員（如會計事務所、一般行業、政府機關、學校等）在會計專業上的評估標準，委員會才開始著手思考規範的目的及適用範圍，並在前言裡明文表示此規範是提供所有會員在執行工作時應維持的基本道德原則。

道德規範中，具體指明會員應對下列對象負起道德責任，分別是報表使用者、雇主及同業人員。一般專業人員，像是律師或是醫師，主要是對客戶或病人負起道德責任，然而，對會員來說，報表使用者是最重要的。我們從過去幾年的查核案件中發現，公司雖然是查核人員的雇主，但查核人員的首要報導對象卻是報表使用者，這顯示一個特別的情況，也就是查核人員並非只為僱用他們工作的人而工作。因此，對於會員的各種責任及伴隨而來的義務都有必要加以明確辨認，而美國職業道德規範所訂定的條款則有助於辨認查核人員的責任及義務。為此，我們將於下節介紹訂定職業道德規範的精神，這將是本章節的重點。

職業道德規範原則

道德規範的原則，是會員對報表使用者、雇主及同業人員負有道德責任的

表彰，即使犧牲個人利益也要秉持的基本原則。接著我們將介紹美國職業道德規範的基本原則包含哪些：

1. 會員在執行會計師業務時，應在參與各項活動中，保持睿智的專業及審慎地執行道德判斷，以負其專業責任。
2. 會員應承擔服務公眾、獲取公眾信任並履行專業承諾之責任。
3. 為維護及提升公眾之信任，會員在執行會計師業務時，必須保持高度正直的態度。
4. 會員應維持本身的客觀性及避免利益衝突。特別是在事務所服務之會員，執行查核工作或其他簽證服務時，更應具備實質及形式上的獨立性。
5. 會員應盡其所能地遵守相關專業技術及道德準則，並努力提升專業能力及服務品質。
6. 在事務所服務之會員恪遵職業道德規範所制定的原則，決定提供服務的性質及範圍。

上述的基本原則所強調的重點不外乎會員的專業能力、正直、客觀性及獨立性，亦包含希望會員能持續進修，擴大專業領域。每一條原則其實包含了許多細節要點，以下我們將分別深入探討這六大基本原則。

原則一、責任（responsibilities）

「會員在執行會計師業務時，應在參與各項活動中，保持睿智的專業及審慎地執行道德判斷，以負其專業責任。」

此原則簡要地闡明，在執行會計師業務時，對所有活動應審慎地做專業上及道德上的判斷。此原則的解釋如下：

「身為專業人士，執業會計師在社會上扮演著不可或缺的角色，如同美國會計師協會的會員也必須對尋求會計相關服務的人（或企業）負有道德責

任。此外，會員間也應相互交流以增進查核技巧，讓公眾對執業會計師保有高度的信賴，也能落實會計師事務所內部的自治管理，並提高查核工作的品質。」

上述文字充分傳達出本原則的意義，因此社會大眾也開始注意起執業會計師的工作。前面第二章談論到，在健全的自由市場體制下會計的重要性，因此顯示出舉凡對任何會計相關服務有需求的人都是會計師應負責任的對象。在此，我們也發現一個特殊的現象，那就是大部分的專業人士主要的負責對象就是他們的雇主，但對查核人員來說，他們所報導的財務狀況是報表使用者經營、投資公司的主要依據，在金融市場上是非常具有影響力的。也因為他們的服務對象擴及任何報表使用者，查核人員的首要負責對象並不是他們的雇主。舉例來說，安隆雖然僱用Arthur Andersen事務所進行財務報表的查核工作，但查核人員並非僅為安隆工作，而是為安隆的報表使用者執行查核工作。

上述的解釋也指出，查核人員間應彼此合作才能維持會計專業上的正直性。我們可以從講述道德規範精神的字裡行間中發現，會員的責任來自於專業本身。特別的是，上述的解釋段提出三大議題：(1)增進查核技巧；(2)維持公眾對會計從業人員的信心；(3)落實會計師業的自律責任，當我們在解說條文時，會再提到這三方面的詳實細節。另外，多年前制定的會計準則也被抨擊，認為不足以因應日漸複雜的交易模式，不適用的情況愈來愈明顯，特別是當公司破產時，會使查核人員報導的財務狀況之真實性受到質疑，這也就是上述有關自治管理議題的來由，而目前實施的同業評鑑也是用以解決上述的問題。

為了解決上述提及的道德問題，此原則規範會員必須謹慎地執行道德判斷。這裡所說的道德判斷係指會員必須依據我們在第二章所討論的種種原因以驗證他（她）所做的查核工作。在判斷的過程中，會員應完全拋開私人利益來考量各項查核程序所產生的利潤及損失、是否能公正地執行會計師業務、能否遵守職業道德規範之原則等，如同人們所說的「己所不欲，勿施於人」。

原則二、公眾利益（serve the public interest）

「會員應承擔服務公眾、獲取公眾信任並履行專業承諾之責任。」

在職業道德規範中，指出會計師業與其他專門職業不同在於服務公眾的責任。之前我們有提及律師、醫師所負責對象僅止於客戶、病人，甚至可以說是抱著顧客至上的心態來提供他們的服務，他們認為道德責任不過是較高的道德標準，舉例來說，一個律師是不能向謊言妥協的，但這與他們服務客戶的宗旨是有所出入的。對會計師而言，服務公眾的責任，就是揭露財務報表的正確性及真實性。但這也產生一個問題，會計從業人員並非都是會計師，他們需要對公眾負有道德責任嗎？答案是肯定的。但當會計師所承接的案子，像是提供稅務管理或是內部稽核等是依公司體制不同所做的個別規劃，是否也要負起對公眾的道德責任呢？這個問題我們先暫且保留，最後再來深入探討。

我們不斷地提及公眾利益，這所指的「公眾」是包含哪些人呢？舉凡客戶、銀行、政府機關、合夥人、投資人、金融機構，及任何依賴會計師客觀公正地維護交易資訊之透明度的人都包含在內，這也傳達出此原則的制定基礎是建立在維護交易資訊之透明度上。因為「公眾利益就是集結所有倚賴會計專業的人的福利」，為了達成這個目標，落實道德行為是有必要的。在解釋裡有一段話特別令人注意，那就是「會員在執業時，若面臨社會大眾利益相衝突之壓力時，應隨時保持正直客觀之立場」，如此一來，也能減少客戶與政府或是合夥人與政府之間發生利益衝突的情況。有關「正直」的定義，職業道德規範中也訂立了明確的原則，留待下一節再詳細說明。

然而，會計師落實服務公眾的責任，是否就表示有助於客戶的利益最大化呢？答案是，當客戶無法從銀行貸款獲得資金，那公司也許會瀕臨破產，最壞的情況就是假造財務報表，隱藏真實的財務狀況，那也就無須向銀行貸款。大部分來說，落實道德規範有助於提升企業的體制，因為當會計師說出企業真實的財務狀況，就能讓企業了解哪邊有改進的空間，即使企業不這麼認為。無論這個原則是否能應用於實務，整體來說，它不僅是非常重要的基準原則，也是職業道德規範的核心價值，值得深入探討。這原則也一直為公眾所期盼，希望會計師能公正、客觀地執行查核工作，並盡專業上應有之注意，以提供專業化

的服務。在解釋段的最後提到，凡是自願加入美國會計師協會的會員，都必須
要做到服務公眾、獲取公眾信任及履行專業承諾的責任，而未加入美國會計師
協會的會員則需要另外訂定其他規範來建立他們對公眾的責任。

原則三、正直（integrity）

「為維護及提升公眾之信任，會員在執行會計師業務時，必須保持高
度正直的態度。」

在原則二的解釋段提及，以正直客觀的立場解決來自社會大眾的利益相衝
突之壓力，而原則三就是要具體說明何謂正直。

職業道德規範中提出以下的說明：「正直是執行會計師業務的基本原則，
來自於公眾對會計師業的信賴所衍生出會計師應有的品格特性，因此會員應秉
持此原則來判斷所有的決策……尤其在處理公司的機密資料時，更應以誠實及
公正的態度面對。服務公眾的責任及取得公眾的信任應遠大於個人利益……在
正確與合理的範圍內予以衡量。」

上述的解釋聽起來相當籠統，它提到正直是來自於公眾對會計師業的信
賴，因此會員應秉持此原則來判斷所有的決策等等，但是完全沒有告訴我們到
底什麼是正直。它唯一很明確的指出，虛構客戶的財務狀況或執行工作時忽略
財務報表上的疑點，這就違反了會計師業應有的正直態度，但什麼才算是應有
的正直態度？當然，很明顯的答案就是會計師行為不誠實或不正當就是違反應
有的正直態度。的確，在某些時候，正直就是等同於誠實的意思，但這說法並
不完整，無法為正直的重要性及區間提出合理的解釋。我們再進一步的分析，
正直是一種美德，有人會問說什麼樣的人算是有正直的特性呢？讓我們回想一
下，這個字最開始是出現在數理的運用上，由「整數」（integer）衍生而來。
因此，「正直」在字典裡第一種定義是「性質或狀態上是完整且未分割的」，
也就是完整的意思，用來稱讚人們擁有完整的自己。第二種定義是「企業嚴守
某些道德標準或審美價值」，也就是有道德地堅持做對的事，當然上述的解釋
依然不夠明確。

最近我陪我女兒看了迪士尼版本的小木偶奇遇記，作者以鋪陳的手法啟發

人們對正直的重視，警惕人們不可說謊，將正直解釋成誠實的言行。但誠實並不完全是正直的意思，說謊的行為只能代表這個人不夠正直，卻無法完全解釋正直的真正意義。讓我們回想一下這個故事的內容，有個師傅做了一個木偶，一個會走會跳的木偶，但它僅僅是個木偶，不是真正的小男孩。成為真正的小男孩卻是師傅及小木偶所夢寐以求的，而前提是必須具有道德的品行。然而，小木偶如果具備了所有道德的品行，它就能成為真正的小男孩嗎？

要具備道德品行，首先要知道善惡之分，小木偶沒有什麼善惡觀念，但是小蟋蟀一直在幫助它。也因為如此，小木偶漸漸了解到什麼叫作是非善惡，但了解還不夠，必須要實踐這個道德原則。簡而言之，光是學習還不夠，必須要能潛移默化並實踐在生活上。

故事裡，師傅送小木偶去上學，上學途中遇見了壞貓與狡猾的狐狸，牠們誘使小木偶去參加一場木偶秀，理由是能讓小木偶名聲遠播而聲名大噪。但小木偶隨即發現這些虛榮的假象對它成為一個真正的小男孩沒有任何幫助，但對於劇場主人來說，小木偶是個搖錢樹，不可能輕易讓它離開。後來，在小蟋蟀幫助之下，小木偶順利逃離劇場。離開劇場之後，小木偶又禁不起誘惑進入了歡樂國。在歡樂國裡，可以自由自在的玩耍，不用工作也不用上學，但不幸的是有一天它變成了驢子（因為這歡樂國是壞人設計專門用來引誘貪玩的小孩，好將他們變成驢子出售的），後來也因為小蟋蟀的幫助而再次順利地逃離。歷經這些困境後，小木偶變得睿智並開始學會如何控制自己不要被外在的假象輕易地誘惑，並且跟小蟋蟀一起去拯救因出來尋找小木偶卻被鯨魚吞到肚子裡的師傅。此時的小木偶充滿勇氣與決心，成功地與小蟋蟀將師傅從鯨魚的肚子裡救出來，也因為這勇敢、無私的行為，實踐了正直的真諦，使它真正的成為一個小男孩。

這個故事告訴我們，誠實不過是正直的一部分。人們說謊的原因往往來自於自私的心理，像是為了避免爭執、取得競爭上的優勢等，但正直的人擁有高尚的道德品行，能有智慧地看穿事情的本質而無須以說謊的方式與之妥協。他們能夠以「自律」及「勇氣」來面對事實的真相，並能毫不畏懼地做出適當的裁決。在柏拉圖及亞里斯多德之前的時代，傳統道德理論強調的是正直及完整性。一個人若不具備智慧、正義、耐心與勇氣就是不完整，而只有同時具備這

四種特質才稱得上是正直的人。

　　讓我們將上述的啟示應用在會計師業。追求名聲及滿足慾望並不能使一個人的道德良心被隱蔽，會假造財務狀況的企業就像是未蛻變成真正男孩的小木偶一樣，要真正實踐正直的真諦需要歷經一些轉變的過程。的確，在職業道德規範的定義裡，正直是「在正確及合理的範圍內予以衡量的」，其相關敘述如下：

　　　　「正直是依據正確及合理的範圍所衡量出來的，在缺乏具體的解釋、規則或指引，或有意見衝突時，會員應該檢視各項決策並捫心自問是否是以正直的態度來執行這些決策？是否保有自己的正直立場？」此原則要求會員必須奉行原則的本質與相關實務、道德準則的精神；避免這些準則淪為道德判斷的次要目標。

　　此原則之實踐取決於個人的道德判斷，因此才會強調在缺乏具體的解釋、規則或指引，或有意見衝突時，會員應該檢視各項決策並捫心自問是否是以正直的態度來執行這些決策？是否保有自己的正直立場？由於，要判定正確及合理的範圍是很困難的，似乎容易造成舉棋不定的惡性循環，卻能因而想出不錯的解決方法，像是奉行某些金科玉律來決定哪些是正確且適當的，這也算是一種合理的作法，雖然並不健全，但至少能確保不會完全注重在某些利益上，尚能維護及實踐應有之美德。

　　除此之外，解釋段最後強調的重點是會員必須奉行原則的本質與相關實務、道德準則的精神及避免這些準則淪為道德判斷的次要目標。依據上述的觀點，以稅務規劃為例，如利用實務指引作為稅務規避的工具就是以褻瀆的眼光來看待職業道德規範之原則。很難想像會計師明明違反職業道德原則卻以此作為行為合理化的藉口，像是以見縫插針的手法來幫助企業隱藏真實的財務狀況，虛構資產及負債的紀錄，嚴重違反此原則所強調之精神。

　　後面的解釋段也陸續提到有關客觀性、獨立性及盡專業上應有之注意等會計師應遵守的道德原則，而客觀性及獨立性是會計師職業道德規範中最重要的核心原則。

原則四、客觀性及獨立性（objectivity and independence）

「會員應維持本身的客觀性及避免利益衝突。特別是在事務所服務之查核人員，執行查核工作或其他簽證服務時，更應具備實質及形式上的獨立性。」

此原則的解釋段表明了客觀是一種精神上的特性，由人的美德所衍生建立的習性。此原則所定義之客觀性，係指會員執行業務時應保持公正、誠實的態度並免於利益衝突，也就是「在提供簽證服務時，杜絕任何會損及會計師客觀性的情況」。依上述所強調的重點，Arthur Andersen向安隆收取52億的費用裡，非審計服務的費用就占了27億，難以想像Arthur Andersen與安隆之間是否仍具客觀性。

這也提醒了我們，「因為事實所以相信」與「相信自己所認定的事實」是有所出入的。人們總是以眼見為憑的情況或是他們想要的結果當作所謂的事實，而忽略了真正的事實。當然，會計師業也不例外。當你認為所查核公司的員工都是誠實的，而公司付給你的酬勞是其他人的兩倍，你也就看不到其他查核人員所發現的財務疑點。因此，職業道德規範也要求查核人員須保持專業上應有之注意。但要達成此目標並不容易。因此，職業道德規範中特別針對會計師業列出下列三大責任：

1. 會員必須秉持著公正的態度。這表示執行會計師業務時，必須拋開個人意見及利益，也就是以一個公正第三者的立場，來執行各項查核程序並做出查核建議。

2. 會員必須誠實、清楚地執行會計師業務。

3. 會員應避免利益衝突的情況。當會計師與受查者之間有投資關係，由於受查公司之股價會隨著查核結果受到影響，這就是利益衝突的情況。同樣地，如會計師對客戶提供諮詢的服務，但提供的建議卻會損及另一位客戶，這也算是利益衝突。會員應避免相類似的衝突情況或是直接拒絕委任。

　　除了上述三點外，還有另一項相當重大的聲明，那就是「會員應保持超然獨立的立場，以防止會員的客觀性受到損害」，也就是說獨立性能有助於防止利益衝突的狀況發生。因此，在事務所服務的會員們，都應保持實質及形式上的超然獨立。因為在事務所服務的會員，為了維護自身客觀性及獨立性，將會持續追蹤評估會計師與客戶的關係及對公眾所負的責任。會員如提供審計及相關服務，則應該保持實質及形式上的超然獨立；若是提供其他的服務，則應注意客觀性的維持並避免利益衝突的情況發生。

　　保持形式上的超然獨立是非常重要的。也許有人會提出異議，認為內部稽核人員及管理會計師都缺乏客觀性及獨立性，然而，美國會計師協會卻不這麼認為。事實上，職業道德規範所適用的對象包含各種行業。道德規範中提及，「會員通常都是身兼數職，因此在不同的工作環境都要表現出應有的客觀性」以及「在事務所服務的會員，他們的工作項目包含簽證、稅務規劃以及管理諮詢服務；其他會員則為私人企業出具財務報表、提供內部稽核服務，或是在教育界、產業界、政府機構等從事財務及管理方面的職務。除了上述之外，會員的工作也包含教育及訓練會計新進人員」。綜上所述，無論是什麼職業、擔任什麼職務，都應該秉持公正嚴謹的態度，超然獨立的精神，並避免道德規範淪為道德判斷的次要目標。

　　如同一位具有理想的研究員，為了追求學問的真理而不斷努力，身為會計師的責任就是儘可能地將企業實際的財務狀況反應給社會大眾。一旦會計師遊走法令邊緣將道德準則拋諸腦後、屈服於外在壓力（註：這需要勇氣）及貪圖利益（註：這需要節制）等，則就無法做到對公眾應有之責任，所以，會計師必須對自己誠實，並且做到會計師業之首要原則──保持客觀性。因此，為了使不在事務所工作的會員都能適用客觀性原則的規範，美國會計師協會在此原則的內容納入以下的聲明：「儘管那些未在事務所工作的會員無法維持獨立性，但只要提供簽證服務就有保持客觀性的責任。會員的工作也許是受僱出具財務報表、執行審計、稅務簽證或是諮詢服務，但與在事務所工作的會員相同的是，都有保持獨立性的責任、謹慎地遵守一般公認會計原則（GAAP）的規定，並且以公正的態度與事務所就業之同業往來。

　　以管理會計師為例，我們看到許多案例是公司負責人對管理會計師施予壓

力，使其使用不適當的會計原則或隱匿財務報表的狀況等，即使是在一般機構執業，或是操縱報表的方式並不違法，但已經大大違反了會計師職業道德規範的精神。在最後的聲明中特別強調，在私人企業服務的會員也要以誠實、直接坦率的態度執行相關會計工作及與同業往來。綜上所述，所有會員的最終目標就是「誠實及正確地做好自己的工作」，對於保持會計師之客觀性、正直及獨立性等都是非常嚴格的要求。之後，我們會在講述審計工作的章節再繼續探討客觀及獨立性。

原則五、盡專業上應有之注意（due care）

「會員應盡其所能地遵守相關專業技術及道德準則，並努力提升專業能力及服務品質。」

「盡專業上應有之注意」對會計師業來說是相當高的門檻，美國會計師協會更是以「追求完美」作為此原則的精神，這裡所說的「完美」係指會計師的專業能力及善盡注意義務。換句話說，會計師應該盡自己最大的努力履行專業責任。會計師專業能力的培養是來自於專業教育及實務經驗，先學習基本的會計專業知識，再經由實務經驗及持續不斷的進修以提升專業素養。然而，要達到一定的專業能力，除了要有聰明的頭腦及純熟的技術外，還要認清自己的能力底限，發揮不恥下問的精神，特別是與委辦事項有關的更是要探明究底。如同會計師職業道德規範中所說的，「每個會員都應該自我評估專業能力──經由學習、實務經驗及所做的判斷是否適當等來加以驗證」。

善盡注意義務是本原則所強調的另一個重點，係指「會計師執行業務時，應立即及謹慎地遵守相關專業技術及道德準則，以善盡專業責任」，也就是要求會計師「在參與各項活動時，應適當地計畫及監督」，但這卻容易引發爭議。因為迅速但草率的計畫並不能夠提供客戶完整的服務，這是一種不道德的行為。而大部分的會計師也不同意馬虎地執行業務是應有的道德行為，但也對此原則的標準過高而有所議論。

原則六、服務範圍及性質（scope and nature of services）

「在事務所服務之會員應恪遵職業道德規範所制定的原則，決定提供服務的性質及範圍。」

此原則等於是上述五大原則的總結，一開始就強調會計師應有的職業道德精神。對執業會計師來說，服務大眾的責任就是以合理且適當的專業技術對公眾服務。此原則要求會計師應保持「個人利益不能優先於對公眾的責任以及獲得公眾的信賴」的正直立場，並重申「會員在執行會計師業務時應避免利益衝突，保持客觀及超然獨立的立場」。最後，強調會計師之「盡專業上應有之注意」包含了會計師的專業技能與善盡注意義務。

會員在執行會計師業務時，無論任何服務項目，都應該要仔細考量上述每一個原則所強調的精神。在解釋段裡，以原則來決定服務的性質及範圍是因為「原則能約束會計師，即使是提供非審計服務，也有助於專業責任的達成。然而，沒有人能制定一個全體適用的準則來判定專業責任是否達成，但會員可藉由遵守上述原則精神以確保專業責任及道德判斷之履行」。從另一方面來說，恪遵原則以執行業務是最能具體實踐原則精神的做法。

因此，職業道德規範中陳述：為了有助於上述目標的達成，應……

1. 會員應該服務有設置良好內部控制程序的企業，以確保專業責任之履行及發揮適當的監督機制。
2. 會員應該做出合理且適當的道德判斷。無論會員所提供的服務性質及範圍是否會對客戶造成利益衝突的情況，都應該要審慎地評估。
3. 會員應該仔細評估所參與的活動是否適合會計師業（舉例來說，將現有的會計師業務加以擴展或是將業務內容稍做變化等是適當的嗎？）。

整體而言，職業道德規範所制定的原則是道德規範的精神，提供了會計師履行會計師業務時應遵守的基本道德指引。然而，美中不足且容易讓人詬病的是這些原則太廣泛、抽象及缺乏強制力。以原則一為例，原則一講述，「會員在執行會計師業務時，應在參與各項活動中，保持睿智的專業及審慎地執行道

德判斷，以負其專業責任。」其中，會員如不是執業會計師，則沒有「參與各項活動」之說，此點過於廣泛；再來，「審慎地執行道德判斷」中的審慎程度過於抽象，沒有具體的方法來評估。然而，有人則會反駁並認為這些原則是概括性的制定且必須加以闡明詮釋，而其他細項的規則及原則解釋則沒有過於抽象的問題。因此，原則是抽象的概念而規則是具體的解釋。

　　職業道德規範的第二個缺點就是不具有強制性。一個不具強制性的規範容易變質甚至形同虛設，也因為安隆案的爆發，人們才開始重視及討論會計師職業道德規範的重要性。在安隆案之前，美國證券管理委員會致力於探討施行會計師業自律管理的可行性、是否具有成效以及財務會計公報的有效性，最近解散的獨立準則委員會則是專門研究會計師超然獨立的標準。稍後，我們將會驗證這些準則施行的成效。

　　即使在職業道德規範中存在這麼多缺點，我們還是主張這些原則是有助於會計師專業責任之履行。因為，原則雖然較為抽象、含糊，但有具體的規則來加以強化、說明，將有助於會計師能清楚明瞭所遵守的準則。美國職業道德規範也陸續納入了許多由原則所衍生的規則解釋，現在讓我們來探究這些規則解釋的內容。

第六章

會計的道德規範

　　以下將說明道德規範，美國會計師協會制定了職業道德規範（Rules of the Code of Professional Conduct）：美國會計師協會要求會員必須遵循職業道德規範，同時證明其行為沒有背離這些規範。現今，這些規範形式上只適用於美國會計師協會的會員與受會員管理的人們，如果會員違反規範，則他們將會受美國會計師協會的懲戒。然而，透過規範可以有效評價會計師之舉止。

　　規範共分為五個章節：⑴獨立性、正直性、與客觀性；⑵一般準則、會計原則；⑶對客戶的責任；⑷對同業的責任；⑸其他責任與行為。

　　大部分的規範下都附有解釋令以說明特殊的情況。此外，某些規範為較特殊的道德規範－與獨立性、正直性和客觀性有關的有111條，一般準則有11條規範（其中6條被刪除、1條被修正），對客戶的責任有25條規範，其他責任和行為有192條規範（其中153條被刪除，6條被取代）。

　　在本章我們將會介紹部分規範（如果想看所有的規範，可以上美國會計師協會的網站www.aicpa.org）。

100段

一、獨立性規範（規範101）

　　成員應依據國會所發布的準則，於執行業務時保持獨立性。

　　在規範101之下，指出受規範的組織的會員，這些組織有：「州立會計委員會、會計師公會、獨立準則委員會（其會員報告將建檔於美國美國證券交易管理委員會）、US Department of Labor（DOL）（其會員報告將建檔於DOL）、美國會計師協會 美國證券交易管理委員會Practice 美國證券交易管理委員會tion（美國證券交易管理委員會PS）（其會員報告將建檔於美國證券交易管理委員會PS）與適用之獨立準則的組織。」那些組織可能有比美國會計師協會更嚴格的獨立性要求或規範。

　　但是，一般而言，獨立性的要求是什麼？在解釋令中，並沒有提供一個獨立性的正面解釋，只表明獨立性可以讓會員，在發生利益衝突時，可免除其

責。再者，解釋令提供了另一項解釋。如果會員有下列任一交易、利益或關係時，獨立性將減弱：

A.在專業查核合約或表示意見涵蓋的期間，會員或會計師事務所

1. 與客戶間有任何直接或重大間接財務利益的關係。
2. 與客戶間有任何直接或重大間接財務利益的財產信託關係。
3. 與客戶、任何經理人員、董事長或主要股東間有任何緊密的企業投資關係，而且這項投資關係會重大影響會員或會計師事務所的價值。
4. 除了101-5的解釋令以外，與客戶、任何經理人員、董事長或主要股東間有任何融資關係。

B.在財務報表、專業查核合約或表示意見涵蓋的期間，會員或會計師事務所

1. 擔任客戶的創辦人、保險業者、受託人、董事長、經理人員或職員，或擔任任何與管理階層相當的職位。
2. 擔任客戶的退休金信託或員工分紅信託的受託人。

總結，當會計師與受查客戶間有財務利益關係、財產信託的利益關係、主要投資關係或融資關係時，會計師的獨立性就會受到威脅。再者，如果會計師擔任受查客戶管理相關的職位，或擔任受查客戶退休金信託或員工分紅信託的受託人，那麼獨立性就會減弱。

以上所說類似的關係，使會計師與受查客戶發生利益衝突，造成會計師的獨立性受到威脅，或可能會危害到會計師的正直性與客觀性。這項主題涵蓋在規範102中。

二、正直性和客觀性（規範102）

在執行任何專業服務時，會員應該維持客觀性與正直性，不受利益衝突的限制，並且不應該故意虛偽陳述事實或服從他人的判斷。

規範102要求執行專業服務時，應該做的四項事情是：⑴維持正直性和客觀性；⑵不受利益衝突的限制；⑶不故意虛偽陳述事實；⑷不服從他人的判斷。

　　我們思考過在各個原則下的正直性，但什麼是客觀性呢？當我們回顧原則，會發現客觀性所指的是，擔負公平、理智的誠實以及不故意虛偽陳述事實。客觀性的概念來自於第三方觀察者，我們不應特別考慮他人的利益，僅針對當下情況加以衡量，並以各種觀點來分析情況。

　　道德理論提供很多方法去實行這樣的觀點，例如康德的普遍化原則（universalizability principles），什麼是任何人都會去做的事情？但是在道德上最普遍的方法是，思考你希望別人怎麼對你，你就怎麼對別人。當你開始從事別人所期望的行為時，你會怎麼做呢？通常你會持續地獨自思考這個議題，並且以獨立觀察者的角度來思考（也就是說，成為誠正且客觀的獨立第三者）。如果某人可以有效率地實行以上所說，將會幫助某人避免利益的衝突。

　　利益衝突可能會影響會員的客觀性。舉其他例子來看，我們不希望醫生優先診斷他的親人，而是照正常順序，我們也不能影響同業評鑑的意見。法官不能因為自身的利益，而在法庭上宣布反對。對會計師而言，也是類似的道理。

　　　　如果會員為客戶或雇主實施一項專業的服務，並且會員或他所在的事務所與其他人、組織、產品或服務，在專業上會損害會員客觀性的關係時，將視為發生利害衝突的關係。

　　這項解釋令中還有一個很重要的問題，有些人認為如果僅是形式上的利益衝突，那麼查核人員還是可以執行業務；但有些人則認為這會影響到社會大眾對會計人員工作的信任。在解釋令中則是說明查核人員應該避免任何與利益衝突有關的情況。

　　回顧到1974年時，美國會計師協會中的一個組織，Commission on Auditors' Responsibilities，通常被稱為The Cohen Report，當時的主席指出，「很明顯地，會計事務所的目標是，在提供客戶服務時，最大化其會計師事務所的利益。」因為這項明顯的事實，美國證券交易管理委員會的Arthur Levitt告誡說：「會計師僅承諾於行為上獨立是不足的……為了讓投資人對審計品質有信心，大眾必須對會計師獨立性有所認知。」

　　解釋令似乎也同意這樣的論點，然而，一開始似乎不是如此。解釋令一開

始對形式上的利益衝突並未全然禁止，並說明：「如果會員相信自身可以客觀地執行專業服務，並揭露彼此的關係，以及獲得客戶、雇主或其他相關組織的同意，那麼就不能禁止專業服務的實行。」

然而在這樣的情況下，簽證服務並無法透過揭露、與客戶同意等方法來消除對獨立性的損害。「某些專業服務，例如審計、核閱以及其他簽證服務都需要獨立性。根據規範101的指出，我們無法藉由揭露和客戶同意來消除獨立性的損害。」

雖然形式上與實質上的衝突尚在爭論中，規範還是持續地提供了許多相關的例子，要求會員在這些情況下，思考與客戶、雇主或其他相關組織的關係中，是否有損害會員客觀性的情況發生：

1. 會員與客戶發生訴訟。
2. 會員替處理離婚程序中的夫妻雙方提供稅務或個人財務規劃的服務（Personal Financial Planning, PFP）。
3. 在PFP案件中，會員建議客戶投資的企業，與會員有財務利益的關係。
4. 當家人牽涉到財務利益時，會員還提供稅務或PFP服務給他們。
5. 會員提供客戶管理諮詢服務，並且擔任經理人員，或擔任客戶的主要競爭者具影響力的職位，即會員擁有重大財務利益。
6. 會員替稅務相關機關服務，並可能從中牽涉到客戶。
7. 會員所服務的事務所向客戶購買資產。
8. 會員對客戶提出建議，造成事務所與客戶具重大財務利益關係。

三、不實表達

規範102第三個觀點是禁止故意或知情的不實表達。這一點很簡單地顯示出會計人員應具備誠實性。不實表達就是說謊，也就是利用他人來達成自己的目的。雖然規範只適用於美國會計師協會的會員，此規範的精神也適用於所有的會計師。財務會計人員應根據一般公認會計原則編製報表，並使其具真實性；稅務會計人員不應誤述資產及收入；管理會計人員不應該誤述存貨。總而言

之，會計專業人員應該具備誠實的品德。

四、屈服於他人判斷

規範102中最後一個觀點是防止會員受他人的意見左右，會員應避開客戶的威脅與賄賂，然而當會計師的意見與客戶的意見不同時，客戶希望會計師可以對財務資訊作假。

規範102，禁止會員在執行專業服務時，做已知的不實表達或受他人的意見左右，並且特別說明防範的步驟。「在這項規範中，如果會員與他的上司，對於財務報表之編製或交易之認列，有不同的意見或爭論時，會員應該依照下列步驟，以確認無屈服於他人判斷的情況。」

1. 會員應該思考：(1)是否有交易漏列；(2)管理當局提出的財務報表，其中所表達的事項，是否會造成重大誤述。若經過適當調查，發現相關事項皆有適當授權，且不會造成重大誤述，那麼會員可以不用再深入調查。

2. 如果會員認為財務報表或交易的認列可能有重大不實表達，那麼會員應該讓客戶相關高層人員知道（例如，高一層級的主管、高階經理、審計委員會或相關主管、董事會或公司大股東）。會員應該以書面方式讓他了解相關事實、管理當局採用的會計原則以及應適用的會計原則，並且一起討論。

3. 如果會員與客戶討論過後，會員認為客戶採取的行為不適當，就該考慮是否持續與客戶維持僱傭關係。會員也應該考慮是否有任何利害關係人需要告知相關情況，例如政府有關當局、查核人員等。同時，會員應與他的法律顧問商討對策。

4. 會員應該隨時隨地依照102-3的解釋令執行工作。

這項規範防止屈服於他人判斷的情況發生，避免當會計師與管理當局的意見不一致時，會計師須擔負重大責任。如果該情形無法獲得解決方法，那麼會計師可能就需要辭去他的工作。102-3段包含了會員對他的客戶查核人員之義務，它要求會員要維持正直性，並且避免不實表達或不適當揭露資訊，如果有

不適當的情況發生，就應該讓查核人員知道。總之，規範102是一個非常有力的會計道德規範。

200段

規範201

接下來我們將探討200段的規定。會員應該遵守下列四項一般準則，四項準則分別為：專業能力、專業上應有之注意、規劃及督導、足夠且相關的資料。以下為相關內容：

A.專業能力：會員只能承攬本人或其事務所之專業能力足以勝任的合約。

B.專業上應有之注意：會員在執行合約時，應克盡專業上應有之注意。

C.規劃及督導：會員應適當地規劃與督導合約之進行。

D.足夠且相關的資料：會員應獲取足夠且相關的資料，俾作為合約相關結論與建議的合理依據。

規範202──遵行準則

會員執行查核、核閱、代編、管理諮詢顧問、稅務服務或其他專業服務時，應該遵守相關準則。

財務會計準則委員會（FASB）制定了一般公認會計原則，政府會計準則委員會（GASB）制定了審計準則公報，美國會計師協會審計與核閱委員會制定關於未經查核財務報告及資訊的準則。最後，審計準則委員會制定一準則來揭露未包含於財務報表內的資訊。諮詢服務的準則，則是由美國會計師協會諮詢服務行政委員會負責。

協會指定FASB制定會計原則，並且解決制定財務會計準則公報、會計研

究期刊與APB意見書的問題，而制定的會計原則將在規範203中仔細討論。協會也指定GASB依照規範203制定州與當地政府機構的財務會計原則。協會也指定聯邦會計準則諮詢委員會（FASAB）依照規範203制定聯邦政府機構的會計原則，並於1993年3月發布聯邦會計準則公報。

規範203──會計原則

規範203中，規定了會計原則準則，它指導了使用一般公認會計原則（GAAP）的簽證服務。規範第一部分如下：

當財務報表或財務資訊整體因偏離一般公認會計原則，而受到重大影響時，會員不得：⑴表示或聲稱該個體的財務報表或其他財務資料係按照一般公認會計原則（GAAP）編製；或⑵當各報表或資料違反協會所指定之機構制定的會計原則，並且會重大影響各報表或資料整體時，不得聲稱本人並不知悉相關情事。

因此，此規範規定，如果各報表或資料違反一般公認會計原則，並且重大影響各報表或資料時，那麼會員就無法證明各財務報表或資料遵守了一般公認會計原則，而須思考是否有重大不實表達的狀況。但是有例外規定：「如果各報表或資料因不尋常的情況違反一般公認會計原則，但是會員可以證明若不違反將使各報表或資料產生誤解時，會員須遵守規範的規定，說明違反事實的影響、與為什麼遵守原則會造成誤解的原因。」（1988年1月12日採用）

所以，個體應該遵守一般公認會計原則，除非有特殊原因，並且會計師可以說明原因證明。一般公認會計原則是否能提供足夠的工具決定公司的價值？或類似擬制會計的技術或其他評價技術是否能提供使用者足夠的財務資訊？是現在熱門的爭議。對於FASB來說，那些原則上的缺點必須加以改革。但是那些準則的優點與缺點，是技術上的問題，已超過本書的範圍。

300段

　　接下來這個章節是關於會計師的責任。300段規定對客戶與同業之間，所須負擔的責任。然而，規範201已經充分地提供應有之注意的責任，而章節300則是關於保密與或有公費（譯註：「或有公費」是會計專有名詞。）的特殊規定。

規範301——保密客戶之資訊

　　這是一項相當簡單的規範，執行公眾業務的會員不得未經客戶特別准許，而揭露客戶的機密資料。然而，此項禁令不得抵抗法院的傳喚。資訊包括損益中各項數據、負債與非公開的紀錄，並且第三者無權要求知曉。

規範302——或有公費

　　規範302是關於或有公費的規定，這是一項相當複雜的議題。會員不得於提供下列服務時，接受客戶的或有公費：財務報表之審計或核閱、代編預期由第三者使用的報表，並且於代編報告中未揭露其缺乏獨立性。因此，當會計師接受客戶購買意見的行為，不管會計師與客戶如何交易，皆違反規範302。同時，規範302也規定，會員不得編製或修改納稅申報書來領取或有公費。

　　接下來定義或有公費的組成，我們可以根據規範清楚了解，「或有公費係指合約內約定服務之公費，除非達成特定之發現或成果，不得收取任何公費；除此之外，公費之數額決定於服務之發現或成果。」若由公家機關制定公費，則於此不認為是或有公費。

400段

400段是會計師對同業之間的責任規定。然而,其他專業規範規定了同業專業鼓勵、幫助與互相指導的重要性,與自我管理責任,反而美國會計師協會的規範目前不包含這些項目。專業道德部門的技術經理William Keenan說:「……此章節預定於未來制定,以規範和解釋令形式,規定對同業之間的責任。」Keenan指出:「現在沒有資訊可以提供,同時過去對會員發布的揭露草案中也沒有什麼資訊。」

現在有些關於會計師的議題,就是會計師面臨當其他會計師在從事專業服務的工作中,做出違反法律或不道德的行為時,應該做什麼樣的動作?另外,會計師還面臨當公司與其他專業人士形成多專業財務規劃團隊時,應如何回應?然而,我們在本書中,將只討論特定的議題。

500段

最後一個章節是關於其他責任和行為的規定。

規範501是一個廣泛的規定,禁止會員從事有辱專業的行為。

規範502禁止會員利用不正當的廣告,或以令人誤解或迷惑的方式延攬業務。也禁止用強迫、詐騙或騷擾的行為延攬業務。

規範503禁止佣金和介紹費。

會計師替預期使用財務資訊的第三者從事查核、核閱或代編時,不得推薦或介紹任何產品或服務,或推薦介紹客戶提供的任何產品或服務,以賺取佣金。

這項規範對替客戶規劃財務的會計師來說,會產生問題。但是,反對者

認為，會計師知道客戶大多數的財務業務，使會計師能謹慎地提供財務計畫服務，因為他們經過訓練，所以能稱職地提供類似的服務。然而，規範認為若以佣金為基礎來做銷售行為的話，會產生潛在的利益衝突。

　　　　在執行公開業務中，凡提供本規範允許賺取佣金或收受佣金之各項服務的會員，以及收受或預期收受佣金的會員，應該向外部揭露會員與佣金有關的產品或服務的事實。

　　規範503也規定了介紹費。它指出「任何因為推薦或介紹會計師業務給他人而收受介紹費的會員，或是為了獲取客戶而支付介紹費的會員，都應該揭露此收受或支付之事實給客戶」。總之，如果會計師收受佣金或介紹費，他就有義務將此一事實揭露給客戶。

　　最後規範505規定開業方式及名稱。簡而言之，會員不得在名稱可能令人誤解的事務所中，執行公開的會計業務，且事務所不能稱為「美國會計師協會的會員」，除非合夥人為美國會計師協會的會員。

　　在最後的總結，我們了解規範分為五大部分：(1)獨立性、正直性與客觀性；(2)一般準則、會計原則；(3)對客戶的責任；(4)對同業的責任；(5)其他責任與行為。這些規範符合誠實、正直與獨立性的要求。會計師須盡可能正確地表達公司或客戶的財務情況，提供適當資訊給擁有合法權利的資訊使用者。現在我們回頭檢視這些責任如何在多樣化的會計環境（審計、財務或管理會計，與稅務會計）內發展。

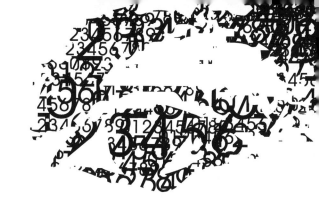

第七章

查核工作中
內涵的道德概念：
查核功能

Jonathan Weil在《華爾街日報》中，寫了一篇關於「Arthur Andersen會計師事務所，因『雙重職責』的關係所引起獨立性的問題」。其文章內容如下：

Arthur Andersen會計師事務所除了查核安隆公司以外，也另外擔任其內部稽核的工作。而這樣的情況，不但令大眾對於五大會計師事務所的獨立性感到疑慮，亦對於他們會對自身的工作審核到什麼程度感到懷疑。

Andersen會計師事務所由於其「雙重職責」工作的關係，已引起主管機關對其特別詳加注意，而在審計失敗後，更使得會計方面及證券交易法做出了幾項特別的規定。

以上「雙重職責」之類等容易令人引起爭議的情況，在近幾年內變得愈來愈普遍，而美國證券交易管理委員會為了處理這種狀況，在過去幾年內努力推動新的規定，儘可能的限制外部查核人員執行內部稽核人員的工作，雖然目前還未完全禁止。而這項規定將在2002年的8月開始生效。

Andersen的發言人曾表示了他們的獨立性，並不會因為公費的多寡與性質而發生減損，雖然安隆在去年支付了5,200萬美元的公費（其中2,500萬為查核的部分，另外2,700萬則為其他服務的部分，包含了稅務及諮詢顧問的部分）。而安隆的發言人亦對外表示他們相信Andersen會計師事務所可以同時扮演好內部稽核人員與外部查核人員的角色，兩者之間不會發生衝突。

會計師事務所也表示了透過這種「雙重職責」的方法，只要外部的查核人員無法影響內部稽核的決策，亦即兩者互相獨立，在這種情況下，不但不會有道德問題的疑慮，還能夠更加了解客戶的控制程序。而當美國證券交易管理委員會所推動的新規定於明年開始生效後，若外部的查核人員執行公司中40%以上的內部稽核工作時，則會損害到獨立性，另外美國證券交易管理委員會亦表示這項規定不適用於資產低於2億美元以下的公司。然而在這新規定之前，美國證券交易管理委員會對於外部查核人員從事內部稽核的工作上，並沒有任何限制。

由於安隆案的關係，引發了許多道德上的問題，許多人開始思考查核人員應有怎樣的行為才是正確的。接下來，我們將介紹查核人員的功能，以及哪些

事情會影響到查核人員正常的執行其功能。然而在這之前，我們可以先參考下述的故事：

Nancy是一位會計師事務所的合夥人，他目前正在查核一間生產高爾夫球球杆的公司，叫作Golf Manufacturers。日前當Nancy正在複核一位較資深會計人員的工作時，發現了公司的成本會計系統中，顯示了公司發生金額龐大的不利原料數量差異。依據Nancy的看法，這筆差異金額太過龐大，因此達到重要性門檻，應列入損益表中，並歸類到非經常發生項目項下。

而在兩年前，事務所的管理顧問部門曾與Golf Manufacturers洽談過其成本會計系統，並建議公司對其成本會計系統做了大幅度的修正。Nancy認為這個新的系統可能有重大的問題，因而才導致了金額龐大的不利原料數量差異。因此Nancy決定在跟Golf Manufacturers的經理人討論這個結果之前，先與管理顧問部門的合夥人Peter討論看看。

Peter在看過Nancy送過來的資料後，認為這筆差異的計算過程並沒有錯誤，他也做出了跟Nancy一樣的結論，他也認為管理顧問部門所建議的新系統發生了問題，才導致了這筆差異的發生。

而後當Peter與Nancy討論時，Peter承認管理顧問部門的員工犯了重大的錯誤，不過他又表示有些專家建議他可以使用別的方法來解決，他說在標準成本法下，Nancy的計算方法沒有錯誤，不過我們可以透過使用實際成本法，將這項差異分攤到存貨項下的細目以及銷貨成本，而透過這個方法，我們可以沖銷掉這個不利的差異。

Peter又同時建議為了留下這個客戶，因此不要讓客戶知道這個差異的結果。他又說實際成本制跟標準成本制比起來也不是不好，只是標準成本制比較多人支持而已。

上述的情況正描述了現今會計人員深感困擾的道德問題，在現下的社會中，由於利益衝突及市場激烈競爭的關係，如何在會計實務上保持正直，是值得令人思考的問題。會計師事務所為了增加利益，通常會替查核的公司同時提供諮詢顧問服務，然而這種情況下，就算實際上沒有利益衝突的問題，但就表

面來看，仍然令人有懷疑的空間。這種情況事實上存在已久，但直到安隆案爆發，才開始引起大眾對會計師事務所的注意。下述為一與利益衝突相關的故事：

前美國證券交易管理委員會的主席Arthur Levitt曾表示了由安隆案的例子中，我們可以看出整個會計界確實需要加強控管，且負責查核的Arthur Andersen事務所，其相關的工作底稿等文件應交由證管會及司法部門詳加調查。

Levitt雖然無法順利推行禁止事務所替查核客戶提供諮詢顧問服務的規定，但他仍繼續強調提供諮詢服務會造成查核人員的利益衝突，並損害其獨立性。此外，他亦認為外部查核人員不該替客戶從事編製財務報告等相關工作，因為這樣會造成事務所查核自己所編製的報表，容易發生問題及盲點。

雖然五大會計師事務所中有三家反對，其中也包含了Arthur Andersen，但美國證券交易管理委員會仍舊採用了新規定，要求公司的董事會及審計委員會控管是否有潛在的利益衝突問題，並禁止查核人員提供某些特定的諮詢服務，如稅務工作。

Arthur Andersen在2000年由安隆公司獲取了5,200萬美元的公費，其中2,500萬美元來自查核工作，另外2,700萬美元則是來自其他的服務項目，其中包含了諮詢服務。

我們可以試著想想看，若事務所出具了客戶不喜歡的查核報告或意見，那麼這個客戶還會想要請事務所提供諮詢服務嗎？此外，有些客戶也會要求事務所出具他們想要的意見或報告。但我們換另一個角度來想，查核人員是被社會期許應能將公眾利益放在客戶利益之前，因此若事務所應客戶要求執行不當的查核，此時若有資訊使用者受到誤導，可能會控告事務所，並認為查核人員未能盡其專業上應有之注意力。一位名為Steven Silber的人就曾表示，從查核人員經常牽涉到訴訟案件的情況來看，我們更可了解查核人員在提供財務服務時之重要性。

查核人員在提供諮詢顧問服務時，亦需要保持獨立性。假設今天查核人員

發現某些問題提出疑問時，公司可能會要求他們忽略這些問題。但不論在任何情況下，查核人員應以外部資訊使用者的利益為優先，而非其查核的公司，否則即違反了會計人員應有的職責。

假設今天我們處在一個資本市場及經濟系統發展健全的社會，那麼社會上會自然而然的為了會讓市場運作得更有效率，而發展出獨立查核人員這角色。假如會計是商業的語言，那麼查核人員的工作就是確保這些語言能適當的向外傳達正確的訊息。獨立查核人員不但要評估客戶所使用的會計方法是否合理，以及相關憑證是否存在，也要判斷客戶使用的方法是否具有一致性。

大部分的時間，當人們談到會計道德問題時，大部分是指獨立查核人員所應擔負的責任。擔任一位會計人員並不一定要查核公開發行公司的財務報表，但查核公開發行公司財務報表的會計人員肯定是目前整個經濟體系中最為重要的一個角色。在Vanguard Group中，一位叫John C. Bogle的人曾表示過：

在一個發展完全的市場中，市場不但會具有交易熱絡、高流動性及誠實的特質，此外，相關的參與者都能夠充分並公平的得到資訊，而這概念也毫無疑問是民主社會中資本市場最核心、最重要的功能，也是其價值所在。我們可以了解僅有透過這種方法，才能夠募集到無以數記的資金，在過去舊的經濟體系中，若要購買金額龐大的廠房及設備，必須透過這種方法，而在現今新的經濟體系中，若要籌資發展新的技術，也必須透過這種方法，正如同現今的世界的經濟大國—美國一般。為保障市場的投資者，我們至少要能確保他們所得到的財務資訊是正確完整的，以滿足他們最低資金成本的需求。

一個健全的證券市場需要能傳達正確的財務資訊，投資人本來就有權力要求他們所獲取的資訊能正確且完整地表達公司重大事項，以協助他們衡量評估公司的價值。我們不但要求資訊要能正確無誤，亦要具備攸關性，才能協助投資者進行分析決策，來判斷哪些證券該買進、賣出或繼續持有。我們應想想若不是透過這種財務體制，我們的經濟哪能夠有如此的成長及發展。

我想我們毫無疑問的需要有位獨立的監督人員來了解經濟事項是否有充分適當的揭露。而獨立性的重要，早在一個世紀前的美國，就認為需要有獨立的監督人員來負責監察公司的財務報表。因此，公司的財務報表僅有透過查

核人員的認可，投資人才能接受，也只有透過完善規劃的查核工作，才能使我們相信財務報表所表達的資訊為真。

在數年前，獨立的查核工作仍是事務所的主要業務，然而近年來，這個情況卻開始改變了，許多大型的事務所就如同Arthur Andersen一樣，為了賺取更多的利潤而將心力投入於其他業務，尤其是諮詢顧問這一塊。有一份報告提到了上述的情況：

> 在1993年，整個會計業的公費中，有31%來自於諮詢顧問的業務，到了1999年，則提升到了51%。在2002年，Pricewaterhouse-Coopers事務所的收入中，有40%來自於查核的業務，29%來自於諮詢顧問業務，剩餘的來自稅務及其他業務。另外在2001年2月5日針對563家公司所做的調查中，顯示了每位客戶每支付1美元的審計公費時，會另外再支付2.69美元的其他非審計服務公費。我們以Marriott International Inc.公司為例，Marriott International Inc.支付給Andersen事務所100萬美元的審計公費，然而在資訊系統技術及其他方面的服務上，則超過了3,000萬美元。

雖然這些大型事務所的業務結構已經有所改變，但是社會上對於獨立查核人員的需求卻反而有增無減，否則無法維持社會對於查核人員的信賴。

Bogle曾提過，在自由市場經濟下進行的交易與決策，必須仰賴真實及精確的資訊。而在市場進行交易時，我們必須仰賴公司的財務資訊來進行決策，此時查核人員在這個市場下所扮演的角色，就是替那些使用資訊做決策的投資者，去驗證公司所發布的財務資訊為允當表達。

或許上述提到的查核人員之功能及責任已為老生常談了，但是他的重要性卻直到安隆案爆發後才引人注意。至於一位典型的查核人員所應有的功能及應承擔的責任，我們可以參考Burger法官於1984年在Arthur Young事務所的案子中，所發表的意見：

> 一般投資大眾在從事決策時，會將公司的財務資訊作為主要的參考依據，

為了有效控制財務資訊的正確性，相關的法律規定公開發行公司必須將財務報表呈交給美國證券交易管理委員會，而證管會則要求這些財務報表必須經過獨立的會計師查核並依照一般公認審計準則。藉由檢查公司的文件及記錄等，獨立的查核人員可以判別這些財務報告是否有依照一般公認會計原則來編製。而後，查核人員會對財務報表整體是否允當表達，以及公司之營運狀況表示意見。

Burger清楚的陳述了查核人員應承擔的責任，亦即查核人員對於公司的財務報表是否能允當的表達公司財務狀況應表示其意見，而為求允當表達，我們會儘可能的希望任職的查核人員具備正直及誠實的特性。若要具備上述兩項特性，查核人員必須儘可能的維持其獨立性，才能讓那些使用資訊做決策的市場投資者相信查核人員查核過的資訊。然而在目前的狀況下，由於利益衝突的關係，投資人對於查核人員愈來愈不信任，Mara Der Hovanesian曾表示：

> 由於安隆案的關係，投資人對於公司的盈餘品質開始了前所未有的懷疑，同時也造成了市場的震盪，此外，某些有問題的會計方法被人揭發，以及公司管理者從事盈餘管理的行為，使得投資人有非常多的理由去懷疑公司財務報表的真實性。

信　任

我們可以運用德國著名哲學家康德其著名思想之一，絕對命令（Categorical Imperative）中提到的概念：「我們應依照一個被承認為普遍的法則來行事」，來了解道德的概念。此時我們也可以思考一下，假若社會大眾都依照這個概念，依據同樣的理由並做出同樣的事，此時社會會變成什麼情況？我們現在可以另外再想想，那些刻意發布錯誤財務資訊的人員，他們的理由是什麼？就我們一般常見的情況，這些人發布錯誤資訊的原因是為了避免資訊使用者從事他們不想要的行動，舉例來說，公司的財務長可能會為了向銀行貸款，而謊報公

司利益，否則若銀行知道公司真實的財務狀況並不好時，可能就不會貸款給公司了。而在安隆案中，公司則是為了提升股價，並作為其債務的擔保品，而刻意誤述財務資訊。假如今天社會上每間公司都如同上述的例子一樣，為了公司的自身利益，而報導錯誤的財務資訊，此時社會會變成怎樣將難以想像。

　　但若社會變成上述的情況，那麼將會發生兩件事情，首先是社會上所有需要資訊以做決策的商業行為，將不存在互信的情況，也由於缺乏信任，市場上亦會變得一團混亂。我們都知道現今社會上多數活動都須仰賴合作的方式來進行，而互相信任則為其先決條件，但若在這個交易頻繁且複雜的時代，市場上卻充斥著錯誤的資訊，那麼人們將難以互信並合作。

　　其次，由於社會上已經充斥著錯誤的資訊，因此將造成人們之間的不信任、社會上的混亂，以及無效率的市場，在這種情況下，誤述資訊的問題也將逐漸消失。問題之所以會消失，係因誤述資訊的問題，僅可能存在人們之間尚存有互信的情況下，因此當人們不再互相信任時，此時也無法說謊，因為本來就沒有人會相信你。就如同我們會相信法庭上被告會一開始就老老實實的說出事情緣由嗎？或是你認為一個小孩會誠實地說出他犯的錯而去受罰嗎？因此當我們認定某個人會說謊時，此時那個人將會很難誤導我們，因為我們不會相信他所說的話。若社會變成這樣，即使市場上充斥著錯誤的資訊，但也由於沒人相信，因此不會有資訊誤述的問題，造成一種矛盾且怪異的情況。

　　之所以會有這種矛盾的情況，就是因為人們之間不存在互信的基礎，造成社會上不斷有人發布錯誤的資訊，但也沒有人會去相信的情況。我們可以試著去想想，那些說謊的人通常都不希望說謊變成一種普遍的行為，否則他們無法透過欺騙別人來獲取不當的利益，因此說謊的人不希望別人也說謊，而希望別人能說實話並信任他們的謊言。簡而言之，這些說謊者對於自己與他人有著雙重標準。而這種自私的行為不但不道德，若是這些說謊的人為企業的主管時，也將使得審計工作變得毫無作用。在 *Accounting Today* 中，Rick Teleberg認為現今的會計師事務所，與其說是替客戶簽證，不如說是一間保險公司，他們不敢跟投資大眾保證你們看到的財務報表一定是允當表達的，他們只敢確保客戶並不會因為財務報表而遭指控不法，因此我們可以說這些事務所根本是替公司服務而非投資大眾。

　　透過上述的文字，我們可以發現有關信任的重要觀點，只有愚昧的人才會完全相信那些形式上及立場上有問題的人所說的話，就像我們對於可能有利益衝突的人所說的話，會特別謹慎去思考是一樣的道理。而在會計實務上，信任的重要性則更為明顯，即便是形式上的也是非常重要，因此我們才要求審計人員應該要能夠保持實質及形式上的獨立，以讓人信任。即使今天查核的公司經營良好，查核人員的素質也足夠，但仍應保持其專業判斷及懷疑，才能保護股東的權益並讓人信任。在後續的部分，我們將會再探討形式獨立的議題。

查核人員對社會大眾的責任

　　由於查核人員的職責為替財務報表簽證，因此也造成了他們必須對社會投資大眾負責。也由於這個責任，使得查核人員與客戶的關係與其他行業與客戶的關係並不一樣。Burger法官對於查核人員的責任曾表示了下列的看法：

　　　　查核人員與客戶的關係與律師與客戶的關係並不一樣，律師是站在對客戶最為有利的角度，協助客戶處理相關事項，並擔任諮詢顧問之類的角色。而獨立的查核人員則應驗證客戶向投資大眾公開的財務報告，並認為對投資大眾負責，比維持良好的客戶關係更為重要。獨立的查核人員應能夠妥善執行上述的功能，以保障公司的股東及債權人。但若要能妥善地執行這個「投資大眾的看門狗」的功能，必須能隨時保持其獨立性以及對投資大眾的責任感。此外，查核人員在分析解釋公司的財務報表時，亦要能保持公正無私的態度。

　　假設今天客戶與投資大眾發生了利益衝突的問題，此時查核人員面臨了兩難的抉擇，到底要優先對哪方負責呢？要根據哪方支付公費來判斷嗎？我們都知道查核人員必須維持其專業性，並如同其他職業一樣，必須提供客戶專業的服務。但由於查核人員還額外必須具備獨立性，造成獨立的查核人員在檢查公司的交易記錄等事項時，亦要衡量其是否妥當。就如同Burger法官說的一樣，

查核人員應能妥善執行「投資大眾的看門狗」的功能。

在過去的這段時間內，衡量其他會計人員所做的交易記錄已成為整個資本市場中不可或缺的一個重要行動，尤其在牽涉到公開發行公司股票買賣時，則更為重要。在這個體系下，對於有意購買金融商品，或是貸款、購併公司的人，讓他們得知公司正確的財務狀況是非常重要的事，因此我們才需要有一位能夠驗證公司對外發布資訊是否正確的人員，而這個工作即由查核人員來擔任。

Baker與Hayes對於會計人員扮演的另一個角色，亦即查核人員，提出了以下的看法：

> 其他的專門職業人員，如醫師及律師，都是以站在替客戶利益最大化的角度，來執行他們的專業服務。然而查核人員，卻可能需要站在客戶以外第三者的立場，可能是其他與客戶有契約關係的企業或人員等等，來執行其專業服務。由於查核人員處於這種較不尋常的立場，使得他們常常有道德上兩難的問題。

簡而言之，雖然查核人員的公費是客戶支付的，但他們仍應優先考量外部第三者的利益，而非支付公費的客戶。

由於查核人員必須對社會投資大眾負責，因此他們在查核時必須能夠公平合理的進行分析。查核人員的責任就是去驗證公司對外發布的財務報告中，是否能允當地表達公司攸關期間內的財務狀況及經營成果，並能獲得投資大眾的信任，且與客戶保持獨立。關於獨立性，美國證券交易管理委員會亦曾強調過其重要性，我們可以參考下列的文字敘述：

> 在2000年1月，美國證券交易管理委員會發現了Pricewaterhouse Coopers事務所的員工及合夥人，違反了禁止持有查核公司股票的規定。在這項調查中發現事務所有8,064位人員違反規定，並同時造成5位合夥人的離職。不過事務所後續卻表示他們並不認為違反這項規定會影響他們的審計品質。

　　由於查核人員與客戶的關係必須超越一般員工與雇主的關係，並以超然獨立的立場來查核，因此常造成查核人員面臨兩難的局面。之所以會有這種兩難的情況係因查核人員有其責任上的衝突，不過藉由這種情況亦可幫我們釐清查核人員的特有責任。

查核人員的基本責任

　　查核人員最基本且首要的責任為驗證財務報表的真實性，然而美國會計師協會亦在審計準則公報（*Statements of Auditing Standards*）中提出查核人員的其他責任，在審計準則公報第一條：「稽核標準及程序陳述法典」，其中審計準則委員會針對一般公認審計準則（Generally Accepted Auditing Standards, GAAS）加以詳細說明，該準則包含了三條一般準則、三條外勤準則，以及四條報告準則。其內容如下：(1)查核人員應經由適當專業訓練及具備專門學識經驗；(2)查核人員之外在形式及內在實質應具備超然獨立之精神；(3)查核人員應盡專業上應有之注意並秉持專業懷疑的態度；(4)查核工作應妥為規劃，其有助理人員者，須善加督導；(5)對於受查者內部控制應做充分之了解，藉以規劃查核工作，決定抽查之性質、時間及範圍；(6)查核人員應透過檢查、觀察及詢問等程序來獲取出具查核意見之合理基礎；(7)查核報告中應說明財務報表之編製，是否符合一般公認會計原則；(8)財務報表編製所採用之會計原則，如有前後期不一致者，應於查核報告中說明；(9)必要之財務資訊未於財務報表中做適當揭露時，應於查核報告中說明；(10)財務報表整體是否允當表達，應於查核報告中表示意見。若表示修正是無保留意見、保留意見、否定意見或無法表示意見者，應明確說明其情由。

　　在過去的62年中，美國會計師協會共發布了93號審計準則公報以及大量的解釋令，此外，美國會計師協會亦出版了會計與審計的產業實務指引手冊以及各類與審計相關的刊物。之所以會發布如此多的刊物及指引，就是希望查核人員在從事查核工作時，能夠依照一般公認審計準則的規定來執行。然而

不幸的是，由於過多的刊物，反倒造成查核人員的疑慮，他們可能會懷疑自己在從事查核工作時，是否有依照最新且正確的規定來執行。

我們可以另外參考二十幾年前的Cohen Report，他可幫助我們了解查核人員的主要責任。

在1974年，美國會計師協會成立了Cohen Commission這個委員會，其目的係為了替獨立查核人員應有之適當責任做出結論及建議，並檢查投資大眾對查核人員之期許與查核人員能力範圍兩項認知上是否有差異。假若有差異，那麼該委員會應判斷差異之原因及程度。

基於查核人員作為外部第三者，他對於財務報表使用者負有解釋財務報表之責任，在Cohen Report中，陳述了獨立查核人員應能作為財務報表與使用者之間的橋樑，Cohen Commission亦表示查核人員應優先對財務報表使用者負責任，而非其客戶。

Cohen Report不但重申了查核人員的主要責任，亦探討了投資大眾對查核人員之期許與查核人員能力範圍兩項認知上之差異，此外，這份報告也指出獨立查核人員對於哪些事項並不須負責任。

舉例來說，部分投資大眾誤以為查核人員負責編制財務報表之工作；或是誤信經查核人員查核過之公司，即代表公司財務狀況良好。事實上，查核人員並不對公司之財務狀況良好與否負責，另外財務報表之編製，應由公司管理會計人員負責，而非查核人員，我們將會在下一章探討公司管理會計人員之角色。

查核人員應針對財務報表是否依據適當會計原則編製表示意見，然而這卻引起了爭議。一般而言，財務報表簽證係陳述「財務報表之編製係依據一般公認會計原則並允當表達。」然而在1960年代時，美國會計師協會曾針對「允當表達」的用語表示了下列的疑問：

　　　　在標準式查核報告中，查核人員會表示財務報表係依據一般公認會計原則編製並「允當表達」，然而「允當表達」到底是什麼意思？是指：(1)財務報表不但允當表達且依據一般公認會計原則；或是(2)因為依據一般公認會計原

則，所以財務報表允當表達；或是(3)財務報表中僅有依據一般公認會計原則編製的部分為允當表達；或是(4)只要依據一般公認會計原則，則財務報表即為允當表達。

在Cohen Report中，指出「允當表達」此用語若是指重大事項皆正確無誤表達時，此時不但容易引起歧義，亦不適合查核人員在查核報告中使用。因為查核人員之責任係針對公司管理階層選用之會計方法是否適當做出判定，然而這種看法，卻與前述Burger法官的看法有所差異。

在Cohen Report中，指出三個理由來說明Burger法官的看法太過死板。事實上，有些情況下當沒有完全適用的會計原則時，管理階層可以考慮其他的替代原則，查核人員僅須衡量其是否適當以及其累積影響數即可。到目前為止，仍有部分人士誤以為財務報表允當表達即代表公司財務狀況良好。有些人可能會爭議會計原則可能會受到有心人士的誤用，來隱瞞公司的真實財務情況。而事實上，會計的確是一門藝術，對於熟練這門藝術的人，可有技巧地運用一般公認會計原則，來巧妙地令同一家公司看起來財務狀況極好或是極差。

美國聯邦法官Herzfeld v. Laventhol曾表示過其看法：

> 對於一位會計人員，僅遵循一般公認會計原則並無法完全履行其對投資大眾之義務，允當表達係指財務報表達到適當揭露之標準，因此我們可說一般公認會計原則為協助會計人員達到允當表達標準之工具，而非允當表達之保證。

> 目前社會上將太多焦點放在財務報表是否有依照一般公認會計原則，然而我們不應該受到這些觀點影響而混淆了最基本的問題，我們應思考財務報表最基本的目的為適當地表達出公司真實的財務狀況，而這也是其存在的理由。

我們可以另外參考前任美國證券交易管理委員會委員A. A. Sommer, Jr.的意見：

　　Henry J. Friendly為聯邦法官中，對於會計及財經業務最為了解的一位，我們可參考他說過的一段話，他曾表示會計人員應將充分及適當揭露的重要性，勝於遵循一般公認會計原則，假若會計原則的使用，會造成資訊無法充分適當揭露，那麼會計人員此時應優先選擇揭露資訊。因此換句話說，遵循「一般公認會計原則」並不一定能造成「允當表達」之結果。

　　先不論「允當表達」之確切定義為何，至少他整體的觀念是冀求公司能夠盡可能的對外發布最精確的財務資訊，至於我們在先前章節提過刻意誤述資訊的行為，在此就可定義為「不允當表達」。

　　Cohen Report除了對「允當表達」提出疑義外，亦想探討查核人員於審計準則公報中被提及的其他重大責任。

1.內部稽核與內部控制之衡量

　　Cohen Report表示查核人員對於受查者內部控制與內部稽核應表示其意見，並判斷其是否適當。基於查核人員有表示意見之責任，因此查核人員亦必須檢查內部控制及稽核之作業程序是否適當。在此我們可以想想，Arthur Andersen事務所同時擔任安隆的外部查核人員與內部稽核人員兩種角色，此時他要如何以外部查核人員的身分來客觀地來評論內部稽核之工作是否適當呢？

　　然而內部稽核人員到底要做什麼呢？在探討這個之前，我們應先熟悉公司管理會計人員應遵循的責任義務，並檢視他們是否有完全遵循。關於管理會計人員的責任義務將會在下一章探討，在此我們要強調的重點是查核人員有責任去衡量公司管理會計人員與內部稽核人員是否有善盡其責。

2.查核人員有責任偵測財務報告是否有錯誤、違法行為與舞弊

　　Cohen Report主張查核人員對於在財務報表中發現的顯著異常事項，應負有對外報告之責任。此外，Cohen Report更明確地闡釋了查核人員有責任偵測財務報告是否有錯誤、違法行為與舞弊等情事發生。另外在Cohen Report中，提到審計準則公報53號：「查核人員偵測並報告錯誤及違法事項之責任」，來加強說明查核人員有義務為投資大眾之利益把關。審計準則公報53號於1997年被審計準則公報82號取代，而審計準則公報82號又於2002年2月進行了修改，我

們將在附錄三介紹2002年修正後82號公報其揭露草案之摘要及其相關文件。

雖然目前有許多文件明確定義審計人員的責任，但我們仍可考慮下列的情況：

Allegheny health system公司的債權人對於負責查核的Pricewaterhouse-Coopers事務所提出了訴訟，其理由為事務所忽略了公司所發出的警訊，導致公司倒閉。

Pricewaterhouse-Coopers事務所作為Allegheny的查核人員，有責任去揭露並偵測公司是否有操弄財務報表的行為。然而即便Allegheny的高階管理人員於1998年被解僱時，事務所仍沒察覺到這項警訊，依舊宣布公司之財務狀況良好。

而後，事務所的發言人Steven Silber則表示：「或許大家都認為會計師事務所非常富有，往往想跟我們打官司，看是否能藉此撈到油水，所以時常有訴訟案發生，然而我們認為這次的訴訟完全沒有意義，我們將會盡力的替自己辯護，此外，我們也有信心打贏這場官司。」

Pricewaterhouse-Coopers事務所對於偵測及揭露Allegheny是否有操弄財務報表的行為，應負責到什麼程度呢？另外我們應該投入多少的時間、金錢及心力，來偵測公司是否有倒閉的可能？投資大眾是否有權力來合理預期查核人員應能發現上述情事，並加以報導出來呢？

報導這些錯誤及違法事項似乎是查核人員最重要及最難以處理的責任，而且我們若仔細思考，似乎與第六章所提到查核人員的保密責任有所衝突。

John E. Beach在一篇名為「Code of Ethics: The Professional Catch 22」的文章中，舉了兩個範例說明查核人員若在客戶保密與對投資大眾負責兩者之間發生衝突時，都有可能與兩者發生訴訟案件，並有敗訴之可能。其範例如下：

在1981年10月，美國俄亥俄州的陪審團認為某一查核人員因違反職業道德規範中保密的規定，而被裁定有罪，並須賠償給原告約100萬美元。約同一時

間，紐約的陪審團則因為查核人員未充分揭露資訊，裁定其有罪，並須賠償超過8,000萬美元的金額。

查核人員應能判別何時報導客戶從事不適當的行為，即便查核人員有保密的責任，但有時我們仍可因社會大眾的利益，進而忽略保密的規定，對外報導客戶所從事的不適當行為。

查核人員對於偵測財務報表錯誤、違法行為及舞弊應負責到什麼程度呢？審計準則公報53號及82號中，指出了哪些地方係屬查核人員負責之範疇呢？在安隆案的例子中，有許多的文件證據顯示了安隆的會計程序確實有不妥的問題，然而Arthur Andersen事務所卻沒做任何反應。事實上，審計準則有明確地指出查核人員應針對這些異常的事情做出反應。

審計準則不但提供查核人員如何偵測錯誤、違法行為及舞弊之指引，亦詳細地說明了各種可能影響查核人員偵測能力的因素，以及查核人員面對有舞弊、錯誤等可能性時，應如何做出專業且適當的考量。最後，當查核人員發現受查者確實有舞弊或錯誤等行為時，也提供了如何妥善報導這些事項的指引。

在審計準則公報53號中使用「違法行為」（irregularities）的字句，卻在後續82號公報中，被「舞弊」（fraud）所取代。其原因係查核人員本質上就必須檢視受查者財務報表是否有重大誤述或侵盜資產的行為，若為刻意者，則可歸類為舞弊；反之則為錯誤。

審計準則公報53號及82號皆要求查核人員必須評估財務報表中含有重大誤述之風險，基於此風險評估下，查核人員才能對偵測財務報表中重大錯誤、違法行為及舞弊提出「合理之確信。」我們須謹記財務報表中只要包含一個重大誤述，就足以影響所有報表使用者的決策，有鑑於此，審計準則公報才會要求查核人員必須評估重大誤述之風險。

為求合理評估風險，查核人員必須了解受查者管理階層之品行、高階人員是否能直接逾越控制環境、公司所處產業之現況、公司營運特性及財務狀況是否穩定等問題。

然而查核人員亦有無法偵測出錯誤或舞弊的情況，可能係因受查者管理階層有串謀或刻意隱藏資訊的行為，亦可能是查核人員無法徹底驗證相關文件的

真實性所造成的。舉例來說，當公司使用偽造的文件，或是高階管理人員利用其職權逾越內部控制時，都能造成查核人員無法正常的偵測舞弊等事項。即便如此，審計準則仍要求查核人員應能夠做好下列兩項事：⑴在查核的計畫及執行的過程中，盡專業上應有之注意力，並謹慎評估查核程序所造成的結果及程序是否適當；⑵隨時保持專業懷疑之態度，以合理確信能夠偵測出財務報表中所包含的重大錯誤及舞弊。會計師事務所並不是保險公司，因此我們無法提供完全的保證，僅能合理確信財務報表並沒有重大的誤述。

查核人員應對於各種與查核風險相關的因素，應秉持著專業懷疑的心態來考量，尤其是受查者的內部控制結構。

在查核規劃的階段，查核人員即應估計受查者發生重大誤述的風險，此外，可依據對受查者內部控制的了解，來提升或降低重大誤述的風險。其他的考量如：是否在查核交易時有遭遇顯著的困難？是否有不尋常的關係人交易？在閱讀前任會計師的工作底稿時，是否發現工作底稿有誤述存在？

當有下列情況時，審計準則亦要求查核人員複核與風險及內部控制相關的資訊：管理階層是否有傾向扭曲財務報表的意圖？受查者之政策及程序無法付諸實行是否因其職員能力不足？是否有跡象顯示受查者缺乏內部控制？譬如工作區域混亂、銷貨退回過高、存貨短缺問題嚴重以及重要交易文件遺漏等等。資訊系統是否缺乏控制？缺乏適當的政策及程序來維護資料及資產的安全。

查核人員需要考量整體查核執行之效果，高風險的公司需要較有經驗的人員及較廣泛的測試，同時的，高風險亦會同時提高查核人員專業懷疑之程度。

一般公認會計原則對於專業懷疑的說明如下：

　　　　查核人員應秉持專業懷疑的心態，方能盡專業上應有之注意力。據此，查核人員對於各類事項應謹慎考量，不輕易相信受查者之說詞；在查核證據之方面，審慎要求達到適切與足夠之標準。查核人員應善用其專業知識與技能，並秉持誠實及正直的心態，來蒐集並客觀衡量查核證據，以謀求大眾之福利。

　　　　查核人員依據一般公認審計準則在查核財務報表時，於規劃及執行時應秉持專業懷疑之心態。查核人員對於管理當局之看法並不預設任何立場，僅依

據蒐集而來的證據，其中並包含了前期查核的資訊，以客觀衡量財務報表是否能免於重大誤述。

審計準則亦強調了查核人員應能妥善處理受查者之不法事項及異常行為。雖然查核人員有義務去糾舉受查者之不法活動，但並不代表公司可以完全依靠查核人員，而自身不做任何控制。查核人員應該是在公司本身有既定控制及規定的情況下，協助偵測及揭露其不法行為，該控制可能包含了公司政策及監督系統。最後，查核人員應能判斷公司是否依據其政策營運，若有不法行為，不論其重大性，皆應加以報導。

透過Cohen Report及審計準則，我們了解了查核人員必須擔負的責任。在下一個部分，我們將介紹查核人員的另一項重要義務，亦即維持獨立性的義務。

獨立性

之前我們已介紹過查核人員的責任，但若要善盡這些責任，則必須維持獨立性。以下我們可先參考Burger法官對於獨立性的聲明：

獨立的查核人員在執行查核時應優先考量客戶之債權人及投資者，若要妥善發揮「投資大眾的看門狗」之功能，則查核人員必須隨時隨地都與客戶保持完全獨立的關係，並完全的獲取社會大眾之信任。

在Burger上述的聲明中，其中最重要的關鍵為「完全獨立。」但該如何完全獨立呢？又要如何做才能完全獲取社會大眾的信任？完全獨立是否真有其必要性？查核人員又該如何判斷自身獨立性的程度是否足夠呢？

一般來說，完全獨立係指實質獨立及形式獨立，之所以會如此規定係因美國會計師協會的職業道德規範中，說明了獨立性的兩種形式，分別是實質獨立及形式獨立（independence in fact and independence in appearance）。實質獨立

的概念可套用在所有會計相關從業人員的身上，我們可試著想想若一位會計人員或查核人員實質上不獨立，那麼他們可能因利益衝突的關係，而報導出錯誤的財務狀況，造成財務報表使用者利益受損。

至於形式獨立則不一定可以套用在所有會計相關從業人員的身上，對於獨立的查核人員來說，保持形式獨立不但必要，也非常重要；但公司的會計人員是否有此必要？則尚待討論。

最近關於獨立性的考量，我們可以參考獨立準則委員會（Independence Standards Board）所出版的刊物：*A Statement of Independence Concepts: A Conceptual Framework for Auditor Independence*。獨立準則委員是在1997年，透過當時美國證券交易管理委員會的主席Arthur Levitt與美國會計師協會共同協商成立的。獨立準則委員會係替查核公開發行公司之查核人員，建立一套獨立準則規範，以達謀求公共利益、保護投資大眾及促進社會對證券市場信任之目的。此外，各類證券交易管理法規亦說明了公開發行公司財務報表的正直性及可靠性，大部分須仰賴查核人員所具備獨立性之程度。

在獨立準則委員會的首頁，敘述了「獨立準則委員會之架構及發展，係透過美國會計師協會、其他會計專業代表之團體以及美國證券交易管理委員會協商討論後，所共同決議得來」。然而在美國會計師協會的部分，由於部分事務所認為獨立性的要求，會造成他們必須放棄諮詢的業務，因此這些事務所反而對美國會計師協會施加壓力，最後獨立準則委員會在2001年的8月解散了。不過也由於安隆案的關係，最終五大會計師事務所也將諮詢業務從審計業務中分割出來。因此從上述的故事來看，我們可以了解獨立性還是有其必要。

John Bogle對於上述的情況做了額外的補充：

　　我們的政府、管理當局、公司以及會計從業相關人員都認為查核人員與客戶間的獨立性，為財務報導系統中最為重要的部分。而查核人員的獨立性係指查核人員與客戶之間不具任何能嚴重損及查核及財務報表有效性之關係。簡而言之，我們可說查核人員守護著財務報表的真實性。既然知道查核人員維持獨立性的重要，因此後續在推廣這觀念時我沒聽到任何反對的聲音，不論是公司、專業人士、管理當局、司法界、金融業以及替客戶管理投資的財

產管理人等。

接下來我們看看已解散的獨立準則委員會對於獨立性是怎麼定義的，該委員會將查核人員之獨立性定義為：「查核人員可免於某些壓力及因素，這些壓力及因素確定能夠或是合理預期能夠造成查核人員於執行業務時，無法做出公正適當的決策。」上述的壓力及因素，係指能「顯著」影響查核人員無法做出公正適當決策的部分，並非全部。此外，在上述定義中提到的「合理預期」，係指理性的財務報表使用者及投資者，在獲悉某些資訊後，會做出的合理推測。舉例來說，假設我同時為某家公司的簽證會計師及股東，我可能會出具對股價有利的查核意見，來藉此獲利。也可能是我所查核的客戶，向我表明若出具他們想要的查核意見，就與我簽訂管理諮詢顧問的契約。若上述情況在報表使用者或投資人知情的狀況下，都會理性地懷疑我所出具的查核意見及報告，是否正確無誤。

接下來探討上述提過的壓力，壓力的來源為何呢？從家庭、朋友、熟人、工作夥伴等關係，都可能是壓力的來源。制定準則的委員會就為此發布了相關規範，將那些一般會被認定為「可能造成查核人員做出偏差決策」的活動及關係做出了限制。雖然某些查核人員或許可以在這些情況下保持公正的態度，但由於這些活動及關係能夠讓外界合理預期查核人員可能會有偏差的決策，為避免發生誤會，因此準則一致適用於所有查核人員。雖然不遵守這些規範不一定會影響查核人員的客觀態度，但至少會造成查核人員形式上的不獨立。

最後，我們必須注意並非所有可能損及查核人員獨立性的關係及活動都已列入規範，有些情況未列入規範並不代表完全沒問題。因此我們可說：「為維持獨立性，遵循規範是必須的，但卻不一定足夠。」

接著我們將注意力轉移到查核人員維持獨立性的目標為何？並在藉著這個目標為焦點來說明查核人員應如何做才能達到維持獨立性的目標。查核人員維持獨立性的目標係為增進報表使用者對報表的信任程度及促進管理當局營運的效率。

獨立準則委員會對於哪些事情會影響獨立性提出了四個基本準則及概念來作為參考指引。四個與獨立性有關的觀念分別為：(1)威脅；(2)防護措施；(3)

獨立性風險；(4)會明顯威脅或加強防護措施的事物。在第一部分「威脅」的地方，就提到了下列這段話：「任何威脅查核人員獨立性的事物或關係，都可能成為潛在影響查核人員於查核時無法做出公正適當決策的原因。」

下列是五項危及查核人員獨立性的威脅：

1. 自我利益（Self-interest）造成的威脅。
2. 自我複核（Self-review）造成的威脅。
3. 擁護關係（Advocacy）所造成的威脅。
4. 親暱關係（Familiarity）所造成的威脅。
5. 遭受恐嚇（Intimidation）所造成的威脅。

Gordon Cohn在一篇名為「Auditing and Ethical Sensitivity」的文章中，探討數種損及查核人員獨立性的因素。一開始先探討家族間的財務關係是否影響獨立性，而結果亦明顯地呈現了查核人員若與客戶有親屬或財務利益關係，將會造成利益衝突並影響查核人員的獨立性。因此，美國會計師協會制定的職業道德規範亦禁止了這種關係的存在，即便查核人員可以克服利益衝突的問題並在其簽證業務上保持正直誠實的態度，這類的關係仍會引起外界的懷疑。因此為避免這種情況，查核人員應保持形式上的獨立。

但依舊還有多種情況會造成利益衝突並損及獨立性，就如同Cohn所說的：「會計師事務所可能會為了最大化事務所的利益，而配合客戶出具他們所想要的查核意見及報告。」

根據Cohn所說的，查核人員獨立性的問題主要來自兩個地方：第一是查核人員確實缺乏獨立性；第二是會計師事務所無法有效的發揮其功能。

關於查核人員缺乏獨立性的問題，我們可先看看下述的情況。在安隆案中，事務所為了保留客戶以及增加利益，因而配合客戶的意見，造成我們可做出查核人員會因為公費的問題而損及獨立性的結論。

與客戶有其他財務關係也可能損害到獨立性。舉例來說，同時承接同一家公司的查核及管理諮詢顧問的業務，會造成事務所更加的依賴該客戶所提供的公費。這種「購買意見」的情況會造成查核人員失去獨立性，「購買意見」就

如同字面上所說的一樣，客戶向查核人員表示願意以多少的公費，來要求他們
出具自己所想要的意見。當會計師事務所有向客戶屈服的情況時，我們就該立
即懷疑會計師事務所可能有道德上的問題。

　　就另一方面來說，也是有人認為查核人員可以同時執行查核及諮詢等服
務，並藉著這些服務的協調合作，來改善現有的服務，因此並不影響其獨立
性。然而在某一項研究顯示，經過長達十五年的追縱調查，有部分的事務所
因為管理諮詢服務的關係，造成審計部門發生與客戶妥協的情況。不過在1991
年，一位叫作Bartlett的人認為美國會計師協會對於獨立性的定義含糊不清，並
說明某些案例是在庭外和解的，因此若引這些案例來說明事務所的正直性受到
減損可能並不適當。最後，由於近來的數個弊案，因此較少人對獨立性還存有
爭議，此外，五大會計師事務所也做了相關的決策來限制提供管理諮詢顧問服
務給予他們所查核的公司。

　　會計師事務所本身結構的缺失造成無法有效地發揮其功能則為第二個威脅
事務所獨立性的因素。先舉個例子來說，假設今天你是一位老師，你懷疑你的
考試可能有人作弊，那麼你要花費多少的時間來找出可能作弊的方法及工具？
另一個問題，你應該花費多少時間及心力來判斷哪些考卷是有問題的？

　　Keller及Mangheim曾指出一個問題，由於事務所使用嚴格的時間預算，造
成了數個問題。首先是時間的使用上，本來就不易觀察及監督；再來是為了效
率的問題，因此不斷地砍加班工時，但也造成審計品質低落的問題；最後是由
於時間限制的關係，因此查核人員應做的工作及調查皆低於合理水準，並容易
輕易地接受客戶的說辭。

　　根據Schlacter的說法，只有在高道德水準的工作環境下，忽視道德的人才
可能無法受到公司提拔；此外，Montagna亦表示在會計師事務所，若是太過個
人主義，也將難以升職。因此根據上述兩種說法，在本章開頭Nancy的例子中，
像Nancy這種人可能就會因為質疑管理顧問部門的工作，而受到他人側目，大大
的打擊了未來他在事務所發展的空間。

　　我們再度回到獨立準則委員會提出的報告，其第二點提到能增進獨立性的
防護措施，在此我們定義為：「能減少或消除威脅查核人員獨立性的因素的控
制措施。」而這包含了許多層面，例如要求適當揭露、訂定完善的政策、適當

的控制程序及遵守相關的準則及規定等等。

　　獨立性風險為一個重要的觀念，我們可將它定義為：「威脅查核人員獨立性的風險，並就某一程度而言，無法藉由防護措施來徹底降低或消除該風險，因此查核人員會受此影響造成無法做出公正適當的決策。此外，獨立性風險會受到威脅的增加而提高，但也會受到防護措施的增加而減少。」

　　最後一點則是會明顯威脅或加強防護措施的事物。會威脅到防護措施的事物，即代表會威脅查核人員的獨立性，而增加獨立性風險，有鑑於此，關於最後一點與第三點，兩者都建立了一套觀念架構來衡量風險的種類。由於偏差的決策與利益衝突等問題總是存在，並威脅到獨立性，因此我們必須先衡量不同的風險水準。舉例來說，事務所本來持有A公司的股票，並查核B公司，但因A公司與B公司突然合併，造成事務所持有受查者公司的股票。像這類的情況，我們就必須去衡量判斷該威脅的嚴重性。

　　在獨立準則委員會關於獨立性風險及顯著威脅獨立性的相關報告中，提出了數個計算獨立性風險的公式。

　　在介紹完上述四個概念後，接下來將介紹四個準則來衡量查核人員的獨立性：

準則一

　　估計獨立性風險的水準：欲估計獨立性風險水準者，須先考慮威脅查核人員獨立性的事物其類別及顯著性，亦要考慮能增進查核人員獨立性之事物其類別及有效性。

　　為了協助估計風險水準，獨立準則委員會的報告建議查核人員可以分別檢查下列五種不同獨立性風險的水準：第一種是無獨立性風險，亦即無損及查核人員客觀獨立的可能性；第二種是輕微的獨立性風險，有輕微的可能性損及查核人員的客觀獨立；第三種是中等的獨立性風險，有可能損及查核人員的客觀獨立；第四種是高獨立性風險，很有可能損害到查核人員的客觀獨立；最後一種是最高獨立性風險，代表絕對會損害到查核人員的客觀獨立。

　　若上述的風險水準無法適用於衡量某一事項，那麼查核人員可以回報給相關單位，相關單位會協助查核人員應如何適當處理。

準則二

決定可接受獨立性風險水準：估計完獨立性風險水準後，查核人員需要決定自身能接受的獨立性風險水準之高低。

準則三

考量成本效益：查核人員必須確保為降低風險而增加的效益，必須高於增設防護措施所花費的成本。

準則四

應考量外界人士對於查核人員獨立性之相關議題的看法：查核人員應考量投資者、其他使用者以及對財務報導之公正性有興趣的人士，對於與獨立性相關議題的看法，並以查核人員必須具備獨立性為基礎，來處理這些相關的議題。

我們必須先認知徹底的獨立是非常難以達成的，獨立準則委員會出具報告的目的係為了提供查核人員一個觀念架構，讓他們判斷自己達到了多少關於獨立性的要求，以降低獨立性風險，避免在查核時做出不公正適當的判斷。

為了保護獨立性，美國證券交易管理委員會發布了「Revision of the Commission's Auditor Independence Requirements」這份文件，其生效日期為2001年2月5日。而這份修定後的規範，辨認出某些非審計的服務但損害到查核人員的獨立性，並受到許多專業人士的抵制，然而美國證券交易管理委員會的Levitt及部分感到未來可能會發生問題的人士，都認為這些規範是必要的。由於安隆案的關係，Levitt希望管理當局能對查核人員做出更嚴格的控管。

我們可以參考John C. Bogle對於該規定的看法，根據Bogle的認知，這份規範僅禁止會造成以下情況的服務：「與利益交換或衝突有關、查核自己事務所的工作、與客戶的關係變質，變成客戶的管理者或員工，或是失去客觀的立場，變成擁護客戶的一方。」

Bogle的聲明如下：

任何理性的人應該會在閱讀這個規範的摘要時，就感到無法認同，因為這個規範會威脅到查核人員的獨立性。

　　我們必須先說明一點，不論查核人員是否能在任何情況下維持獨立性，許多管理當局皆能安排一些合約或協議，使查核人員與公司間，由原本專業查核的關係，變成一種商業上主顧的關係。而這個議題我以前就曾表示過看法，若是讓查核由專業變為商業的性質，將會造成許多潛在的利益衝突問題。

Bogle認為有些給予委員會的建議，是非常有價值的：

　　我也閱讀了很多反對這些規定的意見，有些部分的爭議，其實很值得我們去思考，尤其是那些較技術性的規定。某些會計師事務所由於不必要的限制，造成他們無法在業務考量上與他人結為戰略同盟。或是某些複雜的定義，如「重大直接投資」、「受查者的分支機構」等等，太過複雜反倒容易造成查核人員容易混淆不清。因此，我希望委員會以及會計界專業人士可以共同研商，找出解決這些爭議的好方法。

不過也是有部分的觀點，Bogle認為毫無價值可言：

　　不過其他反對的觀點，我認為其毫無價值可言。我並不覺得美國證券交易管理委員會對會計專業提出的規範為無保證的或侵入性的，我也不認為委員會提出的新規範會造成會計專業的束縛，但我認為事務所與客戶間日益複雜的相互關係會損害獨立性的觀念。就我目前的觀察，有愈來愈多的公司請求事務所協助他們制定營運、管理、戰略及國際業務等相關決策，如果有人說上述的這些行為不算插手公司的管理決策，因此不影響獨立性，那麼我也不知道什麼才算是管理決策了。

　　簡而言之，早在安隆案以前，大家就曉得查核人員獨立性的重要，安隆案只是剛好為一個最惡名昭彰的例子。在2000年5月，Gretchen Morgenson在《紐約時報》上寫了一篇關於會威脅獨立性事物的文章，該文章的開頭如下：

　　在最近這幾年，查核人員的獨立性成為一個棘手的議題，由於事務所轉型為提供全面性的服務，因此逐漸將重心放在較能獲利的諮詢顧問服務上，而非審計業務。根據美國證券交易管理委員會的資料，審計業務帶來的收入由1977年的70%，降到目前的30%；相較於管理諮詢等服務，則由12%提升到目前事務所收入的一半以上。

　　會計專業的型態已逐漸改變，在二十五年前，查核人員就是被認為應該去做查核的工作，但現在則不然。由於審計業務已不如以往般的賺錢，因此如五大會計師事務所都開始往其他較能獲利的業務去擴張。但這些業務，如財務顧問、稅務會計、管理顧問等，都有潛在的利益衝突的問題。

　　之所以會有潛在的利益衝突，係由於查核人員可能會為了獲取管理諮詢顧問的公費，而刻意放寬查核的標準，或配合管理當局出具查核意見。John H. Biggs擔任TIAACREF的負責人，就表示了他們的組織訂定了提供查核與管理顧問服務的事務所必須為不同的事務所的規定，否則給予查核與管理顧問的公費落差過大時，可能會有失衡的問題發生。

　　綜上所論，會計師事務所由於財務上的壓力，因此被迫去找尋其他的收入來源，造成他們對於形式上獨立的要求，愈來愈不嚴謹。然而美國證券交易管理委員會的Arthur Levitt卻不認同這個說法，他在2000年5月10日於紐約大學所做的演講中，清楚地聲明了查核人員不但應該迴避利益衝突的事項，也要避免那些會損及形式獨立的任何活動。根據Levitt所說的一段話：「查核人員在從事查核工作時僅保持獨立是不夠的，他們還要讓投資人能信任他們的查核品質，並能讓社會大眾感受到查核人員有確實的保持獨立。」

　　然而在安隆案後，我們得到的結論難道僅是重視形式獨立嗎？或許有人會爭議查核人員難道就沒有能力解決利益衝突的問題嗎？或是查核人員不能有骨氣地去選擇對的事嗎？

　　Lynn Turner為美國證券交易管理委員會的前任職員，他將眾多與形式獨立相關的爭議加以考慮衡量，並引用了四篇不同作者但同樣強調形式獨立重要性

的文章，再以Burger法官的意見為開端，寫了下面這篇文章：

美國證券交易管理委員會要求查核人員能確切做好查核財務報表的工作，以降低投資大眾對於信賴錯誤資訊的恐懼，達到鼓勵社會大眾踴躍投資的目標。財務報表中表達的資訊不但要精確，更重要的是讓投資大眾相信他是正確的。投資大眾對於財務報表的信任水準來自於外部查核人員的獨立及專業程度，假如投資人認為查核人員的立場並不中立，反而偏向客戶，那麼該次查核即失去其意義價值。

會計專業長久以來就一直要求查核人員不但要實質獨立，也要形式獨立。在審計準則公報第一號中，就陳述了：「一旦有證據顯示查核人員缺乏獨立性，或是能夠讓理性投資人合理懷疑其獨立性受影響時，那麼查核人員之公信力將會大為受損。查核人員不但要實質上獨立，也要避免能讓外界對其獨立性起疑的情況。」

目前有消息透露了美國證券交易管理委員會在制定規範時，強烈地要求查核人員與客戶間維持形式獨立。前任聯邦儲備委員會的負責人Paul Volcker，在回答「查核人員於提供非審計服務時，似乎有利益衝突的情況」的問題時，明確地表示了：「確實有利益衝突的情況發生，雖然查核人員無法完全避免利益衝突的問題，但是這問題卻愈來愈明顯……」

John Whitehead為Goldman Sachs的前任共同主席，也是許多審計委員會的會員，他表示了：「財務報表可說是資本市場的核心，他是我們用來分析投資決策的基本工具。而投資者有權利完全依賴財務報表的正確性，但若該財務報表受到大眾懷疑，投資者將無法信賴這些報表，此時整體資本市場也將遭受損失。」

總而言之，之所以避免形式上的利益衝突，就是為了不去明顯影響查核人員的獨立性。人們都需要最真實的資訊，才能做出最佳的決策，因此若由可能有利益衝突問題的人來發布這些資訊，將會降低資訊真實性及可靠程度。理性的人都會以常理來衡量他人的行為，譬如煙霧瀰漫時，會懷疑有火災。同理可證，當有可能發生利益衝突的情況時，人們也會懷疑其獨立性。

　　人們都會先依據自身的想法來回應外界的事物，譬如一個人在生氣，或是在痛苦時，我們就會以不同的方式來對待他。同樣地，相信及懷疑一個人的對待方式也會有所不同。

第八章

管理與財務
會計道德

為了讓利潤可以平穩地成長，很多公司都會操作他們的報表。有些會計人員做假帳的能力讓人難以想像。如：電鋸—鄧列普，一個完全喪失可信賴性的經理人員。

　　美國證券交易管理委員會在12月中旬時，對W. R. Grace的經理人員提出訴訟案，因為他們為了美化公司營運結果，玩弄報表上的數字遊戲。這個案例值得我們注意，因為它是個很好且重大的例子。

　　在Litigation Release No. 16008，美國證券交易管理委員會指出Grace's Health Care Group為了誤導資本市場參與者，在1991年到1995年間做假帳。特別是，它指出Grace的經理，從事盈餘管理的行為，以達成他的目的。

　　即使金額不大，他們所作的行為很明顯是錯的。一般公認會計原則規定，收益於賺取收益之活動本質上已完成時，與收益金額可合理決定時認列。並沒有允許經理人員只是因為他們想，就加速或延遲認列收益。如果兩種情況都發生時，那麼就需要互相調整才能配合。如果沒有任何情況發生，那麼就不需要做任何調整。

　　公司價值多少？公司有什麼資產？公司有什麼負債？公司適合什麼樣的內部稽核程序？如何知道這些？這些都是財務會計人員或管理會計人員的任務。

　　在討論管理會計人員與財務會計人員時，我們要知道他們為公司服務，通常不是公司的財務主管就是主計長，並應做好其份內的工作。通常他們是公司的員工，管理會計人員可以成為財務經理、會計人員或內部稽核人員，端視他們在公司內的職位，以及公司或組織的大小及性質。為公司服務的會計人員有許多與外部查核人員相同的義務，但是他們對公司有不同於外部查核人員的責任。比較外部查核人員與內部經理人員（包含內部管理會計人員），獨立準則委員會（Independence Standards Board）指出：

　　　經理人員對財務報表負有責任，且編製財務報表時，因有決策與評價的工作，不能委派給外部查核人員或其他人。無論提供什麼服務，外部查核人員必須了解經理人員的專業能力是否適當，並對經理人員在決策的過程中，所

做的假設與評價感到認同才行。

公司的會計人員—不論是財務主管、評價專家或記帳人員，都有責任表達公司的財務狀況。本章將說明，他們須儘可能正確與真實地表達公司財務狀況，即使此財務狀況不利於公司，他們也有此義務。可能有人說過，即便管理會計人員對公司負有責任，且他們是公司的員工，但是他們還是有義務去真實表達公司的財務狀況。

The Standards of Ethical Conduct for Practitioners of Management Accounting and Financial Management，為管理會計人員的道德準則，並指出他們的義務是：「管理會計人員與財務經理，對大眾、其職業、服務的公司以及自己，有義務遵循標準最高的道德指引準則。」因此，根據道德準則，管理會計人員至少對四種利害關係人負有義務，一般大眾、同業人員、服務的公司、與自己。根據本書主要的原則，會計人員最主要的義務是做好他們工作，並儘可能正確表達公司的財務狀況，包含資產與負債，或對其主管盡告知的義務。

想像一下除了正確的財務報告以外，還有什麼因素會影響管理會計人員的行為。接下來看個例子：

　　一位在農具機器公司上班的新主計長，發現公司有許多老舊的機器存貨，她正煩惱要如何正確地表達它們的公平市價。公司的總裁告訴她，等到查核人員發現那些舊機器時，就「顯示它們」正在周轉中的存貨。

為什麼公司的總裁要這麼做，很明顯地，如果公司盈餘有一個好的結果，公司的股票價值就會提升，股東就會高興，銀行就會考慮放寬融資條件，預期會吸引更多新的投資者，最後一點，對總裁的年終獎金可能會提升。總之，表達良好的財務狀況對公司有許多好處。

然而這樣誤述財務資訊的行為是道德的嗎？會計人員未揭露這樣的行為不算說謊嗎？即使這樣的行為對公司是有利的，它仍然還是不道德。很明顯地，這樣的行為對投資者、利害關係人或股東會是不公平的，因為他們需要依照公司的財務資訊來做決策，所以他們有權利知道公司真實的財務狀況。

假如總裁希望會計人員儘可能表達良好的財務狀況，以影響董事會考慮延長總裁的任期時，如果會計人員不遵守總裁的要求，那麼他就有被解僱的危機。但是，若依照總裁的要求，則會違反道德，尤其是管理會計的道德規範—客觀性之責任。

管理會計人員具有公正且客觀地傳達資訊的責任，且由於說謊被視為有心人士達成目的的手段，所以規範要求管理會計人員須「充分揭露合理預期會影響使用者，了解報告、評論與建議的相關資訊。」

我們之前已經討論過審計上公正的意義，這對我們現在要討論的問題是有幫助的。我們從 *Black's Law Dictionary* 中找出一般公認「公正」的意義：「具公平且誠實的特性：無偏見、偏袒與自我利益、正直、平等、無利益衝突。」我們認為如果資訊依照總裁的希望表達，那麼資訊就不能公正且客觀地傳達。資訊就變得不公正、不公平、不誠實、偏頗以及具自我利益。同時也無法充分揭露合理預期會影響使用者，了解報告、評論與建議的相關資訊。

我們認為在市場經濟中，適當的充分揭露必須的。如果為了影響董事會而扭曲報表，最後會因為報表扭曲，導致董事會延長總裁的任期。如果為了影響股票市場，則很有可能有人會從事讓財務報告錯誤表達的行為。換言之，利益衝突存在於管理會計人員的自我利益與其他人的利益中，包含總裁的利益。但是在這裡我們要注意的是，除了總裁與公司，更多人支持管理會計人員應該負擔的責任。

我們來參考規範的規定，規範指出四項道德指引準則：能力、保密、正直性與客觀性。最後並指出為了解決某些道德問題，有可能會導致「告密」（blowing the whistle）。

能力，準則預期管理會計人員有能力：意指他應該擁有適切的知識與技術；遵循法律規範與技術準則；並且能經適當分析後，以可信賴與相關的資訊為基礎，清楚與完整地編製財務報告。

保密，這是一個很普遍的要求，避免洩漏公司的機密資訊，除非受到允許或有法律義務時。

正直性，它要求防止「實質上或形式上的利益衝突」，以避免影響實行道德責任的能力。他們也須拒絕收賄，且不應該影響組織目標，但是應該要以其

專業能力，不論企業的偏好，完整正確表達資訊，以避免發生喪失專業信譽的行為。

客觀性，是最主要的準則，它要求管理會計人員「充分揭露所有被合理預期會影響財務報表使用者的相關資訊。」

我們了解了道德準則的要求，了解到會計人員最基本的職責並不會隨著查核人員變為管理會計人員而有所改變。以下是由Bill Vatter在*Managerial Accounting*（1950年出版）一書中所提出的評論，我們從它的介紹中節錄下來。

　　　　會計的基本職責之一是，獨立於其他人來編製財務報告，所以資訊才能被認為是攸關且公正的。查核人員與管理會計人員的主要職責是，完全自由地做出獨立的判斷，因而他們可以客觀地觀察與評估企業經營的績效。……這是一項會計上很重要的觀點，並且這也是一項會計職責必須與管理分離的原因。我們必須謹記獨立之觀點。

因為管理會計人員有義務編製公正的財務報告，所以會計職責應該與管理分離。這不只是道德上的聲明，也是管理上的見解。為了做出決策，在公司內須儘可能正確地表達公司的財務狀況。例如，總裁為了自己的利益做出不利於公司或股東或其他人的行為，使得公司財務狀況無法正確地表現出來。然而，因為會計人員對公司與利害關係人負有責任，所以會計人員不該從事總裁所交代的行為。

我們都知道《國王的新衣》這個故事，國王身邊所有的人都誇獎國王的新衣很好看，而不敢告訴他事實。現在企業的健康程度，取決於決策的基礎上所使用的事實和資訊。因此如果企業的資訊赤裸裸地攤開來，那麼就最能了解企業的情況。而將企業的資訊赤裸裸地攤開就是會計人員的任務，且就長期來看，做假帳對任何人都沒有好處。因此，接下來要探討會計人員為何會刻意誤述財務資訊？

Saul W. Gellerman在他的文章內提出四個經理人員用來合理化自身行為的原因。這些原因對管理會計人員而言是有啟發性的，並且有助於察覺不實表達之財務報表。

　　第一個原因就是認為自己的行為合乎道德與法律規範，但實際上這行為並不道德。在*Newsweek*中，最近有一篇文章The Sherlocks of Finance, Daniel McGinn指出鑑視會計人員Howard Schilit發現如United Health Care, 3M，與Oxford Health Plans公司習慣利用激進會計政策（aggressive accounting）來掩飾事業的衰退。Howard Schilit指出「激進會計政策會扭曲公司實際的財務狀況」。

　　　　Schilit特別指出因為近年來經濟的衰退，與法律漏洞，開始有吹噓利潤與收入的「窗飾」（window dressing）效果發生。他不認為這是舞弊。他強調會計技術是以一般公認會計原則的規則為基礎，但是一般公認會計原則也受解釋令影響—使得公司有很大的空間，得以選擇要保守或積極地紀錄財務上的交易。

　　一般公認會計原則的應用是一種藝術，而非科學，並且即使在一般公認會計原則之下，很明顯地還是有很多機會表達有利的而非不利的財務報表。然而，在這些案例中，很有可能其行為表面上遵守了法律的字面條文，但是本質上卻違反了法律精神。例如安隆，遵守法律的字面條文就是安隆會計人員的一貫手法，Baruch College的會計教授Douglas Carmichael指出「安隆宣稱遵守規則，並且宣稱『我們怎麼可能違反那些規則？』他們建構了特殊目的個體去遵守法律的字面條文，但是本質上完全地違反其精神」。

　　如果有人表面上遵守法律的字面條文，而本質上卻違反了法律精神，則應該問他為什麼要這麼做。這些人時常會利用他人，也時常會利用法律的字面條文宣稱「那是法律」，但刻意宣稱遵守法律的行為已經指出此人已猶豫了其行為的正當性。如果此人猶豫去做某事，則通常是因為他懷疑了此行為的正直性。他應該要嚴肅地問自己「為什麼我不願意做這些事？」通常我們建議當有疑慮時，就別做這件事。

　　第二個原因「相信該行為對個人與公司來說是最好的利益—個人指從事該行為之人」。管理會計人員，當然是公司的員工，他不為會計師事務所工作。因此預期他們會忠於付薪水給他們的公司。忠誠似乎要求他們做對公司有利的

事情，如果他們是客觀的外部人，就不會做對公司有利的事情。很自然地，管理會計人員付出他們的忠誠心給公司，然而管理會計人員的道德準則要求管理會計人員須對大眾保有客觀性與義務。

根據Andy Serwer，奇異公司（以下簡稱GE）利用會計方法創造101個直接提升盈餘的項目以模糊真實資訊。「GE將某些企業的利得與損失，尤其是在財務服務這塊，綜合成GE Capital，來與其他部門各季的利得與損失互相抵銷調整。……問題在於：即便GE曾經犯錯並且選擇隱藏錯誤，投資者也可能難以發現這些事實。而且這類的盈餘管理行為可能沒有違法，也可能沒有不道德，但這樣的情況卻使得資訊難以理解。」安隆利用特殊目的個體隱藏損失，當然它是合法的，但是事實上卻有可疑的陰謀。那些公司遊走在道德的邊緣，宣稱那些不道德的行為是出自於對公司的忠誠心，其實他們的動機是為了要獲得較多的獎金。

對第二個原因，有兩件錯誤的觀念。第一，不道德的行為對公司來說，可能非最好的長期利益。從那些說謊、隱瞞資訊或詐騙顧客的公司來看，就可發現應考慮其長期利益才能使公司處於最好的情況；第二，為了公司的目標利用他人，會嚴重傷害到那些人。總之，各項類似的行為常常是不公正或有害的。

第三個原因「相信該行為是安全的，因為從來沒有人發現或公布」。如果觀察Cendant、Livent、Rite Aid與Sunbeam，則會明顯地發現他們都做假帳，因為他們相信不會被發現。在*Business Week*中，Michael Schroeder舉出Schilit在Kendall Square Research Corp.的研究發現，這家公司賣給各大學電腦，同時在各大學還未付款時就認列收入。最後，在文章內所有做出不法行為的公司都被捕，例如Micro Strategy被美國證券交易管理委員會控告舞弊。

如果回想W. R. Grace的案例，會發現相同的情況。

　　當查核人員發現有很多假帳時，公司的情況就會變得更複雜，此時，最重要的問題是如何解決它們。在W. R. Grace的經理人員面臨三個選擇，第一個是允許之前的錯誤並且追溯調整。另外的選擇是，經理人員可以宣稱改變估計的方法，而將收入一次調整至保留盈餘中；或是以小金額的形式慢慢遞延於未來的保留盈餘中。要注意的是，我們所說的所有方法都只是帳面上的認

列，而非實際的金額。真實的淨利金額不會被任何過時的財務資訊影響。

如果這些主張是對的話，那麼Grace與PW應該坦承他們不良的行為與調整。然而以上所述一次調整的方式只會加重問題嚴重性，形成另一張不好的財務報表，而遞延會影響更多期的財務報表並且讓情況變更糟。因為這些方法的本質，是公司設計了更多的詐騙手法以掩蓋最先的錯誤。所以，經理人員應該確實消除使投資者難以評估公司的因素。

不令人驚訝的是，Grace的經理人員似乎採用了遞延的方法。憑著宣稱改變估計的方法，使盈餘符合預測。他們認為這是個解決小小的短期企業問題的好方法。然而現在他們已為其錯誤的抉擇付出代價。

同時，我們最要注意的一點是，重大性原則是幫助經理人避免不需要的成本，而非保護他們犯罪。重大性原則也不可能讓查核人員幫助與支持經理人員的詐騙行為。如果簡化記帳方法可以與最佳的會計記帳方法產生一樣的結果（例如直接沖銷小資本資產，而不將它資本化與認列折舊），那麼就符合了GAAP的重大性原則。

除此之外，我們也難以利用重大性水準的概念，來說明不去修正微小的錯誤是合理適當的行為。然而，利用重大性水準的概念來忽略可能詐欺財務報表使用者的行為，絕對是不適當的。因此，如果Grace的經理人員與查核人員認為金額小的舞弊是不重大的，那麼他們絕對是錯的！

我們注意到，第三個原因無法證明行為是合理的。因為經理人員知道他們所做的行為是錯的，但是只要不被偵破，他們就會認為那些預期有助於且有益於公司的行為，皆是合理的。在第一個原因裡，我們不確定該行為是否正確，如果我們懷疑該行為是錯的，則我們會試著去確認該行為是否合法。在第二個原因裡，該行為是令人懷疑的，但是忠誠的動機似乎是正確的，並且被認為有利於公司。在第三個原因裡，該行為很明顯的是錯誤的或至少令人可疑的，執行該行為時，可能兼具第一個原因與第二個原因，且經理人員相信其行為不會被發現。

最後一個原因「相信該行為會幫助公司，並且公司會寬恕甚至保護他們執行其行為。」從好的面向來看，經理人員的行為似乎有助於公司，即使其行為

是不道德的。公司寬恕其行為的程度，端視於公司領導者正直性的程度。如果領導者會寬恕違法與不道德的行為，那麼他將沒事。然而，有人認為，此寬恕只適用於違法與不道德的行為還沒被發現的時候。如同樹倒猢猻散，執行不道德與違法的行為的人們將會倒下。重要的是，如果有人（如會計人員）預期、發起、或鼓勵不道德的行為甚至寬恕違法的行為時，此人的正直性將會置於道德危機中。最好的方法是，即使會丟掉工作，也不寬恕類似的行為，並且拒絕鼓勵它。所以會計人員常常被解僱，但幸運的是，他們還是有很多工作機會。

接下來，管理會計的範疇中提到一個議題：告密（whistle blowing）。以下是面臨道德衝突時，同時公司的政策中未提供類似解決衝突的方法時，準則所提供的建議：

「若發現類似問題時，應立即與主管討論，除非有跡象顯示主管也參與其中，此時，應與更高一階的主管報告。」如果這樣還不能解決問題，就繼續找更高階層的人。除此之外，「除了法律規定以外，與其他機構或與非受僱於公司的個人討論是不恰當的。」

「與客觀的顧問（例如，IMA Ethics Counseling service）秘密討論相關的道德問題，是較好的方法。或者與你自己的律師商量，此道德衝突的義務與權利。」

「如果與所有內部稽核討論後，道德衝突仍然存在，那麼最好的方法就是，辭職並且呈交相關紀錄給適當的公司負責人。辭職之後，並端視利益衝突的本質，通知其他應通知的人。」

但是撇開準則的規定，仍然存在兩個問題。什麼時候允許告密？什麼時候告密是一個道德上的義務？

最近有一個影集Chicago Hope，故事是關於Chicago hospital裡的醫生。有一次有個病人在接受手術後，死在手術後的恢復室裡，這個病人的手術是由一個貪圖權利的醫生執行的，當時他同時有二到三個手術一起執行。這時產生的道德問題之一是，這個醫生的同事應該防止他再做出同樣的行為。醫生是專業人士，並且他們專業的道德義務之一是執行他們的專業工作。

　　會計人員雖然沒有這麼戲劇化的情況，但是也有類似的問題。想像一下以下的情節，假如你為一家很大的保險公司工作，擔任他們的會計人員，當你開始稽核公司的內部帳冊時，你發現有位經理變更他所有的業務紀錄，其中有1,035筆交易沒有相關的文件。這時，你應該怎麼做？你有義務告密嗎？如果你告密以後，高階管理階層就不會再做任何見不得光的事了嗎？再者，你需要辭職嗎？

　　在我們討論的專業精神中，其中一個必要的特性是，「會計人員應該對同業的人員具備精神上的忠誠，並且不應該允許任何會給整體專業形象帶來恥辱的不專業行為」。如果一位專業人士心裡出現「不應該允許任何會給整體專業形象帶來恥辱的不專業行為」的想法時，則就是該撇開對同業人員或公司的忠誠心的時候，而去告密。

　　在企業道德的範疇內，當員工知道他的公司或同事：(1)從事會造成不必要傷害的行為；(2)從事違反人權的行為；(3)從事違法的行為；(4)從事違背機構或專業上定義之目的的行為；或(5)不實的向上級、專業組機、大眾或政府機構報告時，就應該去告密。然而，這裡有兩個很重要的問題是：第一，如果我告密了，別人可以接受我的告密嗎？第二，如果我告密了，是因為道德上的要求嗎？

　　首先，我們來思考反對告密的想法。小時候，我們學到「不要告訴別人」的字眼。所以人們不只會猶豫是否要告密，也會覺得告密是錯誤的行為。「告密」（whistle blowing）源自運動界的「吹哨」，裁判利用吹哨子表示運動員不正當的行為。在競爭性的團隊運動中，你沒有必要去揭露你隊友犯規並叫裁判吹哨。因為這些觀念，使得告密被認為是不忠誠的。就像體育界不接受告密，企業界也學著不接受告密，並且他們都認為告密是不對的。

　　儘管小時候我們那麼認為，然而現在告密似乎是可被接受的。人類有義務防止某些傷害，如果防止傷害的唯一方法是告密，那麼告密就不只是對的，同時也是一項義務。所以為了防止大眾受到傷害，我們有義務去忽略對公司的忠誠義務，而去告密。

　　什麼時候該告密呢？為了防止不必要的傷害（包含違反人權、違法或違背專業上定義的目的）時，就該去告密。但是應該要滿足下列事項：

1.適當的動機

告密應該來自於適當的道德動機，也就是說不是出自於渴望出頭，或為了洩憤等類似的動機。不幸地，在企業中的人們常常只因為他們認為其他人搶了自己的業績，而去告密。告密不由告密者的動機決定，而是由行為是否違法或不道德決定。

2.適當的證據

告密者應該要有適當的證據，說服他人相信有不適當的行為被安排或發生。

3.適當的分析

告密者應該仔細分析已經發生或可能發生的傷害後，才去告密。告密者應該問自己：(1)違反道德行為的嚴重程度多大（微小的道德事項不需要報告）；(2)即時性的問題；（在違反道德之行為的發生之前，愈早建立內部機制，愈有機會預防違反道德之行為的發生）；(3)可以具體說明違反哪些道德觀念嗎？

4.適當的途徑

除了特別的情況外，告密者應該了解內部通報的程序後，再通知大眾。告密者應該具備避免或揭發違反道德行為的責任。如果有些人在公司內的義務是監督與回應不道德或違法的行為，則他們就有責任提出那些問題。因此，告密者第一個義務是，先通知公司管理階層，若無回應，才向社會大眾揭發。

而以下提及了告密可接受與可允許的情況，什麼時候報告給其他人是對的？再者，什麼時候專業人士基於道德上的義務，需要向同業告密？我們指出，在我們的社會裡，有個法定的協議—Good Samaritan原則—在某些情況下，人們有義務防止傷害發生。例如，如果我們看見一個小孩在池子裡溺水了，並且沒有人幫助他，此時，我們在道德上就有義務防止小孩淹死。接下來我們用這個例子去詳細說明由Simon、Powers、與Gunneman提出的四個情況：需要（need）、能力（capability）、接近（proximity）與最後依靠（last resort）。

1.需要（need）

若不幫助那名小孩的話，他將會淹死，所以需要幫助他。但若沒有傷害發

生或即將發生，那麼就沒有道德上的義務。

2.能力（capability）

如果那名小孩在很淺的池塘裡溺水，那麼大部分的人都有能力拉走他，但是若是在很深的湖裡溺水，那麼不會游泳的人，就沒有能力可以防止傷害發生，也就沒有義務去救那位小孩。據我們所知，道德上的「應該」（ought）暗示著「能」（can）。在告密時，能力也意味著成功的可能性。如果你告密的時候，沒有人聽你說的話時，那麼你就沒有可以防止傷害的能力，所以也就沒有義務。

3.接近（proximity）

雖然你不是造成小孩待在池子的原因，但是你還是有義務去幫助他，因為這件事情就發生你的身邊。然而，你沒有義務幫助世界上每一個人。

4.最後依靠（last resort）

如果小孩的父母在那裡，並且行使其職責時，救小孩就是他們的責任，這就是社會建立的責任分界。除非其父母很恐慌而且嚇到不能行動之外，你就有責任去救小孩。如果每一個人都嚇到不能行動時，則你就是小孩的最後依靠。在你專業的工作內，如果你是同事間唯一知道不道德行為的人時，則你就是告密的最後依靠。如果主管知道這項行為，則阻止不道德的行為就是他的責任。因此，如果他們因為什麼動機（例如怠忽職守或無能力）而不行動，則你就是最後依靠，責任的重擔就會落在你的身上。

Simon、Powers、與Gunneman並沒有考慮，成功的可能性。告密者應該要有成功的機會，才去告密。如果告密無法引起社會、公共團體或政府的壓力時，那麼他就不需要自己去告密。義務產生於防止傷害的責任，如果沒有需要防止的傷害，就沒有義務去防止傷害。如果告密者只是因為感覺不好，那他也沒有什麼必要去告密。

因此，告密的責任可以下列形式總結。如果你待在附近，也有能力防止傷害也不需犧牲某些東西，同時你是最後依靠，那麼不只是告密，你還擁有告密的義務。

在商業世界裡，公司與同事被認為是一個團隊，團隊會預期你要具備忠誠

心，並且會獎勵忠誠。背棄團隊的人例如告密者，通常被認為是不忠誠的，同時他們會造成團隊遭受懲罰。所以告密需要某種勇氣，然而這並不容易。但是若我們考慮到，社會實際上依賴著告密者的保護，以避免無恥經營者的傷害，就會發現有時告密是必須的。安隆的副總裁，Sherron Watkins在2001年8月寄了一封信給安隆的董事長Kenneth Lay，質問安隆財務行為與可疑的報告，並且警告實行不適當的會計政策已威脅到公司，在安隆案件中，他是一位英雄。因此專業人士必須了解，專業準則中偶爾會要求告密。專業人士例如會計師，如果他們在查核或從事會計工作的過程中，遭遇到違法或潛在有害的行為時，則他們有義務去報告那些行為。這些義務來自於會計師的專業地位與社會責任。當我們遭遇需要、能力、接近與最後依靠的情況時，應該去防止傷害。所以如果會計師遇到上述情況時，則他將有義務去告密。

總結管理會計人員的責任，第一個責任是做好執行各種會計上的工作。第二個責任是客觀、誠實與誠正地工作，並且克服來自於企業壓力的誘惑與克服做假帳的壓力。最後的責任是比較困難的—告密，但是告密只有在上述的情況下，才應該實行。

接著，我們來看稅務會計人員的角色。

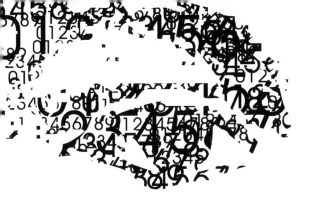

第九章

税務會計道德

你的一位重要客戶建議你在他的納稅申報單上做些變更，但這項變更會造成該客戶所得稅負債嚴重的低估，此外，這項變更也不合理。此時你有兩項選擇：⑴拒絕該項變更；⑵同意該項變更。此時你會如何做呢？

美國會計師協會發布的「Statements on Responsibilities in Tax Practice」這份報告，協助稅務會計人員處理「客戶的顧問與政府的代表」這種雙重角色的問題。就道德上的觀點來說，這種雙重角色也很重要，因為稅務會計人員就如同查核人員一樣有著雙重的責任。

稅務會計人員對社會大眾負有數種責任，首先是稅務會計人員有誠實填寫納稅申報單的義務；再來，稅務會計人員作為政府的代表，應竭盡心力使納稅申報單內的資訊正確及完整；最後，稅務會計人員雖然同時對社會大眾及客戶負責，但客戶若有不良的企圖，即便會破壞與客戶的關係，也不能予以妥協，應以社會大眾的利益為重。

美國會計師協會有一份聲明：「Statement of the Responsibility of Tax Preparers」，該聲明中與納稅申報單有關的部分，我們在這提出以下兩點來說明：

5.05：納稅義務人應給予正確的資料，才能使我們的稅制產生出有用的資訊。納稅申報單即代表納稅義務人的狀況，因此納稅義務人應對申報單上一切的資訊負責。

5.06：稅務會計人員同時對客戶及稅制負責，因此稅務會計人員有責任協助客戶正確計算出正確的稅款。

綜上所述，稅務會計人員對客戶及稅制負責，而客戶對其申報單的資訊負責。此外，稅務會計人員應協助客戶正確申報應納稅款，但無責任協助客戶從事不法行為。

有些人可能會不同意上述的觀念，因為他們認為某些稅賦是不公平的，而其原因可能是這些稅賦的制定，並未透過民主的表決，因此某些人就會以此為理由來從事逃漏稅的行為。但實際上這種想法是很荒謬的，稅賦的制定，應依

據正常的立法程式，假若讓人民來表決是否要增加稅賦，但結果不通過的話，那麼政府將會沒有稅收，而造成混亂。因此，若你認為哪項稅賦是不合理的，則應該透過正常的行政程式來去申訴才對。

稅務會計人員不但要依照稅制來執行工作，也要徹底遵守相關的法律，不去刻意找尋法律漏洞。現今流行的企業文化就是儘可能的少繳稅，我們可以先參考下面的例子：

在1993年，高盛證券（Goldman Sachs & Co.）設計了一種證券，提供給安隆使用，並可視目的來分類至負債或權益。若為了報稅，則視為負債，其應負利息可用來扣抵課稅所得；若需要提供資訊給股東，則視為權益，以避免負債過高。

由於按月支付利息優先股（Monthly Income Preferred Shares）的使用，造成財政部在計算公司的稅款時，容易受到混淆，無法清楚判斷公司負債的大小。

後續財政部在1994年，警告了所有上市櫃公司，並要求美國證券交易管理委員會介入。再下一年，則向議會提出了正式的法案，以禁止這種行為。在1998年，國稅局駁回了安隆申請的租稅抵減。上述的這些事項，都是由投資銀行、律師事務所及債權人等利害關係人，共同努力的成果。

由於按月支付利息優先股的使用，不但造成財政部的困擾，也使我們了解這種彈性的金融商品其實很容易被企業接受，有鑑於此，目前的簿記工作都要詳加檢查以確保其適當性。

上述這種方法違背我們一般會計實務上的道德，也違反了稅法的立法精神。任何法律都可能有漏洞，但若每個人都鑽漏洞，那麼整個法律將會瓦解。一般人都會謹守法律，並不會鑽其漏洞，若有人意圖鑽法律漏洞，那麼他就是想從別人身上獲取不正當的利益，這種行為對於那些守法的人來說是不公平的。安隆就曾有四到五年未繳所得稅，若讓這種風氣蔓延下去，那些原本守法納稅的公司也會慢慢開始避稅，即使這種行為形式上符合法律，但精神上卻背離了法律。

美國會計師協會的稅制委員會，將一些一般倫理道德上的考量，編製成「Statements on Standards for Tax Services, SSTSs」這本小冊子，並自2000年10月1日起取代了「Statement of the Responsibility of Tax Preparers, SRTPs」。我們可注意SSTSs的開頭說著：「遵守實務準則即為專業品質的保證，會員應隨時謹守準則並衡量自己的表現，以確保盡專業之責任。」有鑑於此，稅務會計人員應遵守這些準則，以合乎道德之標準。

在SSTSs的1號準則內可歸納出六個概要，本章會將重點放在後兩項，但在這之前，我們仍先介紹全部：

1. 稅務會計人員若要對客戶提出建議，應該要在該建議有實現可能性的情況下，才加以提出。

2. 稅務會計人員若無法滿足第一項準則的要求，則不能替客戶編製納稅申報單或在上面簽名。

3. 若稅務會計人員提出的方案建議可行，且已適當揭露，此時稅務會計人員可以對客戶提出建議。

4. 稅務會計人員對於客戶潛在的違法行為，有義務提出警告，並加以揭露。

5. 稅務會計人員不應影響美國國內稅務局的調查工作。

6. 稅務會計人員提出的建議不應該造成爭論。

我們回到本章開頭的範例，依據上述概要，稅務會計人員若因應客戶的要求而低估應負所得稅，造成納稅申報單的資訊無法正確及完整，此時的行為即為不道德的。

但有些地方仍然存在著爭議，在第5項概要中，說明了「稅務會計人員不應影響美國國內稅務局的調查工作」，這到底是什麼意思呢？稅務會計人員協助客戶逃稅這種行為可取嗎？

我們可以另外再考慮下面各種不同的情況：

1. 客戶的某項支出若要拿去扣抵稅款，需要該支出憑證，但是你卻搞丟了

憑證，不過美國國內稅務局似乎不認為該支出可拿來扣抵，此時你要向客戶坦承錯誤，或是就等國內稅務局自動去剔除該支出？

2. 你發現前期納稅申報單的扣抵有誤，但這個錯誤不是蓄意的，國內稅務局也沒有發現，你要告訴客戶這個錯誤來增加他的應付所得稅嗎？

3. 你對於客戶提供給你的資訊懷有疑慮，你是否要去詢問客戶該資訊的真實性，還是就照客戶提供的資訊來編製納稅申報單？

4. 你所工作的事務所，提供了客戶一項服務，事務所替客戶想辦法降低稅賦，並從節省的稅賦中抽取30%的金額，你覺得這種做法可以接受嗎？

在上述的情況下，尤其是第4個情況，我們該如何做出適當的回應？此時需謹記SRTPs的聲明：「納稅義務人應給予正確的資料，才能使我們的稅制產生出有用的資訊。」這個立場就如同Burger法官在Arthur Young的案子中，提出的意見一樣：

我國的稅制仰賴納稅義務人於申報時，誠實地將相關資訊正確地揭露出來，若是沒有這些強制揭露的規定，我國的稅賦將失去公正並造成社會混亂。

稅制仰賴納稅義務人誠實申報資訊，就如同高爾夫球一樣，球員要自行計算罰多少桿數，稅務也是依賴納稅人自行申報資訊。我們社會的運作，極大部分仰賴這種誠實自律的系統，當大多數人都能按照這種系統生活時，才能使社會最好，至於那些不遵守的人，就是想從他人身上獲取不正當利益。

有些人認為整體稅制能正常運行，大部分是因為國家強制的規定，人民誠實自律並不是主要的原因。但這並不是指當國家沒強制規定時，人民就可以胡作非為，就如同第5項概要：「稅務會計人員不應影響美國國內稅務局的調查工作」與第6項概要：「稅務會計人員提出的建議不應該造成爭論」。不過有些人仍然很堅持Burger法官的看法，在這種情形下，很有可能發生形式上遵守法律，但精神上違背了法律的情形。

接下來我們要探討不道德與非法事項的關係，有些事情可能合法，但是不

道德；但有些事情可能合法也合乎道德。

　　*Forbes*雜誌報導了Deloitte and Touche事務所正從事「兜售租稅庇護所」的行為，根據Abraham J. Briloff的看法，「兜售」是指「大量的企業及稅務專業人員，共同從事離譜的逃稅行為」。Rep. Lloyd Daggett，一位反租稅庇護所的人士，在《華盛頓郵報》上，寫了一篇文章：「不適當的租稅庇護所正被誇張的兜售著」，此外，議會對於租稅庇護所的濫用，卻未加以注意，Daggett也為此感到悲哀。

　　上一段對於事務所，使用到「兜售」、「不適當」及「濫用」等詞彙來表達時，此時我們明顯的可以懷疑事務所所從事的行為，在道德上很有可能發生問題。

　　不過有些人會認為這種行為是為了增加市場競爭力，並引用Oliver Wendell Holmes的觀點，來說明他們並沒有必要多繳任何超出法律規定的稅。任何由人制定的法律都可能有漏洞，因此當稅務會計人員利用這些漏洞，使客戶可以不用繳交他們應繳的稅時，這種行為違反了公平原則及大眾利益。

　　確實有些稅制的制定並不適當，因此我們應該去設法變更稅制的規定，而不是去鑽他的漏洞，以達到公平利益的精神。稅賦確實不受大眾喜愛，但為了供應政府正常執行其功能所花費的費用，這是一種最公平適當的方法。因此若把會計人員當成專業的逃稅工具，將曲解了這個角色的存在意義。

　　David A. Lifson是稅制委員會的主席，他在議會受質詢時，針對租稅庇護所的問題，做出了以下的聲明：

　　　　我們美國會計師協會，對於那些侵蝕稅制的詭辯，一律完全反對。對於目前租稅庇護所的濫用，我們認為應該立即加以處理。然而在目前複雜的稅制下，納稅義務人應有權力去透過某些交易，繳交法律上規定的稅款，而不會發生溢繳的情形，以刻意獲利。因此，如何妥善地維持這些爭議的平衡性，將是現今最重要的議題。

　　在上述聲明中提到了「刻意」一詞，表示納稅義務人還需要刻意安排交易，才能避免溢繳的情況，因此我們應該重新審視稅法的立法精神，以了解哪

邊發生了問題。至於鑽法律漏洞的行為我們並不贊同，因為這會侵蝕稅制。

此外，我們也必須能區分個別會計人員或是會計師事務所透過法律漏洞來刻意獲取不當利益形式上有何差別，以利我們辨識問題的來源。鑽法律漏洞的行為雖然可能合法，但卻不道德，因此若要使政府等相關機構能夠有效率地運作，我們現有的規定還仍然不夠。

我們再重新看一次Lifson的聲明，看他對會計人員及客戶是否有什麼暗示？「納稅義務人應有權力去透過某些交易，繳交法律上規定的稅款，而不會發生溢繳的情形，以刻意獲利。」就這段話的表面來看，使用了「應」以及「有權力」的字眼，似乎清楚地表示了這是合乎道德的行為。但這也似乎代表稅務會計人員無法替客戶爭取到完整的利益，還需要客戶刻意安排交易來獲利。但事實上這段話的涵義，是考量有些非刻意的行為，是否有道德上的問題？

就如同Lifson所說的：「我們對於那些侵蝕稅制的詭辯，一律完全反對。」目前許多會計人員及事務所，都有協助逃稅的行為，我們應該立即有效地處理這些問題。

　　沒有人能確定租稅庇護所的使用，造成政府損失多少稅收，但至少影響的金額達到一年10億美金左右。企業的所得稅在1999年時，減少了2%左右，折合為40億美金。上一次企業所得稅減少是在1990年，其原因係景氣萎縮的關係。目前的情況，是有人使用國外稅額扣抵、利息扣除額、折舊及保險費用等，來產生扣除額以降低稅賦。

但我們仍有一個文化上的問題，我們對稅務會計人員之責任所做的解釋，是否真能實施呢？假設你今天聘請了一位稅務會計人員，你是希望他幫你鑽法律漏洞來省稅；還是告訴你要老實的繳稅，因為逃稅是不道德的。沒有人喜歡納稅，但若沒人納稅，政府機能將無法正常運作。

　　美國的財政部，以及律師協會等，都表示租稅庇護所會造成稅收的巨額損失，當某家公司透過庇護所成功逃稅時，其他競爭者也會感到壓力，而紛紛效法這種行為。

　　除此之外，個別的納稅義務人一旦成功逃稅時，也會開始輕蔑稅制，並會試著去逃更多的稅。假如這種情況持續下去，所造成的後果將會比現在損失的稅收，更令人憂心及嚴重。

　　目前的大眾文化，大多傾向繳愈少的稅愈好，因此甚少有人贊同將政府機能的運作，優先於個人的利益。然而會計人員及事務所應能體認到自身對社會的責任，即便會增加客戶的費用，也要選擇正確的做法。但是這種做法會傷害到他們的競爭性，試著想想，誰會花錢請一個會計人員來增加公司稅上的負擔？

　　因此上述的想法可能太過天真，若是社會大眾都能這樣，也不需要國稅局來查帳，也不用去考慮稅法的立法精神。不過有些人可能會爭議，即使缺乏了國稅局的威脅，會計人員也有義務以社會大眾利益為優先，將那些逃漏稅的計畫擱置一旁。

　　但為何以營利為目的的企業，需要去聘請一個不能為他省錢的會計人員呢？或許這類的企業並不會認為稅務會計人員一定要儘可能的幫他想辦法逃漏稅，他們或許覺得繳交法律上所規定的稅是應該的，因此我們可以假設這類的企業其道德觀與會計人員相似，因此不會去獲取不正當的利益。

　　我們可以想想別的例子，一家處裡廢棄物的公司，如果完全以營利為目的，那麼他們可能會用最便宜的方法來處理，就算會造成環境的破壞，只要形式上合法，那也就沒問題了。但是這種做法我們可以接受嗎？如果不能接受，那為何會計人員犧牲大眾來獲取不當利益的行為就可以接受？

　　企業與會計人員都要懂得堅持，並依循道德來從事各項活動。Yetmar、Cooper以及Frank在*The Tax Adviser*發表了一篇有趣的文章，其中提出了兩個問題：「哪些事情增加稅務顧問的道德？哪些事情威脅稅務顧問的道德？」

　　會增進道德的事情包含了個人道德價值、相關準則的規範以及良好的企業文化，也就是指管理當局不但強調道德的重要性，也預期大家的行為合乎道德。在上述這種情況下，即使會造成客戶的損失，會計人員也會做對的事。有些人也認為會計人員擔心不合乎道德的行為，會造成他們執照的吊銷，不過這似乎不是主要的原因。

　　至於會威脅道德的事情，包含了複雜及經常更改的稅法、缺乏時間來盡專業應有之注意力、客戶給予的壓力以及客戶對會計人員的認知不足。其中以複雜的稅法與客戶的壓力最為威脅稅務會計人員的道德。

　　而文章的作者對於他們的研究做出了以下的結論：

　　　　首先企業可以藉由提升個人的道德價值，來增進整體道德的行為；再來，企業應能確保管理階層的人不但能公正地處理道德兩難的問題，也要確保他們的部屬能夠這樣做。那些職業協會應能協助他們的成員，於企業中盡其專業的責任。

　　如同先前提過的，有些人認為租稅庇護所的使用，是為了增加競爭力而必須存在的，但是Rick Telberg認為會計人員若屈服於這股壓力，那麼整個職業體系以及獨立性的觀念全部都將需要重新思考，甚至推翻。

　　為何政府不去將這個漏洞堵起來？反而是要會計人員及事務所去負責？

　　　　Jonathan Talisman作為財政部的官員，注意到政府機關有在處理庇護所的問題，雖然個人性質的庇護所已經妥善處理了，但是企業用的庇護所卻是擴張得極快，無法有效率的處理。

　　　　這種情況就像希臘神話中的九頭蛇，你砍了其中一顆頭，牠馬上又在別的地方長出來。因此，我們應該採取多方面考量的管理政策，並制定相關法律來管理。

　　　　在過去兩年內，法院對於三個與租稅庇護所相關的案子中，裁定美國國內稅務局勝訴。其中包含了Winn-Dixie Stores Inc.與Compaq Computer Corp等公司。

　　　　國會租稅聯合委員會的成員，Lindy Paull，發現了那三個案例所牽涉到的稅收，都個別超過了一年70億以上，此外，還有許多公司也正在學習這幾個案例的行為。

　　　　她表示了目前至少還有100多家以上的案例，類似Winn-Dixie的手法，藉由替員工保壽險，來減少租稅上的負擔。

Grenshaw在他的文章中，說明了租稅庇護所之所以受到歡迎的四個理由：

1. 公司的管理階層不斷尋找最大化利益及現金流量的方法，由於產品售價無法提升，因此只能不斷地壓縮成本，而後也開始將稅賦作為成本考量，尋求降低的方法；
2. 日益複雜的稅制與市場經濟，或是大量的交易，造成企業容易對外曚蔽其經濟實質；
3. 美國律師協會稅務組的William J. Wilkins認為部分的投資銀行，協助企業去使用租稅庇護所的手法，不但替企業省稅，也為自己賺取收入（稅務組的成員由熟悉稅務的律師組成，但他們的發言不代表整個律師協會）。
4. 具備較低的風險，美國國內稅務局不但難以偵測庇護所的使用，被發現後的罰款也較少，也不一定每次都會罰。另外就算企業被發現，也僅需補繳缺少的稅款，並加計利息。基於上述原因，John E. Chapoton，財政部的前任官員以及律師協會稅務組的成員，曾推動相關揭露的規定，來降低庇護所的使用，也不禁感嘆這的確是一個很好的逃稅方法。

我們的確應該做一些事來處理現有的狀況，但該如何做呢？政府的表態與職業團體的壓力是較好的兩個方法。

Clinton政權要求企業做出更多的揭露，並制定更嚴格的罰則，罰則的範圍擴大到與租稅庇護所相關的人士，都有可能牽涉進去。此外，Clinton政權也要求依據交易的經濟實質，來立法做出適當的規定。

美國律師協會稅務組建議公司應揭露節稅金額超過1,000萬以上的交易，並有適當的管理者對其簽名負責。律師協會稅務組認為這種做法會降低公司使用庇護所的傾向。

然而會計專業人員在這個稅務的議題上，該扮演什麼角色呢？外界建議應該審慎地檢視準則及相關政策。假如今天五大會計師事務所能夠自動自發地遵

守法律的立法精神，將會減少許多社會問題。然而各類龐大的壓力，總是造成會計人員屈就於公司的要求。這個問題事實上存在已久，我們在客戶給予的壓力下，還能優先考慮我們的專業嗎？目前社會上不僅會計，其他醫療、法律等專業，也都因為合併的關係，造成愈來愈大的集團，在這種龐大集團策略的壓力下，愈來愈少人能夠考慮到道德的問題。我們會再最後一個章節探討這個問題。

在本章最後的部分，我們將介紹其他SSTS的準則與解釋令：

解釋令 1.1 號

⊙實現可能性

一般來說，當稅務會計人員對納稅申報單提出建議時，即代表它具備實現可能性。依據美國國內收入法（Internal Revenue Code），規定了重要稅法標準（Substantial authority standard）、More likely than not standard及合理基礎標準（Reasonable basis standard）。美國會計師協會制定的實現可能性標準沒有重要稅法標準及More likely than not standard嚴格，但比合理基礎標準嚴格。

但何謂合理基礎標準？依據美國國內收入法1.662-3(b)(3)部分的規定，若申報書有爭議或虛偽的情況，將不符合合理基礎標準；反之，若合乎1.6662-2(d)(3)iii部分所授權的規定，則符合合理基礎標準。授權的部分包含了國內收入法的施行細則、其他的管理規範、財政部的解釋令、司法案例、國會稅務聯合委員會的解釋等等。但論文、期刊等研究成果以及專家意見等，並不在授權範圍內。

實現可能性的標準介於合理基礎標準與重要稅法標準之間，為達到實現可能性的標準，稅務會計人員必須能確信他的立場，受到現有法律或其他管理當局所制定相關解釋令等的支持。此外，稅務會計人員應能了解法律之意涵，並依據該意涵來執行業務。最後，稅務會計人員在替客戶節稅時，應有合理之依據，不能僅因罰款的可能性與金額不高，而背離其應有之行為。

準則第 2 號

⊙獲取必要資訊

稅務會計人員在簽名之前，應從納稅義務人獲取必要的資訊，以合理確信納稅申報單上的資料為適當正確的。

準則第 3 號

⊙驗證資料的義務

雖然稅務會計人員應對於客戶所提供資料的正確性有信心，但若顯示資訊可能有錯誤、不完整或不一致的情況時，會計人員不該忽略資訊可能隱含的訊息，並針對該情況詢問管理當局。只有當稅務會計人員認為這些資訊在他的知識範圍內是正確無誤的，才可以簽名，若不符合這些情況，則不能簽名。

準則第 4 號

⊙使用估計的方法

當稅務會計人員因其他因素無法取得確切的資料，此時若客戶的估計方法合理，稅務會計人員可以參考並使用客戶提供的估計資料。

準則第 5 號

⊙與先前法院裁定或行政訴訟立場不一致

如同SSTS第一號：「納稅申報單的立場」所說的，當稅務會計人員對於納稅申報單的看法與法院裁定或行政訴訟的結果不一致，可以在這種情況下對客戶的申報單做出建議或簽名以示責任。

準則第 6 號

⊙知悉錯誤的發生

當發現客戶前期納稅申報單上有錯誤時，稅務會計人員應做什麼？此時應迅速地通知客戶，並建議更正的方法。若客戶沒有或不願意採取適當的更正措施或行為，且該錯誤明顯地影響申報單，此時稅務會計人員可能要考慮中止契約關係。

準則第 7 號

⊙知悉錯誤的發生

在行政訴訟程式中,當在行政訴訟的程式中發現錯誤時,應取得客戶的同意將相關資料揭露給稅務有關當局,若客戶不同意,應考慮於行政訴訟當下,即與客戶撤銷合約。

準則第 8 號

⊙對納稅人進行諮詢的形式和內容

由於諮詢的範圍太過廣泛,每個案例情況也不同,因此這號準則並沒有提供諮詢的標準形式和內容,只建議稅務會計人員要能針對客戶的需求,來做出專業的諮詢服務。

美國會計師協會希望他們的成員能夠達到這些準則的要求,而這些準則也應該能夠適用全球大部分國家的稅務會計人員,使他們的行為合乎稅務專業之要求。

為了更清楚呈現這些準則的觀念,我們利用本章先前提過的三個案例,來做說明:

1. 客戶的某項支出若要拿去扣抵稅款,需要該支出憑證,但是你卻搞丟了憑證,不過美國國內稅務局似乎不認為該支出可拿來扣抵,此時你要向客戶坦承錯誤,或是就等國內稅務局自動去剔除該支出?

你應該向客戶表明你犯的錯誤,並建議向美國國內稅務局報告這個事項。

2. 你發現前期納稅申報單的扣抵有誤,但這個錯誤不是蓄意的,國內稅務局也沒有發現,你要告訴客戶這個錯誤來增加他的應付所得稅嗎?

準則的第6號就是指這個情況。此時你應該告知客戶,由於客戶才有權力去決定是否更正錯誤,但若客戶拒絕更正,你就應該考慮與他終止合約。此外,由於法律上就某些訊息不得公開的部分有相關規定,這也會影響相關的考量。

3. 你對於客戶提供給你的資訊懷有疑慮，你是否要去詢問客戶該資訊的真實性，還是就照客戶提供的資訊來編製納稅申報單？

　　這個情況是指準則第3號，稅務會計人員不應該忽略這個情況，他應該去驗證資訊的真實性，並鼓勵客戶在準備資料時儘可能的精確。若情況無法改善，則考慮中止合約。

第十章

會計師事務所的道德：
會計專業之風險

在1997年，美國參議院事務委員會中的報告、會計、管理的小組委員會（梅特卡夫委員會）發布一個會計制度建立的報告，其中強調「增強專業性及查核人員獨立性」。

委員會也保證以公正競爭作為一個國家的經濟體制的基本原則。自主規範的優點是由專業上所產生的自主管理優越感。小組委員會堅定地相信公司公開且獨立的審計功能，在財務上是有價值的，並且也是令人滿意的。

20世紀70年代到20世紀90年代的規章是否有用，是一件受爭論的事情。即使如此，一系列引人注目的舞弊案件，包括Sunbeam、Cendant和Livent等公司都不斷爆發出來。股東在這些情況下損失數百萬美元，並且也動搖對會計師的信心。

去年1月，美國證券交易管理委員會發現Pricewaterhouse Coopers的合夥人和雇員違反禁止持有查核公司之股票的規定。調查發現8,064個違規，而後開除五位合夥人。然而Pricewaterhouse Coopers卻不認為他們的正直性因為這些違規而受到影響。

最後，Arthur Andersen在安隆案中扮演角色讓《商業周刊》編輯一篇特別的報導「會計危機」。根據文章內容：

像安隆案一樣可怕，會計上的危機不斷爆發出來。Lynn E. Turner，美國證券交易管理委員會前會計主席，現為科羅拉多州立大學教授，計算過去6年投資者已經在審計失敗產生與市場資本減少方面損失接近於2,000億美元，並且快速增加中。從1997年到2000年，企業對其財務報表做出重新聲明的家數從116家增加到233家。

會計師事務所不適當的行為的故事使我們必須要質疑會計制度建立過程與事務所之道德標準到底發生了什麼問題。下一個又會是什麼，會計行業現今所

面臨的危機是那些屈服於公司所造成的利益壓力下的從業人員。現今的會計專業，已非是一種光榮的行業，且受到委託人和公眾所信任，是一種被商業化的行業，現在主要關心的不是對會計師各樣的信任，而是會計師最後的底限。這樣的批評也不斷向其他專業行業侵襲，醫學、教育、法律等等都被商業化了，造成會計師容易有利益衝突之情形，並易於做出不法之行為。對會計專業上與商業上的考量造成現存的危機，而我們將在此章裡檢視這個危機。

會計就如同企業

有一句格言這樣說的：「沒有比商業倫理更重要的。（There's no such thing as business ethics.）」。另外還有一段更深奧的格言：「商業倫理就是所謂的矛盾語詞，如同軍事情報中大人物與小人物之對立稱謂。（Business ethics, that's an oxymoron, a contradiction in terms, sort of like military-intelligence or jumbo-shrimp.）」

這些格言是由反商業化的大學教師或者很少從事生意的藝術家所想出來的的。他們主張關心商業活動是平庸的。他們的態度反映出古希臘哲學家認定從事商業活動是件缺乏教育的事情的觀點。對哲學家來說，商業行為不是人類所應進行的，學術和藝術的精英對目前情況所帶來的藝術蕭條深感痛心。

然而這些格言被商業人用譏笑的口吻傳播出去。那些商業人的行為起因於他們都有不良的道德觀，他們合理化不合乎道德的行為。但這樣的批評確實沒考慮多數交易是有道德而且公開的進行，如果交易不是這樣進行著的話，我們所謂的商業活動將會停止運作。最後，這些格言可能會被體認道德的商業人流傳出去，但也會哀嘆他們的競爭者從事違反道德行為的事實。

安隆案反映出道德是商業進行的根基，而我們認為商業中假如沒有道德的話，交易將不可能進行。當然，商業的考量也可以應用在會計師行業上。為了證明這項論點，請試著想想假如真有一個商人完全沒有商業道德，這意味著他認為與你進行不誠實的交易是可以被接受的，也意味著他認為只要能多賺錢就算是賣給你壞掉的東西也是對的事情。

如果某人告訴我們他一直再說謊，我們還會愚蠢相信他們嗎。如果某人真的認為在商業中不存在道德，他會笨到真的告訴你他是個無恥之人嗎？總之我們不應該和無道德的人做交易。大多數的人相信商業中存在道德，也從事道德的交易，並間接譴責了那些不道德的人。

不道德的行為已是過時的想法，進行有道德的商業行為才是現今的主流。而且，有道德的行為通常都是好的商業行為，但依然有例外，商業的利益應該屈服於道德之下。例如，在做有道德的行為時將危害到利益的情況下，有道德的生意人將認為做有道德的事情應優先於利益。

廣義來說，會計也是一筆生意，會計事務所將面臨利潤最大化的影響。當會計師事務所也追求商業上的主要目標—利潤，開始忽略財務報告上的正確性與真實性的目標。在近期發生的事件中，發現事務所將注意從審計上移轉到管理諮詢上，這也顯示事務所在從原本的公共服務踏入商業中的競爭市場，而這也是主要涉及到合夥人或者股東財富的最大化。

我們應該好好思量追求利潤最大化的產生與如何面對這樣的發展。

企業的社會責任

現今的觀點認為商業就是應該要追求利潤最大化。Milton Friedman曾表示企業之責任在於運用其資源，並遵守規範的情況下，最大化自身利益，簡而言之，即企業不應牽涉到舞弊及詐欺的行為。企業的主要責任是創造產品和服務，進而產生利潤。現今是為了產生利潤，而去創造產品和服務，而這樣的本末倒置行為，我們可以從下例看出。

這種理念，可從18世紀亞當斯密的《國富論》得知。在那本書中建立自我利益最大化的模型，人們只關心增加他或她的自我效用。他指出：「這並非是屠夫，啤酒釀造人或者麵包師傅的仁慈心，他們是基於自己的利益，每個人都只考慮到自己的晚餐在哪裡。」

史密斯認為人們追逐個人利益會使商業社會更加繁榮。他還提出「看不見的手」的看法，市場力量會使整個商業活動正常運作。因此，每個個體都應竭

盡所能扮演好它的角色，以使整個產業正常運作，來創造最大價值，但是這時眾人追求的是個人利益，就會忽略公共利益。在很多情況之下，看不見的手是沒有辦法產生功用的，甚至還會對社會產生負面的影響。

Friedman和其他當代推崇史密斯的人聲稱這個理論這已經產生功用了。我們的經濟體制讓我們認為企業的成功就應該只擔心利潤，其他的都無須考慮了，企業間的競爭不斷出現，更多的商品被生產出來，整個社會得以享受一個更高的生活水準。資本主義的經濟體制生產出更多貨物和服務是任何其他經濟體制無法相比的，它已經創造出最高的生活水準，對許多人來說這是看不見的手存在的證據。

功利主義是顯而易見的，除非整體社會觀念改變，不然人們還是會不斷地追求自我利益，事實上，那就是Gauthier和McClennen所想要傳達的，但是，如果每人只完全追求自我利益的話，那就會產生其他的問題，公共利益應該要是追求自我利益的最終目標，而不是自我利益本身，毫無限制地追求自利只會去傷害到其他人，不會讓社會變好。所以，關鍵在於那些追求自我利益的人，要辨認什麼是對的事情，追求利益而傷害他人嗎？如果社會福利可以彌補自我利益的缺失，請想像沒有社會福利之情況會是如何？我們似乎應該針對追求自利加以限制，史密斯認為只要不違法就不應該加以限制。

然而，我們應該去確認什麼才是企業的最終目的，創造商品與服務是最理想的目標，如果這是一種社會架構，很多事情都是存在的，因為是由社會所建構的，我們假設可以促進社會發展，畢竟沒有沒有一個團體會去建立一個機構來傷害自己，所以就會建立機關去服務這個社會或特定團體，造成社會架構的目標都必須創造一些公共財貨，而不是個人私利，例如，我們都不允許任何的企業生產海洛英，或製作以孩童為角色的色情影帶，因為這些行為都不具有任何的社會價值。

如上述所言，社會應該規範企業的行為，透過利益驅使與自由企業系統（profit-motivated、free-enterprise system）來幫助社會規範，企業的目標應該是要有利於社會，因此，亞當斯密認為利益驅使與自由企業系統是最有效率的方法來達成這樣的遠大的目標，如果出現有害於社會的情況都應該有所修正，適當地規範資本主義經濟系統，是被社會所認可的，因為資本主義是最具生產

力的系統，儘管其他系統也是可以生產商品與服務。資本系統強調的是盈餘的分派，利益則是吸引企業主的誘因，但是利益並不是全部，只是達到目標的過程，不應該被當作是最終的目的。

　　到底是什麼改變了企業原本的主要責任，當然，最主要的原因就是人們對利益的貪婪，針對這些自私行為立法，是要提醒那些貪得無饜的企業家要注意對整體公共福利的責任，這也是那些支持Friedmanian觀點的主要籌碼，如果我們依然支持企業的目標是在於提供商品與服務，將會變成企業主的責任不單單是追求利益，而規範他們必須考量公共利益的需求，當然，這些需求又是另外一個層面的問題，因此，我們必須清楚判別這些企業行為的動機，才能提供立法者一個道德規範的基礎。如果我們的社會都是以利益為出發點的話，都只為了利益才做生產的話，我們必須在他違反公益的時候加以限制其行為，一個有良心道德的企業家，應該要著重社會公益。

　　動機（motives）和目標（purposes）之間有存在語義上的差異嗎？目標是指這個行為是為了什麼（what for），目標指引的是行為的目的，在這裡即是指創造社會所需的商品，但是目的不是動機，動機是心理上做這個行為的理由，動機不需要有正當理由的，就像是一輛火車，動機就像是引擎一樣，推動整台火車，再把火車比擬為企業的目標，而這個企業的目標就是製造與分派商品和服務，而非圖利生產者，社會確實需要給予生產者動機去做更遠大的目標。

　　一個人的動機與目標是不相同的，同一件事情可能有很多動機，例如，慈善捐贈就是要幫助貧窮人，但是有些人並不是因為要幫助貧窮而捐助，也許只是想取得朋友的誇獎，無論個人有無投入慈善，慈善確實需要獲得社會的關切與投入，同樣的，企業的目標不是在於圖利個人，並不是要賺取利潤，社會對企業的期待，應該是提供商品與服務，有很多種方法都可以賺到錢，想要賺錢也是個理所當然的動機，但是身為專業的會計人士的目標不應該是在於賺錢，就像是醫生的目標是在治療疾病，社會上的專業人士都有其神聖的使命，我們應該要釐清什麼才是那個使命，利潤最大化絕對不會是那個使命。

　　總而言之，這本書的主要理論就是以道德觀點來檢驗一些事情的目的，了解一件事情的目的是在我們辨別是非常重要的標準，我們可以檢驗企業如何完成他的目標，如果企業的目標是賺錢，然後穩定獲利，這確實是一家好的企

業，不論其是否有幫助或傷害他人，但是如果企業的目標是提供商品與服務，而社會對企業的目標是有所期待的，這時我們就不能只用獲利來評斷這家企業的好壞，我們必須考慮企業是如何生產這些商品的，Friedman說獲利不應該是主要或唯一的企業目標，而應該只是讓企業達到目標的動力，真正好的企業應該要提供良好的商品與服務。

　　企業應該是為社會提供商品與服務，而我們也知道的是必須禁止有害的商業行為，就像是政府禁止生產與銷售海若英。但這產生一個疑問，我們應該如何激勵企業從事道德活動？現行的辦法是結合動機與目標，宣導「好道德就是好企業」（Good ethics is good business）。

　　　雖然有道德心是一件很根本的事情，但也可以是當「好」企業的理由，如果你有注意一些不道德企業的行徑，你就發現兩件事：第一，公司只貪圖短利；第二，公司不注重品質等等的長期發展政策。

　　　例如，幾年前有一家銷售標榜百分之百純果汁的食品公司，為了短利而換裝較便宜的飲料當作是果汁，長期來看，這家公司的商譽已經受到嚴重的損失。

　　　另外一個例子是Lockheed公司，在很久以前的賄絡醜聞造成公司很大的傷害，公司必須花很多年才能消除公眾負面觀感。

　　再讓我們來看看格言good ethics is good business如何應用在會計師與會計師事務所。首先，好的道德觀會影響一家公司的商譽，只為了短期利益只會破壞商譽，一家事務所無可厚非地也會，因此不受財務報表之使用者的信任，再者，如果事務所誠實善待他的客戶也會增加業績，對事務所產生正面的作用，Archie Carroll說如果公司注意的是創造獲利與降低成本，那就是貪婪的表徵，一味追求獲利必定會破壞公司員工的道德觀與忠誠度，這樣的態度一定要改變，如果公司把顧客放在利益之後，那又會把員工放在哪？

　　管理者比其他員工更應要注意道德，Kenneth Lux指出：

　　　從自利定律，我們可以推定企業主都是貪婪的。我們多數認為人不應該貪

婪，而貪婪所產生對利益的追求會鈍化我們對道德的重視，進而也變成一個貪婪的人，然而，社會重視企業道德，就是希望我們不要沉迷於此，如果道德可以克服貪婪，管理者就不須在兩者之間遊走，也不需要時時注意檢查是否有違道德的行為。

因此，有下列四項從事道德的動機：(1)長期利潤；(2)員工的正直；(3)員工的誠實與忠誠；(4)顧客的肯定與滿意。

實際上，受查公司的政策也應該要符合道德，例如因為安隆案而解散的Arthur Andersen。

David Vogel指出道德與利益不常被放在一起討論，有時，管理階層必須在對的事情與有利益的事情中有所選擇，當然我們都希望所有企業都能做對的決定，但是儘管有道德的事情並非總是有賺頭的，企業的責任應該比賺錢更重要，會計師事務所的道德責任到底是什麼？公司是個法律所賦予能力的法人，其中是由業主與經理人等等所組成的社團法人，他們必須與公司負連帶責任，他們與公司共同對股東負責任。

如果我們將上述架構應用在會計師事務所上，那事務所的責任又是什麼？事務所也需要賺取利潤，提高公司或合夥人的價值，坦白說，沒有一家公司可以在不賺錢的狀態下經營，但是，事務所還有更重要的責任，事務所的存在是在於提供服務給客戶與公眾，因此，不應該有傷害公共的行為以賺取利益，而做出有害於客戶的行為是有違事務所的宗旨，如我們所知，事務所是一種有執業認證的制度，是一種服務業，主要的服務是提供公司的財務資訊給公眾，並查核資訊的正確性，因此，一家好的事務所，應該儘可能提供公司的正確財務資訊。

事務所的責任就是像上述所說提供一種服務，其中存在著利潤的限制與衝突，必須坦白說的是事務所追求利潤最大化的壓力就是今日所面對的危機。

會計專業現今面對之危機

　　Arthur Andersen與安隆公司的瓦解就是說明事務所不應該一味追求利潤的最好例子，其實在安隆案爆發之前，這就是為人所知的，Abraham J. Briloff在*Accounting Today*提到事務所有面臨的兩難，相同刊物中Rick Telberg提到KPMG在併用思科系統時，會影響公司查核的獨立性，而在*Forbes*雜誌中，Deloitte和Touche被指出利用租稅規劃不當賺取利益。

　　當然，當事人都會指稱這是面對市場競爭下所必須的行為，但是如果這樣的壓力無法消除，就必須重新思量整個制度與獨立性的問題，會計師事務所很久以前就變成類似保險公司一樣，非常注重風險管理，因為查核人員所面臨的風險愈來愈高，有些專業人士指出查核人員應該要用類似投資銀行的態度去執行審計工作，並且盡到專業上的責任，會計師應該要注意財務報表的真實性而非對其中的問題視而不見，假如查核人員都是用消極態度去執行業務，那所執行的結果都是沒有意義的東西，相同的也適用於其他業務上，當然要會計師在執行上有所退讓，必定與利益脫離不了關係。但是，商業社會中依然還是需要會計師的查核報告，即使完成報告並非有利益的，現有的會計師事務所還是透過查核功能來完成利益最大化，這其中還存在著非常重要的問題，有些人還是會跳入其中，新的事務所在未來還是會再成立，其中的人員還是會被要求要遵守道德規範，還有事務所也會從事其他的管理顧問的業務，事務所的名稱可以改變，但是其中的道德責任是不會變的。

　　一份重要的文件中美國證券交易管理委員會詳細規範會計師的業務，在規範的序言中我們發現如下：

　　　　會計師面臨到公司給的壓力愈來愈大，造成查核人員的獨立性和投資者對財務報表的信心產生懷疑，為了解決這樣的問題，美國證券交易管理委員會現在研擬新的規定來規範查核人員的獨立性，其中所規範的不只是審計業務，還包括其他非審計的業務，會計師的業務主要是提供傳遞資訊的服務，事務所不斷合併，規模愈來愈大，範圍也延伸到國際間，並以同一名稱的聯

盟執行跨國性的業務，所以，會計師的業務內容也就愈來愈多，事務所與客戶之間產生一種新型態的關係，公司會聘請事務所合夥人或是專業人員擔任公司重要管理職務，在事務所能提供愈來愈多服務的情況下，公司就會要求查核人員執行公司的內部控制、退休金規劃、行政人事、銷售、資料處理和行銷等等。

在1999年，美國五大會計師事務所執行管理顧問的收入高達150億美元，是總收入的50%。在1981年這項收入只占了13%，自1993年到1999年成長約為26%。相較之下，審計業務只成長了9%，稅務服務只成長13%，最大的事務所的管理諮詢業務之對象包含了審計客戶與非審計客戶，在過去二十年公開上市公司的增加比例最高。在1984年，只有1%的公開上市公司付給事務所的諮詢費用高於審計公費；在1997年之前，這項比例也不超過1.5%；在1999年，就已成長兩倍到4.6%，管理諮詢費用占五大事務所的收入比例為10%，那時沒有支付諮詢費給五大事務所的公司約為四分之三。也就是說，四分之一的客戶共同掌握了這項10%的收入，有些小型的事務所也互相結盟，並且也接公開發行的客戶，還有的事務所另外再成立財務顧問公司，其中的成員包括了事務所的合夥人，這樣的安排下，公司所支付給財務顧問公司的費用就會變成一種變相的收買。

　　　　Ernst & Young出售他的諮詢管理部門給一家總部在法國的電腦服務公司，Cap Gemini Group SA, KPMG也出售諮詢部門給Cisco公司，Pricewaterhouse Coopers也出售其諮詢部門，相同的，Grant Thornton也出售電子商務諮詢部門，事務所同時做出這樣的改變，就是要躲避社會大眾不斷施加的壓力，近期的觀察發現這樣的壓力愈來愈大，這樣的壓力在公司無法達到預期目標時最為明顯，社會就會將這些壓力附加在查核人員上以期能讓公司能達成預期目標。

除此之外，會計師事務所還面臨到什麼挑戰？最大的挑戰就是如何扮演好專業的角色，也就是在顧客利益、公眾利益與自我利益之間獲得平衡，John C.

Bogle在獨立準則委員會中提到會計究竟是一門專業職業還是一門生意？他指出會計師走上偏途的主要原因就是追求最大化利益，在2000年安隆案即可得知。會計師所面臨的難題也就愈來愈多，可分為下列五點：

　　一般公認會計原則的適當性，會計人員必須檢驗一般公認會計原則的適當性，因為會計人員有責任提供一個正確的資訊，此外過去的會計原則也無法適用在新的經濟環境中，很明顯的，一般公認會計原則已不適合新環境中的公司使用，儘管舊的會計原則已不適用，修改新的會計原則還是會面臨到許多阻撓，因為修改會計原則事務所必定在查核程序會增加成本且沒有一家公司會希望會計人員來減少他們的利潤。

　　再來是盈餘管理的問題，一位專業的會計人士說：「你可以利用會計原則呈現任何你想要的結果。」不論真實性如何，但是可以操控盈餘絕對是真的，因此，Bogle提到我們是生活在一個盈餘管理的世界，只要你想做，至少可以透過盈餘管理增加12%的盈餘，而這些盈餘管理可被用來穩定股價、增加績效紅利和滿足投資者的預期，如果是以股價作為衡量公司的價值基礎的話，公司就會在股價上做手腳。就我的觀點，公司應該注重的是長期價值與正確的財務報表。盈餘操控的數字遊戲依然上演著，虛增的營業收入充滿了財務報表，我希望會計專業人員能勇敢走進這個虛幻的空間，來減少公司在營業收入上動手腳。

　　Bogle轉向檢查股票選擇權報酬之會計處理。Warre'n Buffett很早之前就提出質疑，如果股票選擇權是一種報酬，那為什麼不用納入費用計算？如果股票選擇權不是一種報酬，那他到底是什麼？而會計專業人員應該積極回答這個問題，並做出正確的決定，華爾街公司的股票選擇權報酬占營收的比例從50%到700%，範圍是非常之大，財務報表上的股票選擇權卻又不列入員工報酬，近期市場上開始處理這樣的問題，對那些股價低迷不振的公司影響深遠，甚至倒地不起。

　　Bogle所提到的第四項議題是稅務問題，事務所提供非法的租稅規避方法給公司，進行避稅為目的的交易，這些交易也會影響到正直性，會計師透過提供租稅規劃賺取收入。很明顯的公司目的就是要增加盈餘，才會要求會計

師提供這樣的服務，但在這同時，已損害了會計師的獨立性，Faustian指出應該禁止會計師提供相關稅務服務給查核客戶，如果一旦成真，事務所將會失去大筆的收入。

　　最後一項議題是事務所在面臨利益衝突時，如何保持獨立性，當會計師事務所的正直性與獨立性被當作籌碼在交易時，應該優先慎重考慮應有的專要道德責任，Bogle做出下列結論：事務所要如何面對這些獨立性的質疑會改變會計師這個行業的未來，大部分的人都知道要與唯利是圖保持距離，事務所正在面臨營運上的重大改變，所面臨的困難也愈來愈艱鉅，會計師還是必須回歸到最基本的道德觀，必須考量所執行的業務是否依循道德，安隆案與Arthur Andersen瓦解的醜聞讓眾人重新反省，事務所也重新檢驗手上的業務，並評估影響獨立性的程度。

　　國會也開始制定規範以確定事務所和專業機構都能盡到應有的義務，提議的改革有：制定嚴格的自我規範、禁止替查核客戶做諮詢服務、查核人員的輪調、加強鑑識審計、限制查核人員轉職到公司、改革內部的審計委員會、更新會計法規，至於改革的範圍與程度就留給立法者與主管機關，但是，會計專業人員的危機依然清晰可見。

　　過去一般人都認為會計人員的腦筋很死，缺乏想像力，是個一成不變的行業，但是在此世紀，這項專業不斷地進化當中，從前，他們只是查核人員，現在他們已經變成諮詢顧問、稅務顧問等等多元的角色，事務所的組織是非常龐大的，營運據點包含全球，沒有其他的專業人士可以與他比擬，他依然不斷地在合併，在壯大自己，提供的服務項目愈來愈多元，各國的主管機關都不願意見到事務所同時執行審計與諮詢的服務，這涉及了事務所與客戶的利益衝突，也會施加事務所壓力要求改革，至於衡量改革成效的方法就是檢驗正直性，我們不可能分析每一種可能發生的情況，但可以特別注意審計、管理會計、稅務會計三個主要的業務，此外，還須注意道德衡量，確認交易活動的實質目標，最後，再檢查交易功能的相關事項與其道德責任。

附錄一

美國會計師協會之職業道德規範

　　美國會計師協會職業道德規範包括兩個部分：(1)原則；(2)規則。原則規範提供專業服務的會員，並提供了規則的架構。美國會計師協會（AICPA）授權指定的機構發布了技術準則，而其細則須依附於規則與準則之下。

　　職業道德規範提供指引與規則給所有的會員—例如在公開執業、產業界、政府與教育界的會員—建立執行專業服務時的責任。

　　如同在社會上的所有準則，會員遵循職業道德規範的程度，主要依賴於會員的自我了解與自願性的程度，再者是同業與公眾的意見，最後是當會員違反規則時的懲戒。

　　行為規則的解釋令（Interpretations of Rules of Conduct）在專業道德部門提供了規則的相關指引，並向州立委員會、執業單位與其他利害團體發布之後，正式採用了該解釋令。違反指引的會員應該在懲戒審訊中，承擔為其行為的責任。在職業道德規範於1988年1月12日開始採用之前，解釋令就已存在了，未來也將持續具影響力。

　　道德裁決（Ethics Rulings）由專業道德部門的執行委員會制定的正式裁決判例，並向州立委員會、執業單位與其他利害團體發布。這些裁決判例總結了實際情況下的特殊案例、行為規則的適用與解釋。違反裁決判例的會員可為其行為辯護。在職業道德規範於1988年1月12日開始採用之前，道德裁決判例就已存在，之後將持續具影響力。

　　*The Journal of Accountancy*出版的解釋令與道德裁決判例，架構了預先通知會員的機制。因此，宣言的有效日為在*The Journal of Accountancy*出版宣言的當月最後一天。專業道德部門將會考慮規定於哪天生效對會員較適當。

　　若可行的話，會員也應該向州立會計師協會、州立會計委員會、美國證券交易管理委員會，與其他企業、政府機構等，諮詢討論道德準則的適當性。

50段—職業道德規範之原則

前言

.01 美國會計師協會（AICPA）的會員是自願加入的，其會員有義務遵守法律相關規定。

.02 這些美國會計師協會職業道德規範之原則，顯示對公眾、客戶與同業的專業責任。他們引導會員盡專業責任，並且呈現職業道德規範的宗旨。會員應依據原則從事正直、誠實的行為，即使會犧牲掉個人的利益。

52段—第 1 條：責任

執行專業上的責任時，會員應運用敏銳的專業道德判斷，來從事各項行為。

.01 身為專業人士，會計師在社會上扮演了一個重要的角色。如同AICPA的會員對自己所執行的專業服務負責，會員也有責任增進公司的會計能力，維持公眾信心，與維持專業上自我管理的責任。所有會員皆被要求須努力維持與提升專業能力。

53段—第 2 條：公眾利益

會員應該接受的觀念為會員有某種程度的義務，為公眾利益服務，取得公眾信任，與展現其專業能力。

.01 會員應能接受對公眾的責任。這裡指的公眾包括客戶、債權人、政府、雇主、投資者、企業與財務團體，以及依賴會計師的客觀性與正直性，來維持商業秩序的其他人。大眾的信任加諸了公眾利益責任於會計師的身上。公眾利益定義為，社會大眾與相關機構的集體福祉。

.02 會員在履行專業的職責時，可能會遭遇到來自於那些團體互相衝突的

壓力。若要解決那些互相衝突的壓力，那麼會員就應該正直地行動，來滿足對公眾、客戶與雇主利益的責任，使得客戶與雇主的利益能得到最好的對待。

.03 那些信任會計師的人們，預期會計師會以下列形式履行責任：正直地、客觀地、盡專業上應有之注意與真誠地為公眾利益服務。他們預期會計師會提供有品質的服務、提供公費合約內的服務，並依據職業道德規範原則的專業精神來提供服務。

.04 所有AICPA的會員都認為，自己應該取得公眾的信任。為了回報公眾對會員的信任，會員應該持續專心致力於傑出的專業行為。

54段—第 3 條：正直性

為了維持與加深公眾信任，會員應該以最高程度的正直性來履行專業責任。

.01 正直性是專業上認可的基本原則。這項品質，來自於公眾的信任，並且是會員決定所有決策的基準。

.02 正直性要求會員在客戶保密的限制下，誠實並且公平。專業服務與公眾信任，不應該屈服於個人利得之下。正直性可以容忍會員無心的錯誤與意見分歧，但它不能忍受會員詐欺之類的行為。

.03 正直性根據正確與正義的觀點來衡量。在缺乏特殊規則、準則、或指引、或面臨意見衝突時，會員應該利用正直性來衡量決策，並且問自己：「我做到所謂的正直性了嗎？」「我維持我的正直性了嗎？」正直性要求會員觀察技術與道德準則的形式與精神。

.04 正直性也要求會員觀察客觀性與獨立性的原則，並且盡專業上應有之注意。

55段—第 4 條：客觀性與獨立性

在履行專業責任時，會員應該維持客觀性並且不受利益衝突的限制。執行公眾業務的會員在提供審計或其他簽證服務時，應該在實質與形式上維持獨

立。

.01 客觀性是一種心理狀態，可以增加會員服務的品質。他是一項辨別會員專業服務的特徵。客觀性的原則增加了公正、誠實與不受利益衝突限制之義務。另外透過獨立性的要求，排除了會員在提供簽證服務當中，那些會傷害會員客觀性的關係。

.02 會員在各個不同的領域下，時常提供多樣的服務，但是他們必須證明其在各種服務下都具有客觀性。多樣的服務包括，執行公眾業務的會員提供簽證、稅務與管理顧問服務。其他服務的內容則有，受僱於公司為公司編製財務報表、執行內部稽核服務，以及在產業界、教育界與政府的會員，提供財務與管理的服務。同時，會員們也教育與訓練那些嚮往加入此專業領域的人。不論什麼樣的服務或能力，會員應該具備工作上的正直性，維持客觀性，並且避免因他人壓力而影響意見。

.03 對執行公開業務的會員來說，為了維持客觀性與獨立性，會員必須持續評估客戶關係與公眾關係。提供審計與其他簽證服務的會員，應該於實質上與形式上獨立。提供其他服務的會員，應該維持客觀性並且避免利益衝突。

.04 雖然不執行公開業務的會員不須維持形式上的獨立性，但是無論如何他們在提供專業服務時，有責任維持客觀性。受僱於其他公司而為公司編製財務報表的會員，或執行審計、稅務或顧問服務的會員，被要求保有與執行公開業務的會員相同的責任，並且必須謹慎地適用一般公認會計原則（GAAP），與公平地對待所有執行公開業務的會員。

56段—第 5 條：盡專業應有之注意

會員應該觀察專業技術與道德的準則，不斷努力增加服務的能力與品質，並且以會員最好的能力履行專業責任。

.01 追求完美是應有之注意的本質。應有之注意要求會員努力與勤奮地履行專業責任，並且它加重履行專業服務的義務，要求會員盡最好的能力實行專業服務，以滿足公眾的專業責任。

.02 能力是來自於教育與經驗，它開啟了會計師對知識的要求。為了維持

能力，會員必須持續學習並且增進其專業能力，它是會員個人的責任。在所有合約與所有責任中，每一位會員應該保證會員服務的品質將會達到原則要求的最高專業精神之程度。

　　.03　會員必須擁有專業學識，使會員能熟練與敏銳地提供服務。會員有責任評估他擁有的能力—評估其教育、經驗與判斷力，決定是否有能力承擔業務之責任。

　　.04　會員應該為客戶、雇主、與公眾，勤奮地履行責任。也就是會員必須徹底迅速與謹慎地提供服務，並且採用合適的技術與道德準則。

　　.05　盡專業應有之注意，要求會員有責任去適當地計劃與監督任何專業活動。

57段—第6條：服務的範圍與性質

　　執行公開業務的會員應該觀察職業道德規範之原則，以決定提供服務的範圍與性質。

　　.01　會計師所提供的服務應能與公眾利益及專業行為一致。正直性要求提供服務時能獲取公眾信任，不屈服於個人的利益。客觀性與獨立性要求會員，在履行專業責任時，不受利益衝突的限制。盡專業應有之注意，要求會員具備能力與勤奮的觀念。

　　.02　每一項原則都是會員是否提供特殊服務之決策基礎。同時原則也制定了在某些情況內，提供特殊客戶非審計服務的整體限制。這些規則可以快速地幫助會員達成專業的判斷，但是他們必須符合這些規範裡原則的精神。

　　.03　為了完成以上所述，會員應該：

1. 在公司內執行適當的內部品質控制程序，確認會員有能力提供服務與適當管理。
2. 判斷審計客戶其他服務的範圍與性質，考慮是否會在提供審計服務的過程中，與客戶發生利益衝突。
3. 以個人判斷來評估會員的行為，是否與他們所扮演的專業角色一致。（例如，會員提供的專業服務是合理的嗎？）

90段—規則：適用性與定義

91段—適用性

（自1988年1月12日開始生效，除非有其他新的規則發布）

.01 美國會計師協會（AICPA）的細則要求會員遵循職業道德規範的規則。若某些規則不適當，會員必須能證明違反這些規則是正當且必要的。

.02 美國會計師協會職業道德規範內有關於適用性的解釋令指出「會員」是美國會計師協會（AICPA）的會員或美國會計師協會的國際夥伴。

1. 規範的規則適用所有的專業服務，除了：(1)指明規則適用於別的地方；(2)會員在美國以外的地方提供服務，只要他的行為根據當地規定的會計專業規範實行，那麼就不算違反規則，也不用受到懲罰。然而，當會員的名字與財務報表發生關聯的時候，會員就必須遵循規則202和203的規定。

2. 不論有無報酬，會員不應該刻意地使自己有權利或能力控制或實現他人的利益。如果這麼做，就違反了規則。同時，會員對其有權利或能力控制的公開會計業務之相關人士，負有責任。

3. 規則101與其解釋令指出，會員（如解釋令101-9定義的）與客戶間有特定行為或與某些人或組織有關係時，那麼他就會被認為損害了其獨立性，而沒有權利或能力去執行業務。然而此章節裡，並沒有指出會員會因為沒有能力控制他人行為或關係，其獨立性就因此不會受到損害。

（1989年8月增訂，1989年11月30日生效，1998年12月修訂）

92段—定義

（1988年1月12日開始生效，除非有其他新的規則發布）

「根據職業道德規範的解釋細則（BL§3.6.2.2）中指出，專業道德執行委員會發布的以下定義，於1989年11月30日起規範於美國會計師協會職業道德規

範中。」

.01 客戶（Client）

（取代之前在段落 .01中「客戶」的定義）客戶可以是人或組職，除此之外他們還是會員的雇主，可以僱用會員或會員事務所去執行專業服務，或僱用與專業服務相關人士或組織來執行專業服務。此段的「雇主」不包括

A.執行公開會計業務的組織。或

B.聯邦、州與當地政府或相關機構單位，提供會員執行專業服務給予某些相關個體的機會，其中包含了：

Ⅰ.由政府機構內投票選出來的組織。

Ⅱ.個人被：(a)立法機構指派；(b)立法機構排除。

Ⅲ.被立法機構以外的機關所指派的個人，但其指派或排除受到立法機構監督。

（1998年12月修訂）

.02 議會（Council）

美國會計師協會下的議會。

.03 企業（Enterorise）

（取代之前段落.03對「企業」的定義）此規範中，「企業」與「客戶」同義。

.04 財務報表（Financial statement）

根據一般公認會計原則（GAAP）或除了一般公認會計原則之外的會計基礎，表達財務資料與相關的附註，來傳達一家公司經濟資源或負債在某個時間點或某段期間的變化。

我們可以利用那些非財務報表組成要素的附帶性財務資料，如納稅申報書等其他文件，來提供建議給客戶。而這些文件的相關資料，不會納入財務報表的意見，也不需要表示類似的意見。

（1996年5月修訂）

.05 事務所（Firm）

州際法律或條例許可的一種合夥組織，它遵循從事公開會計業務之會議（Council）的決議。

（1992年1月修訂）

.06 協會（Institute）

美國會計師協會（AICPA）。

.07 行為規則的解釋令（Interpretations of Rules of Conduct）

職業道德部門發布的宣言，提供規則相關的範圍與適用性的指引。

.08 會員（Member）

美國會計師協會（AICPA）的會員、合夥會員或國際夥伴。

.09 公開會計業務（Practice of public accounting）

（取代了之前段落.09「公開會計業務」的定義）公開會計業務指會員或會員的事務所，以會計師的名義為客戶服務，服務內容包括會計、稅務、個人財務規劃、訴訟服務，與公報內所規定的專業服務，例如財務會計準則公報、審計準則公報、會計與核閱服務準則公報、諮詢服務準則公報、政府會計準則公報與簽證服務準則公報。

然而，如果有會計師名義的會員或會員的事務所，不為任何客戶執行前段所描述的任何專業服務，那麼就不被認為是公開會計業務。

（1992年4月修訂）

.10 專業服務（Professional services）

（取代了之前段落.10「專業服務」的定義）專業服務指當會員為會計師時，所執行的所有服務。

.11 會計師身分之維持（Holding out）

一般而言，會員告知他人他是會計師，或告知他人他被美國會計師協會指派去執行會計師的業務。告知的形式包括口頭或書面表達、利用名片上會計師

的稱號表達，以會計師證照證明，或在當地電話簿列示為會計師。

100段—獨立性、正直性與客觀性

ET 101段—獨立性

.01 規則101—獨立性

公開執業的會員必須在執行專業服務時具備獨立性，而此專業服務是依照國會指派組織所發布準則的要求。

（1988年1月12日生效）

規則101的解釋令—獨立性

會員在執行專業服務時必須具獨立性，如果可行，會員應該請教他的州立會計師委員會，或他的州立會計師協會；如果客戶是美國證券交易管理委員會登記的公司，則會員可以請教獨立準則委員會；如果客戶或客戶的贊助商需要向美國勞工部門（DOL）報告，則會員可以請教美國勞工部門（DOL）；與任何其他發布或實施獨立性準則的管理組織或私人組織。以上類似的組織可能擁有與AICPA不同並且比AICPA更嚴格的獨立性解釋令或裁決。

.02 101-1—規則101的解釋令

如果會員有任何下列的交易、利益或關係時，那麼就會損害到獨立性：

A.在專業合約或表示意見涵蓋的期間中，會員或會員事務所：

1.與客戶間有任何直接或重大間接財務利益的關係。

2.與客戶間有任何直接或重大間接財務利益的財產信託關係。

3.與客戶、經理人員、董事長或主要股東間有任何緊密的企業投資關係，而且這項投資關係會重大影響會員或會員事務所的價值。

4.與客戶、經理人員、董事長或主要股東間除了101-5的解釋令外，有任何的融資關係。

B.在財務報表、專業合約或表示意見涵蓋的期間中，會員或會員事務所：

1.擔任客戶的創辦者、保險業者、受託人、董事長、經理人員或職員，或擔任任何與管理階層相當的職位。

2.擔任客戶的退休金信託或員工分紅信託之受託人。

.01 規則102—正直性與客觀性

在執行任何專業服務時，會員應該維持客觀性和正直性，不受利益衝突的限制，並且不應該故意虛偽陳述事實或服從他人的判斷。

（1988年1月12日生效）

規則102的解釋令—正直性與客觀性

.02 102-1—不實表達財務報表之編製或報告

若會員故意允許或指導他人，認列錯誤的分錄與令人誤導的分錄於財務報表或報告上，則此會員就會被認為，違犯規則102故意不實表達的規定。

.03 102-2—利益衝突

如果會員為客戶或雇主實施一項專業的服務，並且會員或他所在的事務所與其他人、組織、產品或服務之間，被客戶、雇主或其他團體認為在專業上，具損害會員客觀性的關係時，則利益衝突的現象就會發生。如果會員相信可以客觀地執行專業服務，並且揭露彼此的關係，同時獲得類似客戶、雇主或其他相關組織的同意，那麼就不能禁止專業服務的執行。當會員須揭露的時候，應該參考規則301客戶資訊之保密的規定。

某些專業服務，例如查核、核閱與其他簽證服務皆要求獨立性。規則101、規則101的解釋令與裁決中指出，獨立性損害不能由類似的揭露或同意消除。

.01 規則201：一般準則

會員應該遵守下列的一般準則，其解釋由協會所指定之機構為之。

E.專業能力：會員只能承攬本人或其事務所之專業能力足以勝任的合約。

F.專業上應有之注意：會員在執行合約時，應克盡專業上應有之注意。

G.規劃及督導：會員應適當地規劃與督導合約之進行。

H.足夠的相關資料：會員應獲取足夠的相關資料，俾作為與合約相關結論與建議的合理依據。

（1988年1月12日生效）

.01 規則202──遵循準則

會員執行查核、核閱、代編、管理諮詢、稅務或其他專業服務時，應該遵守協會所指定之機構頒布的準則。

（1988年1月12日開始生效）

.01 規則203──會計原則

會員不得在財務報表有重大誤述的情況下：⑴肯定地聲稱該個體的財務報表或其他財務資料係按照一般公認會計原則所表達；或⑵當各該報表或資料違反協會所指定之機構制定的會計原則，並且重大影響各報表或資料整體時，聲稱本人並不知悉相關情事。然而，在各該報表或資料違反一般公認會計原則時，若會員可以證明因為在不尋常的情況下，若不違反一般公認會計原則，則各報表或資料將會產生令人誤解的情況。

（1988年1月12日生效）

.01 規則301──客戶資訊之保密

執行公眾業務的會員不得未經客戶特別允許，就揭露客戶的機密資料。

此規則不得被曲解為可以：⑴免除會員在規則202與規則203中規定的專業責任；⑵藉由任何方式影響會員遵守有效傳票或傳喚的義務，或禁止會員遵守適當的法律或政府條例；⑶禁止美國會計師協會、州立會計師協會或委員會複核會員專業業務情形；⑷阻止會員控告或回答專業道德部門、州立會計師協會、會計師委員會的公認調查或紀律團體的詢問。

在以上⑷所述之任何團體的會員與以上⑶所述參與專業業務的會員不得為了自己的利益，利用或揭露客戶機密資料。此規則不得限制會員，在以上⑷所

述或以上(3)所述的情況下，做出資訊交換的動作。

.01 規則302──或有公費

公開執業的會員不得

(1)於會員或會員事務所提供客戶下列服務時，向客戶收取或接受或有公費

● 財務報表之審計或核閱。

● 當會員預期或可合理預期第三者將會使用財務報表時，代編財務報表，並且會員的代編報告未揭露其缺乏獨立性。

● 檢查財務預測。

(2)為了向任何客戶收取或有公費，編製或修改稅務申報書，或請求退稅。

上述(1)所述規定適用於：會員或會員事務所，從事上述各項服務之期間，以及上述服務所涉及的歷史性財務報表之涵蓋期間。

除了下面之例外，或有公費係指合約內約定服務之公費，除非達成特定之發現或結果，不得收取任何公費；除此之外，公費之數額決定於服務之發現或結果。若公費由法院其他公共權威團體所訂定，或有公費在稅務案件中，由訴訟判決結果或政府機構之發現所決定者，則不視為或有公費。

但會員收取之公費，得因其提供服務之複雜程度而有所不同。

（1991年5月20日生效）

.01 規則501──玷辱行為

會員不應該從事有辱專業的行為。

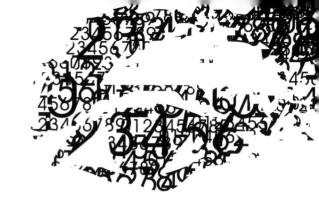

附錄二

管理會計人員協會
之道德準則

管理及財務會計從業人員之道德行為

在現今的商業社會，管理及財務會計人員持續地面臨道德的兩難。例如，當一位會計師被上司主管要求將一批存貨以原始成本認列，但這批存貨卻因陳舊過時而降低價值，此時這位會計師該怎麼做？為了幫助我們做出這個決定，以下有對於管理及財務會計從業人員之道德標準的討論。

道德，從廣義的角度來看，在於人跟人之間道德層面上的是非對錯，要知道一個決策是否是好的，就要由決策者來將其與所謂的完美標準來做比較。但所謂的完美標準並不是一成不變的，而是要根據當時的情況及對當事人影響程度來做取捨，而且決策者必須預測決策所導致的後果並對其負責。當我們遇到道德兩難時，可以問自己兩個問題：「我這個決定是否對所有利害關係人都公平？」「當我最好的朋友知道我的決定時，他會怎麼看待我？」

管理及財務會計從業人員面對的是獨特的工作環境，因此管理會計人員協會為此發展出一套管理及財務會計道德準則，來幫助他們評估將來會面臨的情況。

管理及財務會計從業人員對於社會大眾、本身職業、服務的公司及他們自己都有維持最高道德標準的義務。管理會計人員協會公布了下列的道德準則，用來認可其從業人員有確實做到。而確實遵守這些國內及國際的道德準則，也是為了達到管理會計目標所不可或缺的。管理及財務會計從業人員除了不得違反其準則，也不能允許組織內的其他人做這樣的行為。

能　力

管理及財務會計從業人員有責任做到以下幾點：

1.藉由不斷提升本身知識及技術來維持一定程度的專業能力。

2.從業時符合相關法令、規定及技術標準。

3.在運用相關且可信賴的資訊做分析後，提供完整且清楚的報告及建議。

一、保密責任

管理及財務會計從業人員有責任做到以下幾點：

1.除非法令要求，除了核准的資料之外，避免揭露工作中所得到的機密資訊。

2.提醒部屬合適的處理工作中所得到的機密資訊，並監視其行為，以確保機密資料安全。

3.避免利用自己或第三者工作中的機密資訊，來從事不道德或非法行為的可能性。

二、正直性

管理及財務會計從業人員有責任做到以下幾點：

1.避免實際或明顯的利益衝突，並勸告所有利害關係人注意潛在衝突。

2.避免從事任何會損害自身道德標準的活動。

3.拒絕所有禮物、恩惠及款待，以避免影響決策的可能性。

4.避免主動或被動地損害組織所累積的道德聲望。

5.認清並表達會妨礙做出最佳決策的判斷力的專業不足與限制。

6.應忠實表達資訊、自身專業判斷或意見，不論其為有利或是不利的。

7.避免從事或支持任何會損害專業信用的活動。

三、客觀性

管理及財務會計從業人員有責任做到以下幾點：

1.公平且客觀地表達資訊。

2.揭露所有相關資訊，讓使用者可以輕易了解報表中的內容及建議。

道德衝突的解決之道

在應用道德準則時，管理及財務會計從業人員有可能會面臨如何分辨不道德行為或是解決道德衝突的問題。當遇到道德議題時，從業人員應該遵照組織既定的政策來解決。如果這些政策都沒辦法解決道德衝突，從業人員應考慮用下列行動來解決：

1. 立刻與直屬上司討論其問題，除非發現直屬上司也牽涉其中，假使如此，就應跟更高一層主管聯繫，如果仍無法找到滿意的解決之道，就應找更高一層的上司來處理。例如當直屬上司是總經理，那麼更高一層的上司就可能是審計委員會、執行委員會、董事會、理事會或是老闆。但假定直屬上司沒有牽涉其中，跟更高一層的上司聯繫之前必須讓直屬上司知悉。另外除非法令規定，否則將這類問題跟非組織內的個人及管理機構討論是不恰當的。

2. 以保密原則的方式，與客觀第三者的顧問討論相關的道德議題，藉由討論來得到一些可能的處理方式，並與自己的律師請教道德衝突中相關的權利與義務。

3. 如果在經過各階層內部檢討之後，道德衝突仍然存在，此時應選擇離開該組織，並向組織代表人提交備忘錄以做責任釐清，在離開後根據道德衝突的情況，提醒利害關係人也是合理的做法。

附錄三

審計準則公報摘要

查核財務報表時對舞弊之考量

2002年2月28日

　　本公報由美國會計師協會中審計準則委員會編製，並參考審計專業人士提供之意見。

有效日期

　　本公報自2002年12月15日起生效，亦適用先前的相關規定。

摘　　要

緣　由

　　這份審計準則公報草案提供查核人員於查核財務報表舞弊時，能依照一般公認審計準則進行的指引。在1997年，審計準則委員會發布了82號公報：「查核財務報表時對舞弊之考量」，以提供查核人員於執行查核時，針對重大舞弊進行考量之指引。

　　在發布82號公報時，審計準則委員會對其實際實施效果進行了研討，評估其是否適當。並同時成立了「Fraud Research Steering Task Force」這個機構，贊助五項學術上的研究，以獲得相關有用的資訊。而這些研究計畫的結果，將被簡要地包含在「Additional Background Information」這段內。

　　在1998年，美國證券交易管理委員會要求公共監督委員會（Public Oversight Board）成立一個專門小組，探討獨立的查核人員在執行查核時，對於舞弊的考量。該小組於2000年8月31日提出一份報告，對審計準則委員會提出數項關於盈餘管理及舞弊的相關考量及建議。

在發布82號公報後，國際審計實務委員會（International Auditing Practices Committee）檢視了查核人員對於舞弊及錯誤之考量的責任，而後於2001年的春天發布了修正後的國際審計準則（ISA 240）。該準則包含了82號公報的概念，並提供了相關的指引。

「Fraud Research Steering Task Force」這個機構主要以各項學術上研究的成果，以及各方專業人士的建議，作為82號公報是否需要修訂的考量。該機構並隨時注意國際上審計相關的發展及長期需求，以盡力達成制定全球通用的審計準則之目標。

審計準則委員會以及Fraud Research Steering Task Force皆考量到日益成長的財務報導舞弊，並做出相關的應對措施。雖然審計準則公報針對查核人員偵測舞弊的有效性做出了相關的規範，但未來我們需要更多的努力，使得管理者、審計委員會、政府主管機關以及其他相關單位，都能共同為防範舞弊一起努力。

內　容

這份公報草案並未改變查核人員規劃及執行查核時，應能合理確信財務報表免於舞弊及錯誤造成重大誤述的責任。此外，本公報草案建立的準則亦提供了查核人員執行與舞弊相關行動時的指引。

下列敘述為本公報內容之概要：

1.舞弊之特性

在本段中說明了舞弊的特性，尤其是針對財務報表舞弊的方面更加詳細說明。

2.由舞弊造成重大誤述之風險

查核人員應於規劃階段考量到受查者發生舞弊造成重大誤述之可能性，並秉持專業懷疑心態。

3. 獲取與舞弊相關資訊以辨認風險

查核人員應獲取下列資訊以辨認風險：(1)詢問管理當局及相關單位；(2)於規劃階段執行分析性複核程序（公報要求查核人員額外執行與收入相關的分析性複核程序）；(3)考量與舞弊相關的因素；(4)考量其他可能有關的資訊。

4. 考量已辨認風險是否會造成舞弊而導致重大誤述

本段要求查核人員使用蒐證而來的資訊，判斷已辨認風險是否會造成重大誤述。

5. 考量受查者的內部控制後，再估計其風險

本段要求查核人員先衡量受查者的內部控制，再重新考量因舞弊造成重大誤述的風險。

6. 對上述衡量結果做出回應

本段要求查核人員對估計出的已辨認風險做出相關回應，相關回應如下：(1)查核人員應根據估計出的已辨認風險，除了已規劃的特定查核程序，對整體查核做出適當的調整；(2)依據估計出的已辨認風險，調整查核程序的性質、時間及範圍；(3)應執行特定的查核程序，來找尋是否有管理階層逾越內部控制程序造成的舞弊。

7. 衡量查核的結果

本段要求查核人員於整個查核期間，持續地估計由舞弊造成重大誤述的風險，並於執行完每一查核程序後，衡量其結果及影響，查核人員亦要考量那些可能與舞弊有關的誤述，以及其意涵。

8. 查核人員應將與舞弊相關的考量，向管理當局、審計委員會及其他單位回報

本段提供查核人員於回報舞弊相關考量給予管理當局、審計委員會及其他單位時，應如何執行的指引。

9. 將查核人員對舞弊相關的考量做成工作底稿

本段敘述查核人員於設置工作底稿時，應達到哪些水準要求。

對實務之影響

審計準則委員會相信若公報草案提出的指引及要求能付諸實行時，則可以增加查核人員於查核時發現由舞弊引起重大誤述之可能性；亦能使查核人員隨時秉持專業懷疑的心態來考量財務報表舞弊。接下來，我們將探討適用新公報後，查核人員對於舞弊考量上的改變。

一、與共同參與查核的組員討論

為了回應公共監督委員會的建議，公報草案要求查核人員於規劃階段時，必須與共同參與查核的組員討論。討論必須包含下列兩項內容：

1. 對於受查者財務報表可能由舞弊引起重大誤述之處，共同討論交換意見。
2. 強調組員必須針對可能有重大誤述的地方保持專業懷疑心態。

二、詢問管理當局及其他相關單位

由於鑑識會計人員建議過適當的詢問技巧，可以增加偵測出舞弊的機會，因此公報草案將詢問管理當局及其他相關單位這個動作納入其規定。詢問的內容必須包括下列數點：

1. 必須詢問管理當局：(1)是否知悉任何舞弊；(2)是否知悉任何財務報導舞弊；(3)管理當局是否知道哪個單位可能有舞弊的風險；(4)內部控制執行的成效及如何監督內部控制的執行；(5)當公司有數個營運據點或分部時，哪些據點或分部可能有舞弊的風險；(6)管理當局如何有效向員工傳達企業觀點及道德觀念。
2. 詢問審計委員會運作的情況，並詢問審計委員會的成員（至少要詢問負責人），對舞弊風險的看法，以及他們是否知悉任何舞弊。
3. 詢問內部稽核人員對於舞弊風險的看法，以及回報內部稽核結果時，管理當局的回應態度，此外，再詢問是否知悉任何舞弊。

最後，公報草案要求查核人員應運用其專業判斷，來決定額外詢問的對象（舉例來說，不同層級的經理有不同的授權，也可能與財務報表無直接的關係，因此是否詢問應視情況來加以判斷）。

三、風險因子的修正

公報草案包含了數個修正後的舞弊風險因子。當舞弊發生時，將會存在下列三種基本的風險因子，分別是「動機／壓力、機會以及態度／合理化」。我們可利用這三種基本的因子及企業本身既存的風險因子，來協助我們更有效地估計風險。關於風險因子，公報草案繼續沿用82公報的內容，並補充額外的資訊。

四、擴張估計舞弊風險的方法

公報草案要求查核人員蒐集更多的資訊，作為舞弊風險的其他考量，而非僅考慮82號公報提供的風險因子。該公報亦提供查核人員於估計風險時，如何考量其他資訊的指引。最後估計出來的結果，即為由舞弊造成重大誤述的已辨認風險，查核人員應將此結果納入考慮。

五、擴大對收入認列風險考量之指引

由於財務報導舞弊通常與收入認列相關，因此查核人員通常會對收入認列相關事物設定較高的風險。公報草案提供查核人員當發現收入認列相關事物有已辨認風險時，應如何回應的指引。

六、衡量受查者對已辨認舞弊風險的反應

本公報草案提供查核人員於管理當局知悉已辨認風險後，依據不同回應採取適當對應方法的指引。並考量受查者內部控制後，再行估計重大誤述的風險。

七、已辨認風險與查核人員之間的反應

基於美國會計師協會及Fraud Research Steering Task Force的研究，關於已辨

認風險與查核人員之間的反應，公報草案納入了廣泛的範例以協助查核人員回應這些風險。

八、專業懷疑

有鑑於各界的建議，公報草案亦將專業懷疑的態度納入重點，其中包含了：(1)與查核組員於規劃階段時共同討論其重要性；(2)查核人員辨認出舞弊風險時，專業懷疑態度如何影響證據之蒐集及衡量。

九、管理當局是否逾越內部控制

由於傳統的內部控制程序難以發現管理當局逾越內部控制的情況，因此公共監督委員會要求查核人員執行特別的證實測試，以找尋是否有這種問題。公報草案為了回應這種情況，則將這些特定的查核程序納入規定。不過在某些情況下，並不一定要執行這些查核程序，如查核非公開發行公司，但反過來說，查核公開發行公司則必須執行。用來找尋管理當局是否逾越內部控制的查核程序如下：

1. 檢查一般分錄及其他調整分錄。
2. 複核會計估計及管理當局所做的某些衡量及判斷是否有偏差。
3. 檢查是否有不尋常交易。

十、文件化

雖然82號公報已要求查核人員將他們對舞弊的考量予以文件化，但公報草案更擴大了這些要求，要求將相關的支援文件等亦放入工作底稿。透過擴大文件要求的手法，可確保與舞弊相關的工作底稿能更加完整。

十一、於審計準則公報內使用更多專門技術來協助查核

為了回應各界利害關係人的建議，其中亦包含了審計準則委員會的電腦審計小組，公報草案要求查核人員於設計查核程序時，加入這些技術性的工具，

來協助估計舞弊的風險。

對於審計準則的影響

關於新的審計準則公報所造成的影響如下：

1. 取代原有審計準則公報82號。
2. 造成審計準則公報1號的修改。

外界對於重要議題的相關建議

審計準則委員會與Fraud Research Steering Task Force皆認為審計準則的更改，為解決舞弊相關問題最好的方法。由於公報草案內可能有某些議題及結論並未說明清楚，因此審計準則委員會與Fraud Research Steering Task Force特別重視外界提出的觀點及建議，以作為他們的參考。下列為外界對重要議題相關的考量。

一、風險評估的方法

公報草案內包含的風險評估方法其步驟如下：(1)獲得必要的資訊來辨認風險；(2)使用這些資訊來辨認是否有舞弊引起重大誤述的風險；(3)在考量受查者內部控制後，再衡量其已辨認風險；(4)根據估計出來的結果，做出適當的回應。這些方法查核人員是否能理解運用？是否有什麼地方需要改進？

當用來辨認風險的必要資訊已蒐集足夠後，公報草案提供查核人員於後續衡量風險時，應考量哪些因素的指引。然而草案提供的考量因素是否適當？若不適當，那些指引應如何改進？

二、風險因子的分類

公報草案內將風險因子分類為三種，分別是「動機／壓力、機會以及態度／合理化」，但是否有更適當的分類方法呢？

另外指引查核人員去考量這三種風險因子，是否對他們的查核有幫助？若不幫助，那些指引應如何改進？

三、收入認列與舞弊風險的關聯性

公報草案指出與收入認列相關的事物，會有較高的舞弊風險。但公報草案提供的指引，是否能讓查核人員將注意力放在收入認列上？若無法做到，那些指引應如何改進？此外，草案內提供有關收入認列之舞弊風險的查核程序，是否足夠？

四、管理當局逾越內部控制的風險

現有的查核程序是否適當及足夠，以讓查核人員考量到管理當局逾越內部控制的風險？若不能，有更好的改善方法嗎？

現有的查核程序是否能分別適用公開及非公開發行公司？若不能，草案內的指引應如何修正？

五、公共監督委員會的建議

Fraud Research Steering Task Force該機構所提出的見解看法，深受公共監督委員會於2000年8月提出的報告所影響。這份報告可在www.pobauditpanel.org這個網站找到。此外，這份報告的第3章，包含了查核人員透過查核來偵測舞弊的有效性之研究成果，以及對審計準則委員會、會計師事務所與企業內審計委員會的建議。

公共監督委員會對審計準則委員會的概要建議是：「發展更完善的審計準則以促進查核人員偵測出財務報導舞弊的可能性。」有鑑於此，公報草案將公共監督委員會的相關建議納入其規定，審計準則委員會及Fraud Research Steering Task Force都認為這種做法可以達到公共監督委員會的目標。

六、美國會計師協會所贊助的研究成果

如同在摘要提到的，美國會計師協會在82號公報發布的同時，贊助了5項學術上的研究計畫，以探討82號公報實施對實務上的影響。

根據研究的結果，指出了查核人員在82號公報發布後，相較於發布前，對於舞弊風險變得更敏感。研究也指出查核人員為了因應舞弊風險，體認到整體查核計畫有其修改的必要。當查核人員辨認出舞弊風險時，研究也發現查核人員會擴大測試範圍以及指派較有經驗的人員，來因應增加的風險。

鑑識會計人員與其他專業人士認為在82號公報中，與「管理當局特性」有關的風險因子，顯著地較其他兩種風險因子來得重要，然而Fraud Research Steering Task Force認為他們的理由不夠充足，因此未於公報草案中完全採納其意見。至於其他於研究中已辨認出的風險因子，則納入考量，並包含在公報草案內。

執行指引

為了協助公報草案的推廣執行，美國會計師協會的計畫如下：⑴發展永續教育的教材；⑵更新現有的執行指引手冊（Considering Fraud in a Financial Statement Audit: Practical Guidance for Applying SAS No. 82）；⑶與其他利害關係人共同合作，來提供相關實務指引給予財務報表編製者、審計委員會以及內部稽核人員，希望藉此不但能被動防範舞弊，更可以主動杜絕舞弊的發生。

額外補充—第67段

衡量查核測試的結果

查核人員應於整個查核期間持續估計舞弊造成重大誤述的風險，風險的

估計值會隨著外勤工作的結果，而可能有所改變。外勤工作可能發現的結果如下：

㈠會計紀錄的不一致

1. 交易並未及時或完整的紀錄，也可能是金額錯誤或會計期間不一致，或是分類錯誤，另外也可能是公司政策的影響。
2. 發生未適當授權的交易。
3. 未入帳的重大調整分錄。
4. 會計系統的紀錄遭人竄改。

㈡查核證據遺漏或發生衝突

1. 憑證遺失。
2. 原始憑證不開放他人影印。
3. 調整分錄中發現無法合理解釋的事項。
4. 執行分析性複核程序或詢問受查者後，得到不合理或不一致的結果。
5. 函證與受查者紀錄不一致。
6. 存貨或資產遭受偷盜。
7. 電子資料遺失、無法獲得或是與公司帳上紀錄不一致。
8. 無法測試客戶的系統。

㈢查核人員與客戶間存在異常的關係

1. 查核人員無法從受查者的員工、客戶及供應商獲取查核證據。
2. 管理當局對查核人員施加壓力，造成無法正常處理事務。
3. 查核人員受到管理當局的抱怨或威脅，造成查核人員無法正常執行查核程序。
4. 管理當局異常延遲提供資訊。
5. 查核人員獲取與舞弊相關的資訊。
6. 執行電腦審計時，客戶的配合度低落，造成查核效率低落。
7. 無法從受查者的資訊部門人員獲取查核證據。

附錄四

美國證券交易
管理委員會所
制定的查核人
員獨立性規範
（修正版）

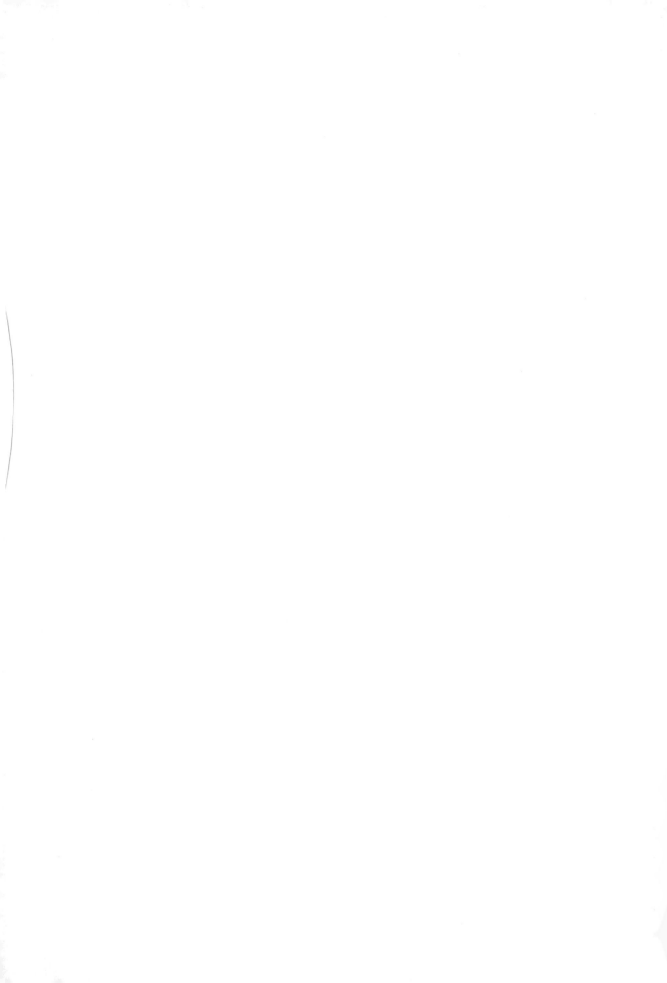

制定機構：美國證券交易管理委員會（以下以SEC表示）

版本：最新版

摘要

SEC著手修訂對查核人員的獨立性規範。將查核人員獨立性的定義進行修正，改以查核人員、其家族成員及受查公司之間的相互投資關係及會計師對受查客戶提供何種服務等，作為查核人員獨立性之判別標準。此項修訂有效減少因複雜的投資關係而損及查核人員之獨立性。另外，SEC也限制查核人員不得同時對受查客戶提供部分的非審計服務，因為這也會損及查核人員之獨立性。然而，此限制之規範對象僅限於審計服務的客戶。最新標準中也提及，因少數的會計師事務所，雖然有實施品質管制政策及程序，但實施政策不夠完善而視為不具獨立性。最後，最新規定要求所有的上市櫃公司每年都必須揭露股東委託書（proxy statements）的相關資訊，並提供最近一年會計年度由查核人員所提供的非審計服務項目內容。

有效日期：2001/02/05

修訂日期：2002/08/05：增設210.2-01(c)(4)(iii)對審計客戶提供的非審計服務項目；到2002/12/31，設置在美國境外的會計師事務所不適用210.2-01(d)(4)。但仍須遵守有關股東委託書的新發布規定，於施行日起生效。

補充資訊：沙氏法案—規則201節、1934年SEC所發布的（證券交易法）14A附表

全文摘要（Executive Summary）

目前，我們的首要任務就是要保護那些因信賴財務報表而做成投資決策的

投資大眾。為此，我們開始著手修訂現行的查核人員獨立性規範。我們相信，當目標達成時，所有對此修訂案的反對聲浪都能表示認同。

　　投資人之所以信賴經查核過的財務報表，是因為他們相信會計師所出具的查核意見是經過一連串審慎、嚴謹的查核程序所做出來的結論，能提供高度的確信程度，有助於評估投資決策。換句話說，身為超然獨立的查核人員才能獲得公眾的信任。一旦，查核人員失去獨立性，投資人對已查核過的財務報表就不具信心，當然也不會進入證券市場買賣。因此，我們的工作就是維護企業財務報表的可靠性及正直性。為了達成上述所說的目標及加強投資人的信心，藉由制定因應投資環境變遷的會計準則、整頓會計師事務所的查核風氣及配合社會進步等，來確保查核人員的獨立性規範依然適切、有效及具公平性。自從1983年進行查核人員獨立性的重大修訂後，在其他領域方面我們也有陸續的改革。

　　隨著愈來愈多投資者，以直接投資或是經由共同基金、退休金計畫或個人儲蓄養老金計畫等方式進入證券市場，依統計結果顯示，幾乎有一半以上的美國家庭都投資在股票市場裡。也因為科技日漸發達，投資人有許多管道可以取得財務資訊，並能立即做出投資判斷。這些訊息顯示出投資大眾對市場及財務報表的信賴程度有多麼重要，甚至可以說投資大眾是市場唯一的主人。

　　會計這個行業，隨著幾家大型事務所的重大改革，也不斷地轉變中。會計師事務所與受查客戶之間的商業及財務關係愈來愈複雜，這也表示事務所所提供的非審計服務內容也不再單純，提供非審計服務所占的收入比例也日漸升高。此外，員工的流動性及雙薪家庭也愈來愈多，為了反應這些變遷，我們建議修改有關查核人員獨立性規範。經由一連串的充分討論，像是參考約三千份的評論文章，聽取大眾的意見（包含書面及口頭的聲明），翻閱學術論文及其他專業文獻等，來擬定以下草案的內容。

一、獨立性準則

　　一般人認為的獨立性就是不持成見地看待事物以保持精神上的客觀立場。此修正案維持與上述相同的見解並制定相關標準來驗證查核人員是否具備這項特質。此標準的第一點，也就是精神層面的證據：「實質上」的獨立性。第二

點，經由外部觀察來驗證是否具有獨立性。一旦投資人發現查核人員不具獨立性，也就不會相信查核人員會客觀地執行查核程序並做出公正的判斷。原本，此次修訂在規則201增設了四種標準來判定查核人員與其受查客戶間是否具獨立性。然而，有些評論者持贊成意見，而有些人則對這四項標準的通用性有所疑慮，若是應用於特殊產業反而會產生問題。於是，我們將此四項標準放到附註的地方，供使用者參考。所以，要判別查核人員是否具有獨立性，則依據規則201(b)的規定來執行。規則201(b)裡特別定義了查核人員與受查客戶間關係，像是財務、僱用及投資關係等都是不具獨立性的，甚至查核人員對受查客戶提供部分非審計服務也是不具獨立性。

二、財務及工作（受僱）關係

　　原有的規定認為，持有股票的查核人員，一定是事務所合夥人、經理級的員工及他們的家屬。而我們認為，要維護查核人員的獨立性並使相關規定得以落實，應該從實際執行查核工作的人著手，而不是只有高階查核人員。因此，我們計劃將此原則的應用範圍縮小。

　　一般的評論者都支持我們的看法而贊成將此原則加以修改。因為現有的獨立性規範限制住了事務所合夥人及他們家屬的投資、工作機會，但這對於維護查核人員的獨立性及增加投資者的信心已不具備攸關性及必要性。當然，並不是所有人都一致認同，因此，我們僅做部分的變更。此標準的修改，使得原本查核人員與受查客戶之間複雜的投資關係有改善的趨勢，也減少對查核人員的獨立性之損害。

三、非審計服務

　　如同上述所說，有愈來愈多的查核人員同時對受查客戶提供非審計服務，這涉及佣金收入及查核人員獨立性的問題。隨著查核人員專業技能的提升及業務項目的多樣化，收取非審計服務的佣金收入也相對的水漲船高，這也加速損害查核人員的獨立性。依據審計效力小組（Panel on Audit Effectiveness）的研究結果指出，「提供非審計服務已對查核人員的客觀性有很大的影響，特別是這幾年會計師事務所提供愈來愈多的非審計服務而加速惡化中」。基於以上結

果，我們在修正案裡列舉出部分的非審計服務，如與審計服務一同執行則將有損查核人員的獨立性。此修訂也引起了許多爭議。有些人認為所有的非審計服務都不得與審計服務一同執行；有些人則完全反對此項修訂。經過一番討論後，我們最後決定僅禁止部分的非審計服務。由於，不是所有的非審計服務都會損及查核人員的獨立性，因此，在最新標準裡，查核人員依然對受查客戶可以提供各項非審計服務。

四、品質管制

事務所的品質管制政策，對於偵測及預防查核人員獨立性的問題，扮演了相當重要的角色。倘若事務所的品質管制政策執行不確實，即使施行也不具偵測及預防功能，一經發現後，依然視為不具獨立性。

五、非審計服務的揭露

我們認為適當地揭露不僅能提高查核上市櫃公司的查核人員之獨立性，也有助於投資人進行投資及選舉決策。為了回應有關揭露範圍意見，我們也在最新標準內增列揭露條件。

附錄五

稅務諮詢標準公報
（Statements on Standards for Tax Services）
第1至8號

前言

1. 這個實務準則可以作為稅務會計人員專業的證明。會員應該履行遵守準則的責任，使其行為可以衡量。遵守專業準則亦可加強大眾對稅務會計人員專業的認可。

2. 稅務諮詢標準公報這份準則，提供了美國會計師協會的會員一份稅務道德的實務規範，雖然也有其他相關規範存在，如財政部的Circular No. 230、美國國稅法的Penalty Provisions。但他們都有相關的限制：(1)Circular No. 230並未提供更深入的指引說明；(2)Penalty Provisions只適用所得稅；(3)上述兩項規定只適用聯邦政府稅。

3. 稅務諮詢標準公報儘可能以簡單客觀的方式來說明，但由於他們的性質，道德準則所能管理的範圍更為適當。制定稅務諮詢標準公報的人員也意識到這點，因此只制定較主要的規範架構，而未定義較細部的地方。這裡所運用到的觀念稅務會計人員應該了解並謹記於心。此外這些規範的運用，我們應該要依照個別案例情況的不同，來運用適當的規定。

沿革

4. 稅務諮詢標準公報的前身為稅務實務職責公告（Statements on Responsibilities in Tax Practice, SRTP），提供企業組織稅務業務的建議。第四次制定的稅務實務職責公告為一個重要的角色，法院、美國國內稅務局（Internal Revenue Service, IRS）、州立會計師委員會，與其他專業組織相信稅務實務職責公告能提供會計師於執行專業稅務業務時一個清楚且適當地規範。稅務實務職責公告實際上是個強制性準則，因為若會計師執行稅務業務時，違反稅務實務職責公告的規定，則紀律組織會認為會計師在這些案件中負有責任。

5. 美國會計師協會的稅務執行委員會認為發布適當的稅務業務準則是必要的，稅務實務職責公告也成為協會的職業道德規範之一。在1999年7月，美國會計師協會的委員會同意設立稅務執行委員會，並於1999年10月，

　　將這項議案置於協會的議程中。1999年10月，協會任命稅務執行委員會為制定稅務業務準則的機構，因此賦予委員會發布稅務業務準則的權利。最後，稅務諮詢標準公報取代了大部分稅務實務職責公告的功能。

6. 稅務實務職責公告在1964年至1997年間發布。最早的前9號稅務實務職責公告與序言在1976年編製；第10號稅務實務職責公告在1997年發布。最早的稅務實務職責公告，在財政部發布，要求所有納稅申報書編製採用相同準則的條例後，在1982年取消會計師於申報書上簽名的責任（稅務實務職責公告第1號：編製者的簽名，與第2號：核閱者的簽名：編製者的責任）。稅務實務職責公告第6號與第7號，在1991年修改過，規定會計師必須有察覺錯誤的責任。稅務實務職責公告的第1個解釋令1-1「實現可能性準則（Realistic Possibility Standard）」，於1990年12月被批准。在2000年10月31日，稅務諮詢標準公報與其解釋令接替並取代了稅務實務職責公告與其解釋令1-1。雖然會員、稅務諮詢標準公報的名稱、與規則的本質，與稅務實務職責公告維持相同，但是經文字校訂後的稅務諮詢標準公報，更能顯示出強制性的本質。此外，因為這些準則的適用性，不受聯邦政府稅的限制，所以範圍變得更為廣泛。

演變的過程

7. 稅務諮詢標準公報與第1號公報的解釋令1-1「實現可能性準則」，顯示出美國會計師協會規範的稅務業務準則，並且記述了會員對納稅義務人、大眾、政府與專業的義務。稅務諮詢標準公報的演變，加速了稅法改革，並且維持了會員在稅務業務中的重要性。

8. 經過許多會員多年來的努力，使得公報能加以改革，於是在1999至2000年，稅務執行委員會發布並且批准稅務諮詢標準公報。

稅務諮詢標準公報第1號：建議納稅申報書之立場

引言

1. 此公報設立了合適的準則，以用於會員建議納稅申報書立場時，以及用於會員編製任何歸檔於稅務機構的納稅申報書時（包含修訂申報書、請求退稅與資訊申報書），或會員在上面簽名時。納稅申報書立場為：(1)當會員提供納稅義務人有關納稅申報書的建議時，納稅申報書上會顯示立場；(2)會員必須有所有重大事實的認知，並且在那些事實的基礎下，決定自身立場是否適當。此公報規定的人員，包括客戶或任何其他接受稅務服務的第三者。

公報

2. 下列準則適用於會員提供與納稅申報書立場有關的專業服務時：
    (1)會員不應該建議任何納稅申報書立場，除非會員相信其立場有行政或司法上許可的實現可能性。
    (2)稅務會計人員若無法滿足第一項準則的要求，則不能替客戶編製納稅申報單或在上面簽名；
    (3)雖然第2a段如此規定，但只要會員建議納稅義務人適當的揭露，則會員建議納稅申報書立場，就可以接受這種行為。雖然第2b段如此規定，但是只要其立場能適當的揭露，則會員可以編製納稅申報書，或在納稅申報書上簽名。
    (4)當會員建議納稅申報書立場、編製納稅申報書、或在納稅申報書上簽名時，會員應該提醒納稅義務人，注意潛在的懲罰後果。同時如果發生了這樣的情況，會員應該揭露，以避免受罰。

3. 會員不應該建議納稅申報書立場、編製納稅申報書，或在納稅申報書上簽名，以顯示會員：
    (1)利用稽徵機關來選擇查核程序。

(2)與稽徵機關兩者處於一個有爭議的立場。

4. 當會員建議納稅申報書立場時，會員有權利與責任，為納稅義務人滿足前述的準則。

解釋

5. 只要納稅義務人正確與完整地將納稅申報書歸檔，則自我評估的稅務系統就可以有效運作。

6. 根據會員對納稅義務人的責任，會員對納稅系統也負有責任。然而，納稅義務人沒有義務付超過法律規定的稅款，所以會員有責任協助納稅義務人，不支付更多的稅款。在第2、3與4段準則指出，會員對納稅義務人與稅務系統負有責任。

7. 根據第2段，會員應該相信，納稅申報書立場藉由現存法律而獲得保證，也可以藉由現存法律的延伸、修正或廢除而獲得支持。例如，會員認為由適當的稅務機構所發布之法令、文章、論文或宣言，皆被規範到國稅法（Internal Revenue Code）第6662章與其條例下。所以，會員的立場不能只考慮這些準則，可能因為相關程序，造成廢除這些準則。

8. 如果會員相信有比準則第2段還多的納稅申報書立場，則會員應考慮其他立場，不管立場在調查中是否會受到挑戰，各種立場皆有可能造成納稅申報書被調查。

9. 在某些案例中，會員可能認為在第2a段下，納稅申報書立場不會被批准。然而，納稅義務人可能仍然希望獲得類似的立場。若能在申報書或聲明中適當地揭露，則會員編製納稅申報書，或在納稅申報書上簽名時，其立場就可以接受。反之，若故意不實表達，則其立場明顯不適當。

10. 會員決定納稅義務人是否適當地揭露了資訊時，應該以其事實與情況為基礎。如果會員建議立場，但是沒有編製納稅申報書，或在納稅申報書上簽名。那麼建議納稅義務人適當揭露立場的行為，就算符合準則的規定。

11. 如果事實與情況使會員相信，納稅義務人有可能會被處罰，那麼會員應該建議納稅義務人，並且與納稅義務人討論，藉由納稅申報書上的揭

露，可避免類似處罰的機會。雖然會員應該建議納稅義務人揭露，但是決定是否揭露與如何揭露，是納稅義務人的責任。

12. 此公報包含對編製納稅申報書的建議，如果建議與附表的存在性、特性、金額、分錄或納稅申報書的其他部分直接攸關，那麼就該提出建議。

稅務諮詢標準公報解釋令1-1號：實現可能性

背景

1. 稅務諮詢標準公報第1號納稅申報書立場，會員應該遵循納稅申報書立場的規定，與編製納稅申報書，或在納稅申報書上簽名的規定。一般而言，會員相信建議納稅申報書立場，在行政與司法上應該維持實現可能性。稅務諮詢標準公報第1號第2a段，就如同在此提出的實現可能性準則。如果會員認為納稅申報書不符合實現可能性準則：

(1)如果納稅申報書立場適當且經適當地揭露，那麼會員仍可建議納稅申報書立場。

(2)如果納稅申報書立場是適當且經適當地揭露，那麼會員就仍然可編製納稅申報書，或在納稅申報書上簽名。

2. 不適當的立場指，故意不實表達（稅務諮詢標準公報第1號第9段）。會員決定納稅義務人是否適當地揭露了資訊時，應該以其事實與情況為基礎（稅務諮詢標準公報第1號第10段）。

3. 如果事實與情況使會員相信，納稅義務人有可能會被處罰，那麼會員應該建議納稅義務人並且與納稅義務人討論，藉由納稅申報書上的揭露，可避免類似處罰的機會（稅務諮詢標準公報第1號第11段）。而類似的建議可能以口頭方式提出。

一般解釋令

4. 為了符合實現可能性準則，會員應該相信，納稅申報書立場藉由現存法律而獲得保證，也可以藉由現存法律的延伸、修正、或廢除而獲得支持。而類似的信念，應該以稅法上合理的解釋令為基礎。當決定是否符合準則時，會員不應該以是否可能被偵查來決定其行為（稅務諮詢標準公報第1號第3a段與第8段）。

5. 實現可能性準則與部分機構的準則相比，可能不嚴謹。然而，實現可能性準則比國稅法的準則更嚴謹。

6. 決定納稅申報書立場是否符合實現可能性準則時，會員應該根據國稅法第6662章的規範。所以，會員應該依賴專業稅務刊物出版的論文與文章，以及稅務顧問與納稅申報書編製者使用的其他參考文獻與資源。

7. 決定實現可能性是否存在時，會員應該做下列的事情：

   (1)建立相關的基礎事實背景。

   (2)解決來自於那些事實的問題。

   (3)詢問有關當局那些問題。

   (4)藉由有關當局的回答來解決問題。

   (5)達成有關當局的的建議。

8. 會員應該思考有關當局的影響，以決定立場是否符合實現可能性準則。決定有關當局的影響時，會員應該思考其說服力、攸關性與來源，因此考量有關當局是一項重要的因素。其他重要的因素如有關當局是否分析過問題，或僅僅只是指出結論。

9. 儘管缺少特定種類的規定，但還是有可能符合實現可能性準則。例如，立場符合合理適當的法規，則會員就會下符合實現可能性準則的結論。

10. 決定是否符合實現可能性時，從會員知道的所有事實與情況中，做專業的判斷。會員可能會做出不只一個情況符合實現可能性準則的結論。

特別說明

11. 以下的案例可用於處理一般的情況。一般解釋令所討論的指引裡,一般事實之間的差異或特別的事實與情況,可能會導致不同的結論。在每一個例子裡,除非它有指出,否則皆無確定的判例。

12. 例1,納稅義務人從事的交易,受到新法規不利影響。然而,之前的法律的立場有利於納稅義務人。納稅義務人與會員相信,新法規不能公平地套用於納稅義務人的處境。制定新法規時必須符合憲法,並且清楚定義。且在過去制定其他新法規時,並未特別考慮納稅義務人的處境。

13. 因此,結論為會員後續對客戶建議的立場應符合新法規的規定。與憲法等明確觀念相對立的立場,一般被認為是不適當的立場。

14. 例2,與例1相同,但在過去制定新法規時,有特別考慮納稅義務人的處境並認為應站在對他們有利的立場。

15. 結論,在這個案例中,新法規的立場與過去制定其他法規的立場皆有實現可能性。

16. 例3,與例1相同,過去制定新法規的立場可以被解釋為支持納稅義務人,但實際上並沒有。

17. 結論,在這個案例裡,過去的立場並未特別明確地支持納稅義務人,因此不能滿足實現可能性。但若納稅義務人願意充分揭露相關事實,會員也是可以對其做出建議。

18. 例4,納稅義務人面臨新法規解釋令的問題。法規被指出有錯誤,但正做出技術相關的更正計畫。後續稽徵機關發布一項宣言,指出將如何管理規定。宣言解釋了與技術更正計畫一致的法規。

19. 結論,不論是以現行法規或是稽徵機關發布的宣言作為立場,皆有實現可能性。

20. 例5,與例4相同,除了無稽徵機關發布宣言。

21. 結論,因為缺乏稽徵機關來解釋與技術更正計畫一致的法規,所以申報書立場只能以符合現行法規。但如果有適當的揭露,則會建議以技術更正計畫為基礎的申報書立場。

22. 例6，納稅義務人從會員那裡，尋求最近修正的法規建議，會員在查閱過發現過去的法規立場有特別考慮過納稅義務人，但稽徵機關最近有注意到這件事。而會員無法透過過去的法規立場來找出稽徵機關後續的考量。

23. 結論，會員應該依循過去的立場，因為它符合了實現可能性準則。

24. 例7，與例6相同，但稽徵機關發布了暫時性的規範。

25. 結論，決定立場是否符合實現可能性準則時，會員應該藉由分析要素來決定其影響力。如果會員做出的結論為立場不符合實現可能性準則，卻是因為立場是適當的，如果會員可在適當的揭露下建議立場。

26. 例8，稽徵機關發布錯誤的訊息，但若完整的發布，則有利於納稅義務人。會員也知道稽徵機關發布的訊息是錯的。

27. 結論，在這些情況下，若建議與其訊息一致的立場是不適當的。

28. 例9，納稅義務人希望會員做出的結論為不適當的。即使稽徵機關調查申報書，納稅義務人還是認為問題不會發生。

29. 結論，當決定是否符合實現可能性準則時，會員不應該思考查核或調查的可能性。會員不應該編製納稅申報書，或在納稅申報書上簽名，因為即使揭露了，立場還是不適當的。

30. 例10，法規要求某些費用需要資本化。納稅義務人與會員相信，為了遵循法規，納稅義務人將需要添購新的電腦硬體與軟體，以用在大量新的會計程序中。納稅義務人與會員都知道遵循新法規的成本偏高，因為這些成本，所以納稅義務人不願意遵循新法規。納稅義務人希望會員忽略新法規的要求，來編製納稅申報書，且在納稅申報書上簽名。

31. 結論，因為納稅義務人所期望的納稅申報書立場是不適當的，所以會員不應該編製納稅申報書，也不應該在納稅申報書上簽名。

32. 例11，與例10相同，除了納稅義務人相信，應依新法規規定，計算費用資本化的估計值，努力遵循法律。

33. 結論，在這個情況下，符合實現可能性準則。而在會員編製申報書的期間中，估計值的使用，應該參考稅務諮詢標準公報第4號，估計值的使用（Use of Estimates）。

34. 例12，在所發生的問題中，會員注意到特定費用的兩項判例。其一，稽徵機關發布了一項行政裁決，要求費用資本化並且分年攤銷，另一方面，法院允許減少現存的費用。會員認為這些是相關的判例，而且兩項判例來源都是有說服力且攸關的。

35. 結論，憑著兩者之一的立場，做出符合實現可能性準則的結論。

36. 例13，稅法未明文規定某些科目的處理方法。然而過去的立法沿革卻表明法規應明確說明處理某些科目的方法。此時無其他相關規定，會員必須建議處理的立場。

37. 結論，會員應建議立法沿革支持的立場，因為它符合了實現可能性準則。

38. 例14，納稅義務人希望，會員以無稅法問題的情況為基礎，做出符合實現可能性準則的結論。會員建議納稅義務人從法律顧問尋求建議，並且納稅義務人的律師認為無稅法相關問題。

39. 結論，會員一般會依賴無稅法問題的法律意見書。然而，當會員依賴法律意見書時，應該使用專業判斷。如果，納稅義務人律師的意見書顯示是不合理的、未經證實的或不當的，則會員應該在依賴意見書之前，與他的律師商議。

40. 例15，納稅義務人自其律師中，獲得稅務細目相關處理的意見書，並要求會員依賴意見書。

41. 結論，會員應依賴的情況包括，具合理來源的稅務分析資料。當決定是否符合實現可能性準則時，如果會員滿意法律意見書的來源、攸關性、與說服力的程度，則會員應該依賴意見書。

稅務諮詢標準公報第2號：納稅申報書相關問題之解答

引言

1. 此公報設立了合適的準則，給在納稅申報書上簽名的會員，解決申報書

上的問題。這些問題包括了在申報書上、命令中或規則中所要求的資訊，不論這些問題是否以問題的形式指出。

公報

2.會員以編製者的身分，在納稅申報書上簽名前，應該以合理的方式努力從納稅義務人手中獲得資訊，為納稅申報書上所有問題，提供合適的答案。

解釋

3.納稅申報書上的問題並非全部都很重要，且這些問題並非適用於所有納稅義務人。然而，為什麼會員應該努力獲得資訊，為納稅申報書上的所有問題提供合適的答案？這裡至少有兩項原因：

(1)會員必須決定顯示在納稅申報書的所得稅利得或損失，或所得稅負債。若忽略這項問題，則會損害申報書的品質。

(2)會員時常必須在申報書上，以編製者的身分簽名，以顯示申報書的內容是真實的、正確的與完整的。

4.若想忽略納稅申報書上問題的答案，須有合理的理由存在。合理的理由可包括下列：

(1)資訊不容易取得，並且那些答案對於申報書上的所得稅利得或損失，或所得稅負債並不重要。

(2)在較特殊的申報書中存在不確定性的因素。

(3)問題的答案很多，所以在類似案例中，應該先經過查證再提供。

5.會員不應該僅僅因為某個答案可能會不利於納稅義務人，就忽略那個答案。

6.如果有合理的理由存在，而忽略適用於問題的答案時，並不要求納稅義務人在申報書上，提供理由的解釋。在這個情況中，會員應該思考忽略問題的答案，是否會造成申報書變得不完整。

稅務諮詢標準公報第3號：編製申報書時使用某些程序的觀點

引言

1. 此公報設立了合適的準則，於編製納稅義務人納稅申報書時，會員有義務檢查或證實資料，或考慮其他攸關納稅義務人的資訊。

公報

2. 編製申報書或在申報書上簽名時，會員應該依賴納稅義務人或第三者提供的資訊。然而，會員不應該忽略資訊的暗示，並且如果資訊顯示出是不正確的、不完整的，或不是與表面的資訊不一致，就是與其他會員知道的事實不一致時，則會員應該做合理的詢問。再者，會員應該參考納稅義務人一年或一年以上的納稅申報書。

3. 如果稅法提出扣除額或其他相關細目的處理方法，例如納稅義務人必須保存資料與紀錄，或證實性文件，以滿足扣除額與相關細目的條件時，會員應該做適當的詢問，以判定是否符合那些條件。

4. 當編製納稅申報書時，如果有些來自於其他納稅義務人納稅申報書的資訊，是攸關且必須的，那麼會員就應該考慮加入其資訊。此外，在使用此資訊時，會員應該考慮，任何保密法律或法規所加諸的限制。

解釋

5. 編製者在納稅申報書上的宣告，時常指出資訊是依編製者所知的資訊中，最真實的、正確的與完整的資訊。此種參考文獻，應該包括納稅義務人或第三者發布給編製申報書之會員的資訊。

6. 編製者不要求會員檢查或證實支持性的資料。但我們應該針對下列兩種情況做出區別：(1)需要詢問一些問題來決定相關的資訊。例如保存資料與紀錄，或證實性文件，或當申報書顯示重大不正確或不完整時，須

獲得資訊；⑵會員須檢查基本的資訊。為了滿足會員須盡最大努力編製申報書的義務，會員應依賴納稅義務人發布的資訊，除非資訊顯示不正確、不完整或不一致。雖然會員有盡最大努力編製申報書的責任，但是納稅義務人對申報書的內容負有最終責任。因此，如果納稅義務人無法提供支持性資料，例如所收股利或利息、捐款與醫療費用，那麼類似的資訊可以沒有經過證實，就運用於納稅申報書中，除非資訊顯示不正確、不完整或不是與表面資訊不一致，就是與其他會員知道的事實不一致。

7. 即使沒有要求檢查文件，會員應該鼓勵納稅義務人提供適當的支持性資料。例如，為了考慮整體利得，以及證券交易與轉嫁給個體的扣除額（個體例如資產、信託、合夥或某公司），會員應該鼓勵納稅義務人提交納稅申報書中使用的文件。

8. 納稅義務人提供給會員的資訊，時常來自於轉嫁個體，例如限制合夥，為納稅義務人提供資金，但無參與管理。會員接受轉嫁個體提供的資訊時，不用進一步的詢問，除非有理由相信資訊是不正確、不完整或不是與表面資訊不一致，就是與其他會員知道的事實不一致。在一些例子中，我們可以透過轉嫁個體的經理，來要求客戶查明並揭露可能發生的稅款不足、利息費用及罰緩等。

9. 會員應該參考納稅義務人一年或一年以上的納稅申報書，來編製今年的的申報書。以前年度的申報書，以及以前年度與納稅義務人討論的決定性因素，應該提供資訊，決定納稅義務人的稅捐資格，避免發生遺漏或重複的項目，並且提供類似或相關的交易作為基礎。當年度申報書中的資訊被檢查時，應詳細比較各年間的利得與扣除額。

稅務諮詢標準公報第4號：估計的使用

引言

1. 此公報設立了合適的準則，於會員使用納稅義務人的估計值，編製納稅申報書的時候。會員可以建議將估計值用於納稅申報書中，但是納稅義務人有責任提供估計資料。此外，本公報在此不考慮鑑價的價值或評價價值。

公報

2. 如果會員無法實際獲得確實的資料，並且會員認為以事實與會員所知情況作為基礎，而得的估計值是合理的，則除非法規或規則禁止，會員應該使用納稅義務人的估計值來編製納稅申報書。

解釋

3. 會計要求會員實施專業判斷，例如在許多案例中，使用近似值為判斷的基礎。只要不與稽徵機關制定的方法互相衝突，則就可以應用類似的判斷。這些判斷不是公報裡估計的範圍。例如聯邦所得稅法規指出，如果所有其他情況皆符合應計基礎，那麼就不需要知道確切的利得或費用金額，或者如果金額可以合理正確的決定，那麼就不需要在年終查明。

4. 當納稅義務人的紀錄，不能正確地反映金額微小的費用資訊時，資料要完全正確就可能很難實現。因此，若納稅義務人決定扣這類費用來做估計，這種行為是適當的。

5. 當紀錄遺漏，或不能取得交易的精確資訊時，會員應該使用納稅義務人的估計值，來編製納稅申報書。

6. 不應該顯示令人誤導的估計金額，而影響到申報書的正確性。

7. 一般並不要求申報書，必須特別揭露所使用的估計值。但是，若在不尋常的情況下，則需要類似的揭露。因為若不揭露，可能會誤導稽徵機

關，判斷申報書整體的正確性。不尋常的情況，例示如下：

(1)納稅義務人去世或生病時，申報書必須歸檔。

(2)納稅義務人沒有收到轉嫁個體的Schedule K-1時，申報書必須歸檔。

(3)申報書中必須說明有審理中的訴訟案件（例如，破產程序）。

(4)火災或電腦的損壞傷害了相關紀錄。

稅務諮詢標準公報第5號：與先前行政訴訟程序或法院判決中的立場不一致

引言

1. 當會員建議納稅申報書立場，與先前行政訴訟程序或法院判決中的立場不一致時，公報為此情況設立了合適的準則

2. 此公報規定，行政訴訟程序包括，稽徵機關複查，或關於申報書的上訴，或請求退稅。

3. 此公報的法院判決，指法院對稅務案件行使的裁判權。

公報

4. 行政訴訟程序或法院判決中，納稅申報書不會限制會員在以後年度的申報書中，不能建議不同的立場。除非納稅義務人在以後年度，有特別的處理，例如正式結束的協議。在稅務諮詢標準公報第1號：納稅申報書立場：會員應建議納稅申報書，或編製納稅申報書，或在納稅申報書上簽名，並能與納稅義務人先前的納稅申報書中透過行政訴訟程序或法院判決的立場不一致。

解釋

5. 如果行政訴訟程序或法院判決，對以前年度申報書的細目，做了一項特殊稅務處理的判決，那麼會員在以後的年度裡，將對此相同的稅務處理

會做相同建議。然而，在下列情況，違反此處理是正當的：

⑴稽徵機關之傾向，可依照之前的行政訴訟程序的處理方式，但是一般也並無限制。同樣地，納稅義務人也不限制一定要遵循之前的行政訴訟程序的處理方式。

⑵只使用先前的行政訴訟程序或法院的判決可能缺乏相關文件，所以使用以後年度的支持性文件會較適當。

⑶即使立場符合稅務諮詢標準公報第1號準則，但是納稅義務人可能仍屈服於目前行政訴訟程序或法院判決的立場而偏離先前的。

⑷因為之前行政訴訟程序的結果，或之前的法院做出的判決，所以建立了對納稅義務人現存立場更有利的法院判決、裁決或其他職責。

6. 在之前的行政訴訟程序中所同意的事項，與不利的法院判決，是會員評估是否符合稅務諮詢標準公報第1號準則的要素。

稅務諮詢標準公報第6號：知悉錯誤的發生—申報書之編製

引言

1. 此公報設立了合適的準則，於會員意識到納稅義務人之前的納稅申報書中有錯誤時；或意識到因納稅義務人違反納稅申報書的歸檔要求，而產生錯誤時。其中，錯誤的種類包括任何立場錯誤、遺漏或會計方法錯誤，此時歸檔的申報書不符合稅務諮詢標準公報第1號準則：納稅申報書立場。此類錯誤也包括因具追溯力的法令、司法判決或行政宣告，而不再符合準則規定的以前年度申報書。然而無重大影響力的錯誤則不包括在內。

2. 此公報適用於判斷會員編製的申報書或在已簽名的申報書是否有錯。

公報

3. 會員應該立即通知納稅義務人，會員所意識到在之前申報書中的錯誤，或會員所意識到因納稅義務人違反納稅申報書的歸檔要求，而產生的錯誤。會員應該建議改正方法。類似的建議方法可以口頭方式行之。會員無義務通知稽徵機關此類情事，並且會員不可以未經過納稅義務人的同意就這麼做，除非法律有要求。

4. 如果會員被要求編製當年申報書，並且納稅義務人對於修正以前年度申報書的錯誤無適當的更正行動時，則會員應該考慮拒絕編製申報書，以及是否繼續與納稅義務人維持客戶的關係。如果會員編製當年申報書，則會員應該實施合理的步驟以確認錯誤不再重複。

解釋

5. 當提供納稅義務人服務時，會員應該要意識到在之前申報書中的錯誤，或意識到因納稅義務人違反申報書的歸檔要求產生的錯誤。會員應該告知納稅義務人該錯誤與改正方法。類似的建議可以口頭方式行之。如果會員認為納稅義務人可能有舞弊或其他犯罪行為，則應該在客戶有任何動作前，先與法律顧問商議。

6. 納稅義務人有責任去決定是否更正錯誤。如果納稅義務人不更正錯誤，則會員應該考慮是否繼續與納稅義務人維持客戶關係。雖然法令沒有要求納稅義務人去修正申報書來更正錯誤，但是會員應該考慮納稅義務人不修正申報書的決定，是否會造成未來終止關係。若違反職業道德規範規則301（客戶資訊之保密）、稅務法規等其他考慮，可能會使會員與納稅義務人間產生利益衝突。因此，會員決定建議納稅義務人之前，以及決定是否繼續與納稅義務人維持客戶關係之前，應該先考慮與他自己的法律顧問商議。

7. 如果會員決定繼續與納稅義務人維持客戶關係，並且繼續編製在錯誤產生年度後的納稅申報書，則會員應該實施合理的步驟以確認錯誤不再重複。如果之後的納稅申報書不能永遠消除錯誤，則會員應該考慮停止編

製申報書。如果會員意識到納稅義務人使用錯誤的會計方法，並且超過稅務諮詢標準公報第1號準則中，允許改變方法的期限，則會員應在當年的納稅申報書簽名，並且揭露使用了錯誤的會計方法。

8. 不論錯誤是否重大影響納稅義務人的所得稅負債，會員皆以其所知的事實或情況為基礎，做專業的判斷。判斷會計方法的錯誤程度，是否比有重大影響，會員並應該考慮累積影響數，以及它對當年納稅申報書的影響。

9. 如果會員在提供納稅義務人非編製納稅申報書的其他服務中意識到錯誤，則會員有責任告知納稅義務人錯誤的存在，並且建議納稅義務人與納稅申報書的編製者討論。可以口頭方式來提供建議。

稅務諮詢標準公報第7號：知悉錯誤的發生—在行政訴訟程式中

引言

1. 此公報設立了合適的準則，於會員意識到納稅申報書上，有來自於行政訴訟程序的錯誤時，例如經由有關當局或上訴的檢查。而行政訴訟程序不包括刑事訴訟程序。錯誤包括任何立場錯誤、遺漏或會計方法錯誤，此時歸檔的申報書不符合稅務諮詢標準公報第1號準則：納稅申報書立場。此類錯誤也包括在因為具追溯力的法令、司法判決或行政宣告，使得以前年度申報書不再符合準則。然而無重大影響力的錯誤則不包括在內。

2. 此公報適用於判斷會員編製的申報書或已簽名的申報書是否有錯時。特別適用於當會員受僱於法律顧問，提供法律顧問的客戶支援時。

公報

3. 如果會員在有關納稅申報書發生錯誤的行政訴訟程序中，代表納稅義務

人那一方時，會員應該立即通知納稅義務人其所了解的錯誤。會員應該建議改正方法。類似的建議可以口頭方式行之。會員無義務通知稽徵機關，也不會無納稅義務人的同意就這麼做，除非法律有要求。

4. 會員應該要求納稅義務人，同意揭露錯誤給稽徵機關。若納稅義務人不同意，會員應該考慮是否拒絕在行政訴訟程序中代表納稅義務人，以及是否繼續與納稅義務人維持客戶關係。

解釋

5. 當會員在有關納稅申報書發生錯誤的行政訴訟程序中，代表納稅義務人那一方時，會員應該建議納稅義務人揭露錯誤給權威機構。類似的建議可以口頭方式行之。如果會員相信納稅義務人可能有舞弊或其他犯罪行為，則應該在客戶有任何動作前，先與法律顧問商議。

6. 納稅義務人有責任去決定是否更正錯誤。如果納稅義務人不更正錯誤，則會員應該考慮是否拒絕在行政訴訟程序中代表納稅義務人，以及是否繼續與納稅義務人維持客戶關係。雖然法令沒有要求納稅義務人修正申報書來更正錯誤，但是會員應該考慮納稅義務人不修正申報書的決定，是否會造成未來終止關係。再者，會員決定建議納稅義務人之前，以及決定是否繼續與納稅義務人維持客戶關係之前，應該考慮先與他自己的法律顧問商議。若違反職業道德規範規則301（客戶資訊之保密）、稅務法規與其他導致會員終止服務的潛在因素等等，可能會使會員與納稅義務人間產生利益衝突。

7. 一旦同意揭露，就不應該有所延遲，否則納稅義務人或會員就可能會被認為不誠實，或被認為實際上提供誤導別人的資訊。在任何情況下，應該在行政訴訟程序之前揭露。

8. 不論錯誤是否有無重大影響，會員皆以其所知的事實或情況為基礎，做專業的判斷。判斷會計方法的程度錯誤，是否有重大影響，會員應該考慮累積影響數，以及它對行政訴訟程序中的申報書的影響。

稅務諮詢標準公報第8號：對納稅人進行諮詢的形式和內容

引言

1. 此公報設立了合適的準則，於會員提供納稅義務人建議時，以及於後續發展影響之前的建議時。會員有責任與納稅義務人溝通。然而會員並不對納稅義務人以外的第三者使用資訊之後果負責。

公報

2. 會員應該利用判斷，確認提供給納稅義務人的稅務建議，是不是反映了專業能力，並且適當地滿足了納稅義務人的需求。準則或指引不要求會員，須以書面或文字的形式提供納稅義務人建議。

3. 會員應該假設，提供給納稅義務人的稅務建議，將會在某種程度上，影響記錄在納稅義務人納稅申報書中的事項與交易。因此，會員所有提供給納稅義務人的建議，應該遵循稅務諮詢標準公報第1號公報：納稅申報書立場。

4. 對於未來可能影響先前建議的重大事項，會員沒有與納稅義務人溝通的義務。除非會員協助納稅義務人執行建議中所提的程序或計畫，或會員特別同意接受此義務。

公報

5. 稅務建議被認為是會員所提供的一種有價服務。建議的形式可能為口頭或書面，並且內容的範圍從一般的到複雜的皆有。因為建議的範圍是如此廣泛，並且因為建議需要符合納稅義務人的特殊需求，所以與納稅義務人溝通或給予建議時，我們的準則並無法涵蓋所有的情況。

6. 口頭的建議可以適當地用納稅義務人制式化的情事與已清楚界定的事物中，而書面的建議可以用於重大的、不尋常的或複雜的交易中。會員應

使用專業判斷，決定是否須於未來以文件證明口頭曾做過建議。

7. 決定建議的形式時，會員應該實施專業判斷，同時應該思考下列要素：

(1)交易與金額的重要性。

(2)納稅義務人問題的特殊本質或一般本質。

(3)接受建議或放棄建議的時間。

(4)顯示出的技術障礙。

(5)存在的判例。

(6)納稅義務人的稅務複雜程度。

(7)尋求其他專業建議的需求。

8. 會員應幫助納稅義務人，執行建議所提供的步驟或計畫。當提供幫助時，會員應該考慮後續發展與影響交易的要素，檢視是否需要修正類似的建議。

9. 有時會員被要求提供稅務建議，但是不會提供執行計畫的幫助。雖然法令或行政變化的發展，或未來的司法解釋，可能會影響之前提供的建議，但是會員不能預期後續的發展，除非會員經由與納稅義務人的特殊協議，而承擔了此義務。

10. 納稅義務人應該被告知以現存情況為基礎的建議，以反映專業的判斷，以及後續發展可能影響之前申報書的專業建議。會員在依據相關事實做出建議時，應該謹慎地使用相關用語。

11. 提供稅務建議時，會員應該保密。

這些稅務諮詢標準公報與解釋令是由二十一位稅務執行委員會委員投票同意的。

註：稅務諮詢標準公報由稅務執行委員會發布，由協會指定的高級技術組織發布稅務實務的準則。職業道德規範的規則201與202要求遵循這些準則。

國家圖書館出版品預行編目資料

會計倫理／Ronald F. Duska & Brenda Shay
Duska著；馬嘉應譯.
--初版.--臺北市：五南圖書出版股份有限
公司，2008〔民97〕　面；　公分
譯自：Accounting Ethics
ISBN　978-957-11-5297-4（平裝）
1.會計　　2.專業倫理
198.495　　　　　　　　　97012667

1G86
會計倫理
Accounting Ethics

作　　者 ─ Ronald F. Duska & Brenda Shay Duska

譯　　者 ─ 馬嘉應

發 行 人 ─ 楊榮川

總 經 理 ─ 楊士清

總 編 輯 ─ 楊秀麗

副總編輯 ─ 張毓芬

責任編輯 ─ 吳靜芳　唐坤慧

封面設計 ─ 盧盈良

出 版 者 ─ 五南圖書出版股份有限公司

地　　址：106台北市大安區和平東路二段339號4樓

電　　話：(02)2705-5066　　傳　　真：(02)2706-6100

網　　址：https://www.wunan.com.tw

電子郵件：wunan@wunan.com.tw

劃撥帳號：01068953

戶　　名：五南圖書出版股份有限公司

法律顧問　林勝安律師事務所　林勝安律師

出版日期　2008年8月初版一刷
　　　　　2021年3月初版七刷

定　　價　新臺幣350元